KB147924

상하이에서 큐레이터로 살아가기

상하이에서 큐레이터로 살아가기

1판 1쇄 인쇄 | 2015년 4월 1일
1판 1쇄 발행 | 2015년 4월 5일

지은이 | 최란아
고　문 | 김학민
펴낸이 | 양기원
펴낸곳 | 학민사

등록번호 | 제10-142호
등록일자 | 1978년 3월 22일

주소 | 서울시 마포구 독막로 10 성지빌딩 715호(121-897)
전화 | 02-3143-3326~7
팩스 | 02-3143-3328

홈페이지 | http://www.hakminsa.co.kr
이메일 | hakminsa@hakminsa.co.kr

ISBN 978-89-7193-227-8 (03900), Printed in Korea

이 도서의 국립중앙도서관 출판시도서목록(CIP)은 e-CIP홈페이지(http://www.nl.go.kr/ecip)와
국가자료공동목록시스템(http://nl.go.kr/kolisnet)에서 이용하실 수 있습니다.
(CIP제어번호 : CIP2015006272)

미술의 도시로
거듭나고 있는
상하이에서
보고 듣고 경험한
미술이야기

상하이에서 큐레이터로 살아가기

최란아 • 지음

학민사
Hakmin Publishers

작가의 말

얼떨결에 그곳에 갔고, 잠깐일 거라 생각하며 짐을 풀었다. 지금까지 그랬던 것처럼, 잠시 들르는 정거장 중의 하나겠지 생각했다. 신식 거리로 탈바꿈 하느라 먼지 범벅인 난징루 때문에 불편했어도, 자동차와 오토바이와 자전거와 행인이 뒤범벅된 도로가 무서웠어도, 머리와 옷차림과 가방과 신발이 전혀 매치되지 않는 이상한 패션의 여인들로 머리가 복잡해졌을 때도, 고함을 치며 전화를 받는 사람들 때문에 깜짝깜짝 놀라면서도, 나는 생각했다. 이건 그냥 정거장일 뿐이라고, 이제 곧 문닫고 출발할 것이라고. 이게 정거장이 아닌 종점처럼 느껴지는 건 다만 내가 꿈을 꾸고 있기 때문이라고. 창 밖에 동이 트면 거짓말처럼 깨어날 그런 꿈.

그러나 그건 꿈이 아니었다. 잠시 들른 줄 알았던 상하이는 나의 삼십대와 그 이상의 세월에 녹아든 오랜 현실이 되었다. 상하이에서의 날들은 하루하루가 모험이었고, 도전이었고, 난관이었다. 그리고 그 와중에 나는 사람들을 만나게 되었고, 친구들을 사귀게 되었고, 그들과 시간을 보내며 우정을 쌓다 상하이에 숨어있던 모나리자를 만났다. 청춘의 열정과 창의를 향한 사랑과 어려움에 굴복하지 않는 의욕으로 뭉쳐진 예술의 혼을. 아메리칸 드림을 품고 모여든 미국의 이민자들처럼, 분홍빛 미래를 꿈꾸며 돈을 벌러 모여든 사람들의 도시 상하이에서, 정부의 뒷받침과 몇 몇 큰 손에 의해 무섭게 일어나는 경제적인 거품과 더불어 단단하게 뭉쳐지고 있던 예술의 결정체.

상하이는 지난 이십 년, 정신없이 움직이고 변했다. 그 안에 머물며 함께 그 소용돌이와도 같은 발전을 목격했으니 차라리 그것은 행운이었다. 흰 도화지 위에 다시 그림을 그릴 수 있는 기회를 얻었으니 나는 얼마나 행복한 사람이던가. 어떤 형태로든지 새로운 환경에서 새롭게 시작한다는 것은 가슴 벅찬 일이다. 더구나 원래의 자리에서라면 할 수 없었던 일을 하게 되었을 때의 기쁨이란 더 특별하다. 내게 상하이는 그런 곳이었다. 예상치 않았던 문화 충격에 우울하기도 했고, 화가 나기도 했고, 두렵기도 했고, 피하고도 싶었지만, 반면에 어려움을 뚫고 가는 짜릿함과 재미가 있었다. 그리고 무엇보다 그곳에서 하고 싶은 일을 하며 일에 몰두할 수 있는 행운을 얻지 않았는가. 피할 수 없으면 즐기라고 말한 로버트 엘리엇트의 말처럼, 즐기기로 작정하고 뛰어드니 모든 것들이 가능성으로 다가왔다.

가슴 속에 있는 꿈을 시각적으로, 청각적으로, 촉각적으로 현실화 하는 사람들, 그들은 예술가다. 커다란 바위를 거대한 헝겊으로 덮고, 알몸으로 춤을 추며 세상에 소리치고, 들소가 있는 곳이면 어디든 주저앉아 그림을 그리는 사람들, 폭포수에 앉아 목을 트고 하루의 열 네 시간을 온전히 연습과 창작에 몰두하는 사람들, 새로운 것에 도전하고 아름다운 것을 창조하는 사람들. 그런 예술가들과 함께 손을 잡고 동행했으니 지난 몇 년은 내게 꿈과도 같은, 행복이 넘치는 시간이 되었다.

미술에 대해서 잘 알지 못한다고 생각하는 사람들, 미술이 멀리 있는 거라고 생각하는 이들을 위해 이 책을 썼다. 누구라도, 미술을 이해할 수 있고, 미술을 즐길 수 있다는 걸 강조하고 싶은 마음에서이다. 미술은 사실 우리의 삶의 구석구석에 녹아 있다는 것, 평범한 우리도 예술가의 기질이 있고, 예술가들도 결국은 평범한 사람이라는 것을 말하고 싶었다. 그래서 미술 작품에 대한 해설이나 미술 그 자체의 이야기 보다는, 미술과 관련한 일을 하면서 겪은 뒷이야기를 썼다. 사랑하는 이들에게 좋은 선물이 되었으면 한다. 나에게 용기를 준 사람들, 나와 함께 살고 있는 사람들, 그리고 삶을 사랑하는 사람들에게.

이 책에서 함께 일을 했던 한국 작가들의 이름은 일부러 언급하지 않았다. 존경스러운 한국 작가분들과, 고마운 분들, 일을 하며 즐거움과 기쁨을 함께 한 분들이 많았지만, 행여 나의 책에서 다루는 에피소드로 인해 작가의 작품세계나 철학이 한국 독자들에게 왜곡되어 전달되지 않을까 하는 염려에서였다.

나와 함께 일하며 디자인 프로젝트를 도맡다시피 했던, 밤잠 자지 못하고 중노동에 시달려야 했던, 그러면서도 멋진 사진들을 많이 찍어 건네준 동생 규민이와, 상하이의 미술 현장을 생생하게 발품 팔아 다니며 자료를 모아준 김새슬(상하이 교통대학 문화예술경영학과 졸)님과, 역시 같은 학교에서 공부하고 있는 나호연님, 그리고 한동안 나와 같은 배를 타고 상하이 미술여행을 함께 해 준 김무성님에게 고마운 마음을 전한다. 상하이를 향한 그들의 사랑이 상하이의 예술 현장에 커다란 도움으로 승화되길 바라며.

앞으로도 우리의 예술여행은 어떤 형태로든지 계속될 것이다. 시끄럽고 특이하고 아름다운 예술을 기대한다. 그래서 우리 사는 세상이 더 재미있어진다면 좋겠다.

CONTENTS

상하이에서 **큐레이터**로 살아가기

Part 1
상하이 땅을 밟고

Part 2
예술과 일상의 톱니바퀴

Part 3
일하는 영혼

Part 4
우리 사는 세상

CONTENTS

Part 5
그림과 사람

Part 6
상하이와 미술

PART 1

상하이 땅을 밟고

한 여름 밤의 인연

비가 오는 저녁이지만 괜찮다. 라틴 패션쇼에 가고 있는 중이기 때문이다. 스페인과 포르투갈, 브라질과 아르헨티나 등 라틴 나라들의 디자이너들이 참가하는 의상과 액세서리 패션쇼에 초대를 받았다. 상하이의 한복판에서… 그 패션쇼엔 남아프리카에서 태어나고 브라질에서 자란 포르투갈인 매피(Maffi)가 참가한다. 그녀 때문에 이 행사에 가는 길이기도 하다. 매피는 상하이에서 만났다. 화가이면서 액세서리도 만드는 작가인데, 아트와 디자인을 넘나드는 친구들이 꽤 있는 걸 보면서 그런 생각을 한다. 아트와 디자인의 차이는 무엇일까. 아트는 창의에서 출발해 하나의 완성품을 만드는 것, 디자인은 대규모로 생산되어 이용될 수 있는 결정체의 틀을 제공하는 것…? 다양해져 가는 만남에 재미가 더해진다. 상하이에서 흥미로운 사람들을 만나며 재미있게 살 수 있게 된 이유, 모두 한 여름 밤의 인연에 있다.

혼자이기 때문에, 나라가 넓으니까, 혹은 기회를 잡기 위해서, 상하이에 사는 이방인들은 처음 만나는 사람들에게 마음을 잘 연다. 마음을 열면 많은 것이 보인다는 진리를 벌써 깨달은 건지도 모른다. 상하이라는 미지의 도시에 와서 자신의 인생을 일궈야하기에 상하이에 모인 사람들은 모두 마음이 열려 있다. 자신의 사업을 키워야 하고, 자신의 꿈을 키워야 하고, 친구를 가져야 하고, 더 많은 내 편을 만들어야하기 때문에. 각종 상회니 각 나라의 커뮤니티니, 종교 단체, 취미나 학교를 빌미로 한 모임들, 결국은 모두 외로운 생활을 달래고 현지에 뿌리 내리며, 네트워크를 통해 하는 일을 더 성공적으로 해보자는 것이 목적이다. 특히나 같은 것에 대한 애정을 공유할 땐 그 기쁨이 배가된다.

처음 상하이에 왔을 때, 나는 상하이에서 만난 많은 사람들의 벽 때문에 괴로웠다. 그들이 이수한 경영자 과정이, 그들이 몸담고 있는 직장이, 높은 직책이, 상대로부터 따내야 할 프로젝트가 벽이 되었고, 아이들의 학자금 보조가, 회사에서 나오는 자동차가, 주택 보조비 등 이른바 회사의 패키지가, 그런 것이 없는 사람과의 사이에 벽을 만들었다. 들고 있는 핸드백이나 신고 있는 구두로 사람과 사람 사이의 벽을 만드는 이도 있었다. 한 사람의 배경과 행색은 금방 그에 대한 편견으로 계산이 되어 벽을 만들었다. 벽은 이미 충분히 곳곳에 널려 있었다. 그럼에도 우리는 끊임없는 벽을 겹겹이 만들며 작은 분열의 사회를 만들고 있었다.

여러 사람들이 처음 만나는데, 같은 학교를 졸업했다는 이유로, 같은 고향에서 왔다는 이유로, 특정한 몇몇이 금세 다른 이유 없이 친해지기도 한다. 갑자기 그들은 모든 속마음을 꺼내 놓아도 받아들여질 것 같은 가족 같은 존재가 되는 것이다. 이것은 그들 사이에서는 말로 표현할 수 없는 든든한 친근감과 연줄이 되겠으나, 벽 밖에 있는 사람에게는 그것이 따돌림과 외로움이 될 수도 있다.

그런 벽들에 밀려 외롭던 어느 날, 나는 어쩌다 알게 된 캐나다인 미술비평가 S와 전시회에 가게 되었다. 어수선한 날씨 때문에 갈까 말까 망설이며 고민하다 용기를 내어 갔다. 장소는 이른바 대안공간 같은 곳이어서 화려한 장식이 가득했던 곳이었는데, 그곳에 여러 명의 컬렉터와 화가들이 있었다. 여름밤이었고, 밖에선 저녁을 준비하는 밥과 반찬 냄새가 오래된 상하이의 한복판에서 풍겨 나오고 있었다. 모르는 사람들과 안면을 트는 게 은근히 심호흡과 용기가 필요한 일이어서, 그날도 나는 아는 사람의 얼굴만 쳐다보며 벽에 걸려 있는 작품들을 감상하고 있었다. 사실 작품 감상이라고 해봐야 십 분이면 끝나는 건데…

누군가 나에게 말을 걸었다. 혹시 사진작가 누구누구가 아니냐고 물으며. 그때까지만 해도 중국어를 조금 배우긴 했지만 물건 살 때 쓰는 정도, 택시기사에게 목적지를 말하는 정도였기에 중국어 질문에 땀이 났다. 반은 영어로 반은 중국어로, 나는 그 사람이 아니다, 대답했다. 더불어 나는 글쓰기를 좋아하고 미술을 좋아하는 평범한 한국인이라는 말도. 그날이 나의 운명을 바꾸어준 날이 될 줄이야. 그리고 그와 나는 배경이나 간판 같은 것들을 따지지 않고 즐겁게 대화를 나누었다. 그와 함께 온 한 무리의 친구들은 당시 푸동에 있던 화가촌 사람들이었는데, 전시 작가의 응원 겸 왔던 것이었다. 그림이야 늘 내 곁에 있었고 화가들은 내가 좋아하는 일을 하는 질투 나는 직업을 가진 사람들 중의 하나였는데, 그렇게 한 무리로 만나니 기분이 이상했다. 그것도 한국어가 아닌 중국어로 대화를 하면서.

영어를 하지 못하는 그들은 중국어에 서툰 나를 참을성 있게 기다렸다. 그밖에 뭐 다른 방법이 있었으랴. 어설픈 중국어에 웃어가며, 답답해하며, 그러면서도 우리는 오래오래 대화를 나누었다. 이리저리 부딪치는 여러 가지 벽으로 지쳐있던 중이었는데, 화가들과 함께 얘기를 하면서 나는 아무런 잣대와 벽 없이 대화를 나눌 수 있는 기쁨을 즐겼다. 말이 잘 통하지 않았는데도, 고향이 같지 않고 사회적 배경이 비슷하지 않았는데도 그림을 좋아하고 글을 좋아하는 사람들이라는 공통된 이유 때문에 우리는 서로를 받아들일 수 있었다. 그냥 자신일 수 있는 것, 벽으로 둘러싸이지 않아도 되는 것은 얼마나 좋은 일이던가.

그렇게 말이 트이니 갑자기 그들과 그들이 품고 있는 세계가 내게로 와락 달려 든 것 같았고, 그 느낌이 싫지 않았다. 그들의 친구로 내가 받아들여진 건 물론이었다. 백 명이 넘는 사람들이 함께 있는 화가촌에서 왔으니 이웃 프로젝트만 해도 그들에겐 많은 이벤트가 엮여 있는 셈이었다.

그날이 있은 후 나는 원래 알고 지내던 터키 화가 아리훼와 그들의 작업실을 찾았고, 그리고 그때부터 우리는 한 무리의 친구를 만들어 여러 사람들의 전시회에 가서 축하해 주고, 이야기 나누고, 정보를 교환했다. 그리고 그건 나의 새로운 상하이 생활이 되어 나의 인생을 바꾸는 계기가 되었다. 벽 없는 만남이 얼마나 커다란 것을 창조할 수 있었는지.

친구들과 묻혀 전시회에 다니는 건 즐거운 일이긴 하지만, 어떤 땐 모르는 사람들과 섞여 있어야 할 때도 있다. 특히 나중에 사업을 하면서 많은 모임에 가야할 때는 더욱 그랬다. 많은 사람들이 초대된 파티나 각종 협회의 행사에서는 아는 사람이 거의 없을 때도 있다. 잘 아는 친구들과만 있다면 물론 마음 편하고 재미있겠지만 모르는 사람들과 어울려야 할 땐 약간의 용기가 필요하다. 어떤 땐 취소하고 싶기도 하고, 그냥 안 나가고 싶기도 했다. 대인기피증이라고 해야 하나? 타고난 외향적 기질의 사람들이야 사람들 틈에 어울리는 게 즐겁고 신나기만 한 일이겠지만 천성이 내성적인 나는 아무래도 처음 사람들을 만나는 자리가 불편하기도 하다.

그래서 생각해 낸 나름의 내공법이 있는데, 이는, 행사에 가면 아는 사람들에게는 용기 내어 먼저 인사를 하자, 모르는 사람들이 많은 곳에서라도, 한 사람의 말이 통하는 사람을 만났다면 그 날의 파티는 성공한 것이다, 등등의 것이다. 사람들을 한꺼번에 만나게 되는 때는, 그날의 기억을 잊기 전에 각 명함에 그 사람의 인상을 간단하게 적기도 한다. 예를 들어 대머리, 노란 머리, 멋진 안경을 낀, 분홍색 셔츠를 입은, 키 큰, 뚱뚱한, 화장을 진하게 한, 등의 인상착의를 적거나, 비빔밥을 좋아하는, 한국 남자친구를 사귀어 본, 상하이에 십 년 째 살고 있다는 등의 대화 내용을 적기도 한다. 그런 방법으로 한 번 만난 사람을 다시 만나게 되면 더 많은 기억을 하게 되고, 아니면 필요할 때 그에게 좀 더 친숙하게 연락을 할 수도 있다. 사람들을 만나면 대해야 하는 방법도 고심하고 실천하다니, 내성적인 새침데기였던 내게 상상도 할 수 없는 변화이다.

드디어 나는 행사 장소에 도착하고, 열정적인 남미 아티스트와 디자이너들에 의해 만들어진 옷과 쥬얼리 등을 보고 상하이에 모여든 남미 사람들과 어울려 포르투갈어와 남미식 제스처가 남발하는 저녁 시간을 보내며 나는 생각한다. 2003년의 어느 여름날 맞닥뜨린 한 여름 밤의 인연이 참 많은 것을 가져다주었다고.

통제 불가능 내 안의 폭탄

마음을 차분하게 만드는 것들이 늘 나는 좋았다. 나나 무스꾸리의 노래, 흙 길 위에 떨어지는 비, 쨍쨍한 한 여름의 태양, 어렵고 슬프지만 아름다운 문장들로 페이지를 채운 책, 세상을 덮어버린 하얀 눈, 갖지 못할 누군가를 향한 막연한 그리움, 땅거미 지는 저녁 공기를 감싸는 싸한 냄새, 애잔한 포옹으로 이별의 인사를 대신하는 공항의 가족들, 혹은 연인들…

그런데 상하이는 그런 모든 평화와, 평화에 대해 생각할 수 있는 시간을 내게서 앗아갔다. 나에게 상하이는, 처음엔 충격이었고, 그러다가 우울증이 되었고, 새로움에 대한 흥분이 되었다가, 나중엔 정으로 남았다. 물론 그 안에 조용한 명상의 시간이라든가, 혼자만의 시간이라든가, 고요히 햇살 따위를 응시하고 있을 틈은 없었다. 그것이 상하이였다. 나의 정서를 건드리던 것들이 들어올 틈을 주지 않는. 아마도 그건 충격 같은 상식 밖의 경험들로 시작되었을 것이다.

상하이 생활 초반은 울분과 우울과 울렁증으로 얼룩졌었다. 처음엔 황당한 상황을 어떻게 해석해야 할 지 몰라 당황했고, 점차 화가 났으며, 나중엔 그 화가 시도 때도 없이 분출되었다. 화를 거르지 않고 터뜨리면 시원한 것 같았지만, 돌아서면서 밀려드는 후회와 우울함은 더욱더 기분을 침잠시켰다. 그런데 그런 울분을 뒷일 생각 않고 마구 터뜨릴 수 있었던 것이, 바로 내가 상하이에 살기 때문이지 않았을까. 상대가 나를 존경하지 않기 때문에 나도 그에게 상식에 어긋나는 화를 내는 것? 슈퍼마켓에서 내 앞으로 새치기 하는 사람의 바구니를 먼저 받아준 계산대 직원에게 화를 내며 슈퍼마켓을 그냥 떠났던 적도 있고, 전철 표를 사는데 새치기를 하려는 여인의 옆구리를 팔꿈치로 찍은 적도 있으며, 새 전시 준비를 제대로 해주지 않은 한 미술관의 시공 담당자에게 소리를 지른 적도 있고, 개 산책 시키는 나에게 개들이 용변을 보니 더럽다고 말하는 사람에게 사람이 얼마나 더 더러운 줄 아느냐 억지 부리며 큰소리를 쳤던 적도 있다. 보행자용 파란불인데 신호를 무시하고 운전하는 자동차의 옆면을 주먹으로 두드리며 '지금 파란불!'이라고 소리 지르다가 운전자와 크게 싸움을 할 뻔 한 적도 있다. 한마디로 나는 화 낼 준비가 되어 있는, 폭탄과도 같았다. 그렇게 변한 나 자신에 스스로 얼마나 놀랐던지. 그런데 나와 현실 사이에 직원이라는 존재가 끼어드니, 그 폭탄이 터질 일이 줄었다.

화가들과 어울리고, 전시를 올리고, 고객에게 작품을 소개하는 일 외에 사무실을 열면서 하게 된 일이, 기업용 선물을 만드는 일이었다. 초창기의 프로젝트 중 하나로 세미나 관련 물건들을 만들었어야 했는데, 그 규모가 크지 않아 우리는 공장에서 대량 주문을 하는 것과 다른, 반 수작업을 했어야 했다. 다른 것들은 여차여차 해결했는데, 가방에 세미나 로고를 찍는 건 우리가 가진 네트워크로 해결할 수 없었다. 실크스크린 스튜디오에도 가봤으나 그곳은 주로 작품을 하는 곳이지, 우리가 해야 하는 로고를 새기는 게 불가능했다. 뽑은 지 얼마 되지 않은 우리의 첫 직원인 중국인 여직원이 어렵게 작은 물량을 해 줄 수 있는 곳을 찾았다. 그래서 사무실의 두 직원은 가방들을 들고 인쇄소로 찾아갔다. 작업의 내용은, 우리가 들고 간 가방들에 세미나 로고를 새긴 도장을 찍어주는 거였다. 가방을 들고 인쇄소 직원이 사라졌으니 우리 직원들은 도장이 잘 찍히는지 확인하지 못했을 것이다. 아니 당연히 잘 찍어주는 줄 알았을 것이다. 그리고 잠시 후에 로고가 찍혀진 가방들을 들고 사무실로 돌아왔다.

하루를 들여 먼 길을 다녀온 직원들에게 고마움을 느끼며 나는 가방을 꺼내어 봤다. 그런대로 괜찮았다. 큰 기계로 찍은 것과는 다르게 아쉬운 면이 없지 않아 있었지만 크게 흠을 잡을 만한 건 없었다. 그래서 그 다음 걸 들춰 보았다. 그것도 뭐 글자의 선명함에 조금 아쉬운 감이 있긴 하지만 그래도 봐줄만 했다. 그래서 나는 혹시 그 뒤에 것은 좀 나을까 싶어 그 다음 가방을 봤다. 그런데, 이게 뭔가… 가방을 하나씩 들춰 볼수록, 로고가 조금씩 비스듬히, 삐뚤빼뚤 찍혀져 있는 게 아닌가. 로고가 왜 똑바로 찍혀 있지 않는 거지? 나의 눈을 의심하면서 나는 다시 가방들을 들춰 보았다. 가방에 찍히는 로고가 이렇게 비스듬히 찍힐 수도 있는 거란 말인가. 똑바로 찍히는 로고, 그건 기본 상식 아닌가? 어이가 없었다.

다섯 개 정도의 가방을 봐줄만 하다고 고르고 나니 나머지는 도저히 누군가에게도 보여줄 수 없게 엉망으로 로고가 찍혀 있었다. 가방을 다시 사자니 출혈이 너무 심했다. 배보다 배꼽이 더 커질 일이었다. 직접 가방을 들고 인쇄소에 다녀온 직원들도 저들의 눈을 믿을 수 없었을 것이다. 인쇄소에서 당연히 잘했을 거라 믿고 가방을 하나하나 끝까지 들춰보겠다고는 생각도 못했을 것이다. 로고를 똑바로 찍는 건 인쇄소의 일로서 기본 상식이니까.

뒤통수를 얻어맞은 기분으로 우리는 비상대책회의를 열었다. 이 사태를 어떻게 넘겨야 하는가. 결국 우리는 알코올을 사다가 잉크를 지워 보는 쪽으로 결론을 맺었고, 제일 가까운 문구용품점에서 알코올을 사다가 가방의 로고를 하나씩 지우기 시작했다. 행여나 지워지지 않을 경우 감당해야 할 뒷일들을 간신히 머리속에 꾹꾹 누르며 가방을 들고 지우기 시작했다. 한참을 문지르니 로고가 지워졌다. 매끄러운 표면이 아니었기에 지우는 건 쉽지 않았으나, 지울 수는 있었다. 요란한 냄새에 코를 막고 그렇게 몇 시간에 걸쳐 로고를 지웠다. 그리고 우리는 깨끗해진 가방들을 들고 다시 인쇄소로 갔다. 이번엔 직접 로고를 찍는 과정을 눈으로 지켜보았다. 중국에서 생산되는 제품들을 관리하는 사람들은 알 것이다. 공장에서 밤을 새며 며칠을 함께 해야 하는 그 수고로움과 고달픔과 긴장감을. 우리는 다행히도 고작 몇 시간에 그쳤지만 말이다.

이 일을 만약 내가 혼자 감당해야 했다면, 나는 아마도 미쳐 버렸을 것이다. 그래도 내가 여유 있게 그 기가 막힌 상황을 극복해 나갈 수 있었던 것은 중국 직원 덕이었다. 화를 내도 직원이 그들과 상대하게 되니 나의 책임감과 울화는 그나마 반으로 줄어들었던 것이다. 지금이야 로고를 새기거나 회사 답례품을 제작하는 전문적인 곳이 많아져 이런 일을 하는데 고생할 필요도 없지만, 그때는 정말 눈앞이 캄캄했다. 이 일을 통해서 나는, 새로운 모토가 생기게 되었다. '문제가 있을 땐 무조건 중국인 직원에게 시키자'는 것이다. 말도 잘 통하지 않는 내가 아무리 거품 물고 날뛰어 봤자 상대는, 얘 왜 이러지, 하는 표정으로 쳐다보기만 한다. 중국어로, 같은 중국인이 항의하고 화를 내야 미안하다는 말이 나오는 사람들이다.

이후로도 전화나 인터넷 설치와 관련한 어려움이 있었을 때나, 돈을 송금하거나 받을 때 생기는 문제, 명함이나 플라이어들을 인쇄하면서 겪는 문제, 택배 문제 등 중국 사람들과의 문제에는 늘 중국인 직원이 나서서 해결했다. 안달을 하며 언성을 높이거나 한숨을 쉬며. 약이 오르고 화가 나는 사람은 이제 내가 아니라 그녀가 되었던 것이다. 그러다보니 나는 그녀 곁에서 그저, 잘 진행되어 가고 있니? 혹은, 어떻게 되어 가고 있어? 같은 간단하고 고상한 질문으로 모든 것을 해결할 수 있었다. 상하이에 온 후로 큰 고민이던, 내 안의 폭탄을 다스리는 좋은 방법을 발견한 것이다.

이제 상하이 생활 십 여 년이 되었는데, 언제부터인가 화를 낼 일이 없어지기 시작했다. 엘리베이터를 기다리면 먼저 타라고 손을 내밀어 순서를 양보하는 멋진 중국 남자들이 생겼고, 비를 맞고 길을 걸으면 우산을 씌워주는 따뜻한 마음들이 생겼고, 지하철을 탈 때나, 안전검사를 받을 때, 혹은 슈퍼마켓에서 계산을 할 때, 줄을 서는 사람들이 생겼다. 슈퍼마켓에서 과일이나 채소 무게를 달아야 할 때, 행여 줄을 서지 않고 새치기 하는 사람이 있다면 이제는 종업원들이 가서 줄서라고 말해주기까지 한다. 그래서 이제 상하이에선 질서를 지키지 않거나, 상식에 어긋난 행동으로 얼렁뚱땅 넘어가기가 힘들게 되었다. 일하는 곳에서의 비즈니스 예절은 두말 할 것도 없다.

당신도 억만장자?

가난하고 지저분하고 부산한 중국의 이미지 너머로 우리는 늘 무서운 속도로 불어나는 중국의 엄청난 부자들에 대한 이야기를 들어왔다. 최근엔 중국인의 면세점 구매액이 한국인을 넘어섰다니 중국의 돈은 이제 우리의 생활에 적잖은 영향을 주고 있다.

90년대 중반, 런던에서 중국인 유학생을 만났을 때 나는 의아함을 느꼈다. 그때 나에게 중국은 가난한 나라라는 이미지만이 강했기 때문이다. 돈을 벌기 위해 온갖 수단을 동원해 유럽으로 건너오던 사람들만 있는 줄 알았는데, 돈을 뿌리며 유학을 온 유학생이 있다는 게 약간은 충격이었던 것도 같다. 그리고 2000년대 초 상하이에 왔을 때, 한창 개발 중이라 먼지로 뒤덮인 거리에 우뚝 서 있던 명품관, 그리고 그 명품관에 있는 브랜드들의 쇼핑백을 몇 개씩이나 들고 명품관 안을 누비던 한 여인. 그 여인이 너무나 명품에 어울리지 않는 몸짓과 분위기를 가지고 있어 그건 또 나에게 충격이었다. 그녀가 입고 있던 옷도, 들고 있던 가방도 명품의 로고가 새겨져 있어 그녀가 그저 심부름꾼이 아니라는 걸

증명하고 있었는데도, 뭔가 초점이 맞지 않는 사진 같았다.

상하이로 이사한 후, 오랫동안 자동차 없이 버티다가 결국 자동차를 샀다. 그리고 상하이의 아슬아슬하고도 위험한 교통을 뚫고 운전을 할 운전기사를 구했다. 그는 전에 한 은행의 은행장 운전기사로 일을 하다가 은행장이 다른 도시로 발령이 나는 바람에 쉬고 있던 사람이었다. 은근히 미남이었는데, 그는 이미 수입원이 있으니 기사로 받는 월급의 액수에 연연할 필요가 없다고 했다. 우리는 기쁜 마음으로 그를 고용했다. 운전이 취미라니 운전은 불평 없이 잘 할 것이고, 상하이 사람이니 상하이 지리도 잘 알 것이며, 돈에 궁색하지 않으니 우리와 월급으로 실랑이를 할 필요도 없지 않은가.

알고 보니 그의 배경이 좀 특이했다. 그는 형이 하나 있는데, 그는 상하이 50대 공장 안에 드는 공장을 운영하는 사람이었고, 그는 형으로부터 매달 몇 만 위안의 돈을 월급처럼 받고 있었다. 한때는 그도 공장 운영에 참여했었다고 한다. 그러나 그보다 겨우 한 살이 많은 형은 모든 것을 그에게 지시하듯 했고, 그는 결국 일 안하겠다고 선언하고 나왔다고. 그는 사실 일하는 것보다 노는 것에 더 흥미가 있다고 했다. 그가 지난 몇 년 놀고먹고 있었지만, 사실 우리 운전기사 일을 하겠다고 나선 것은, 그래야 집에서 나올 수 있는 구실이 생기기 때문이었다. 약간의 용돈도 벌고, 시간도 합법적으로 밖에서 보내고. 그는 자신의 자가용인 BMW를 끌고 와 우리 주차장에 세워놓고, 낮에는 우리 차를 운전했다. 그리고 집에 갈 땐 다시 자가용을 타고 퇴근. 우리는 그를 '백만장자 운전기사'라고 불렀다. 백만장자 운전기사를 모시는 사정이 어떠했겠는가. 물론 우리는 근무시간 이외에는 절대로! 그에게 운전을 부탁할 수 없었다. 돈도 아쉽지 않을 뿐더러 저녁이나 주말에는 자신의 사교 스케줄이 빡빡했기 때문이다.

중국 사람들은 대체적으로 가난한 것 같지만, 엉뚱하게 부자이기도 하고, 어디에서 나오는지 모를 돈들이 많은 것 같기도 하다. 주차장에 세워진 고급 자동차들이나 요지의 부동산을 소유하고 있는 이들을 보면 이 사람들이 도대체 어디에서 돈을 벌었을까 싶기도 하다. 대체로 내가 파악한 바에 의하면, 90년대에 개방이 된 중국 경제는, 갑작스런 국내외적 경제활동을 가져왔고, 당시 운 좋게 사업을 시작하거나 줄을 잘 선 사람들은, 어디로 들어오는지도 모르게 물처럼 흘러들어오는 돈을 오히려 주체할 수 없어 걱정이었다. 그리고 그렇게 만들어진 부자들이 중국에 넘쳐나게 된 것이다. 중국 인구에 비하자면 극소수에 불과하지만, 그 인구라는 게 어마어마한 숫자가 아니던가. 결국 다른 나라들과 비교해 봤을 때 중국의 극소수인 백만장자, 억만장자는 우리나라 인구로 따지면 어마어마한 숫자가 될 것이고, 그러한 어마어마한 수의 중국인 부자들은 현재 전 세계 부동산 시장과 사업체를 흔드는 층이 되었다.

말로만 듣던 억만장자와의 인연은 아트 페어에서 시작되었다. 그때는 유난히 날씨가 덥던 오후였다. 아트 페어의 마지막 날이었고, 우리는 조각 하나만을 판매한 채 자리를 거두게 생겼었다. 누군가가 와서 조각을 하나 보았고, 또 누군가는 너희 부스의 조각이 최고라며 엄지손가락을 들어 올려 보이고 갔고, 그리고는 조용했다. 이제 작품들을 슬슬 포장해야 하나 고민을 하고 있는데 그가 왔다. 작은 체구의 남자였다. 우리 조각들을 들여다보기에 인사를 했다. 그가 조각 하나를 가리키며 가격을 물었다. 얼마라고 대답을 해주고 나니 그는 또 다른 조각을 가리키며 그럼 저건 얼마냐고 묻는다. 그건 누군가 찜을 해두고 간 거라 지금 그를 기다리는 중이다 했더니 그는 얼른, 그럼 내가 사겠다, 했다. 졸지에 그는 두 점의 작품을 사겠다고 한 것이다.

그가 선금을 약간 줄 테니 따라오라고 했다. 돈이 자동차에 있으니 함께 주차장에 가자고. 먼저 작품을 찜해 놓고 간 이가 계약금을 걸어놓은 것도 아니니 우리는 먼저 돈을 지불하는 사람에게 작품을 판매하는 게 당연했다. 돈을 받아야 하니 그를 따라나서기는 했는데, 기분이 조금 이상했다. 먼저 엘리베이터로 1층에 다다른 후, 비상구 계단을 통해 아래로 내려갔다. 나야 그 건물에서 직접 주차를 해 본 적이 없어 모르지만, 주차장으로 통하는 엘리베이터도 없다는 말인가… 혹시 무슨 이상한 일이라도 생긴다면… 바짝 긴장을 하며, 적당한 거리를 두고, 여차하면 어디로 튈 것이며 어떻게 대처할 것인가를 머릿속으로 바쁘게 굴리며 그를 따라 가다보니 자동차가 한 대 있었다. 그는 뒤 트렁크를 열고 거기 돈 다발에서 두 뭉치를 떼어 내게 준다. 그러면서 그게 계약금이니 작품을 나중에 배달해 달라고. 그리고 난 별 발 없이 부스로 다시 돌아왔고, 그게 인연이 되어 나는 그와 후에 여러 가지 일을 함께 하게 되었다.

J 선생은 여러 잡지에서 들먹여지는 요란한 부자는 아니었다. 시를 좋아하고, 그림을 좋아하고, 문화를 즐길 줄 아는, 한마디로 담백하고 선량한 선비라고나 할까. 나의 중국인에 대한 편견을 완전히 깨게 해 준 진실한 선비로서의 중국인이었다. 원래 건축가로 인민광장 일대를 디자인 하는 등, 국영기업에서 일하면서 상하이의 많은 곳을 두루두루 디자인했다. 그러다가 80년대 후반부터 자신의 사업인 건설업을 하게 되었고, 중국의 개방 바람을 타고 그의 사업도 홍하게 된 것이다. 그럼에도 불구하고 그는 단지 남들이 하니까, 혹은 투자의 가치가 있어서가 아니라, 진정으로 자신이 좋아하기 때문에 미술 작품과 골동품을 많이 사서 모은다.

미술을 좋아한다고 해서 소개 받은 또 다른 사업가가 있다. 그는 상하이의 한 동네에 레스토랑을 가지고 있었다. 그러나 그 레스토랑은 아무에게나 개방되는 것이 아니라 자기와 알고 지내는 사람들, 혹은 자신의 손님들만 이용할 수 있는 지극히 개인적인 공간이었다. 그와 만나기 위해 그곳을 찾았는데, 밖에서 보기엔 그저 평범해 보이는 담이 둘러쳐 있는 그곳은, 문을 통과해 들어가니 별세상이 펼쳐져 있었다. 아기자기하고 중국적이며 특이한 램프들이 곳곳에 세워진 정원에, 약간은 전통적인 모양을 한 조각품들, 그리고 시간과 공간의 상식을 파헤치는 그곳을 고고하게 거닐고 있는 공작새! 그는 전용 비행기도 갖고 있는 사업가여서, 미팅을 위해서는 늘 자신의 비행기를 타고 동에 번쩍 서에 번쩍, 하루에도 중국의 이곳저곳을 누비고 다닌다고 했다. 자가용 비행기만 취급하는 회사가 중국 시장을 겨냥하며 자꾸 상하이를 찾는 것도 무리가 아니었다.

세계 유명 패션과 액세서리 브랜드들도, 보트 회사들도, 모두 중국을 바라보고 있다. 지갑을 열면 무한한 돈이 쏟아져 나오는 극소수의 억만장자들을 고객으로 잡기 위해서다. 그런데 의외로 중국에는 돈이 없다. 법률상으로는 쉽게 가지고 나갈 수 없는 자본이 밖으로 빠져 나가고 있기 때문이다. 체제의 변화나 주위의 질투 등으로 인한 신변 위협이나 언제 몰수당할지 모를 재산을 지키기 위함이 가장 큰 이유였다.

루오관(裸官)과 루오상(裸商)이라는 말이 있는데, 루오관이란 벌거벗은 관리라는 뜻으로 재산을 해외로 도피시키기 위해 가족과 재산을 미리 해외로 보낸 채 홀로 생활하는 관료들을 말한다. 이들은 외국 여권을 소지하고 있다가 자신에 대한 감찰 조짐만 보이면 해외로 도주한다. 이와 다르게 외국 국적을 취득하고 재산도 외국으로 옮긴 채 중국은 가끔 여행 등의 목적으로만 왔다 갔다 하는 기업가를 루오상이라 부른다. 2011년 미국에 들어온 투자이민자 중 3분의 2가 중국인이었을 정도로 중국 부자들의 외국 이민이 많이 이루어지고 있다.

2012년 조사결과에 따르면 본토 중국인 1천 3백 명에 1명은 백만장자라고 한다. 1천만 위안 이상의 개인 자산을 보유한 백만장자가 무려 102만 명이라고 하고 1억 위안 이상의 개인 자산을 보유한 억만장자도 6만 3천 5백 명에 달한다고 한다. 이들은 결혼식에도 많은 돈을 쏟아 붓는데, 롤스로이스, 페라리, 람보기니

등 최고급 외제 차량을 이용하기도 하고, 하늘에 비행선을 날리기도 한다. 부잣집 아이들은 매월 교육비가 1백만 원에 달하는 유치원에 보내진다. 외국에서의 부동산 구입도 눈에 띄는데, 런던의 한복판 랜드 마크 빌딩을 사들인 평안보험을 비롯해서, 개인적으로도 중국인들은 기회가 되는대로 외국에서 부동산을 대규모 구입하고 있다. 캐나다와 미국, 호주 등지의 부동산을 중국인들이 사들이는 바람에 오히려 그 나라 사람들이 부동산을 구입할 기회가 적어지고 있다고 불만이 커지고 있다.

이제 중국은 캐나다에 이어 미국 부동산을 가장 많이 사들인 나라가 됐다. 중국 최대 부동산 개발업체 완커(萬科)는 현재 추진 중인 해외 프로젝트를 중국인 고객들에게 추천하는 데 공을 들이고 있다. 미국 샌프란시스코에서 진행하고 있는 고급 주택 프로젝트의 655개 단지 가운데 40퍼센트가 중국인에게 판매될 것이라고 한다. 오클랜드의 한 부동산 업자는 베이징 소재 부동산업체 저신(澤信)과 부동산 프로젝트를 공동 추진하기 위해 손잡았다. 뉴욕 주식시장에 상장된 신위안부동산은 아파트를 짓기 위해 뉴욕의 토지를 매입했고, 광조우(廣州)의 비궤유엔(碧桂園) 부동산은 말레이시아 남부 해안가 토지 매입에 3억 2천 9백만 달러를 투자했다. 중국 국유 부동산 개발업체 류디(綠地) 그룹도 호주 시드니에서 1억 1천만 달러에 상가 · 호텔 단지를 매입했다.

지난 이십 년 간 벼락부자가 된 백만장자들이 자신의 입지를 다지면서, 그 동안 그들의 자식들은 어른이 되었다. 재벌 2세인 그들은 푸얼다이(富二代)라고 불리는데, 푸얼다이는 80년대 이

후에 태어나서 수억 위안의 재산을 물려받은 자녀를 말한다. 그들은 람보기니와 폭스바겐 같은 외제차를 여러 대씩 수집하기도 하고, 헬리콥터를 타고 학교에 등교하거나 수천만 원 대의 생일 파티를 여는 등 황제와 같은 생활을 한다. 한편 관료직을 물림한 세대는 꽌얼다이(官二代)라고 불린다.

얼마 전 난징에 있는 한 은행에 그림을 디스플레이 하러 갔었다. 그런데 지점장과 이야기를 하는 동안 결재를 받으러 오는 직원들을 보니 모두 깔끔한 차림새였다. 깔끔하고 예뻐서 내가 다 눈을 흘깃거릴 정도였다. 난징 여인네들이 예쁘네… 생각하고 있는데, 우리 은행 애들은 모두 외제차를 몰고 온다, 고 지점장이 얘기했다. 푸얼다이들이 많이 취직한 모양이었다. 미술을 하는 한 화가 친구가 커피숍 인테리어를 했다는 말에 그곳에 가서 구경도 하고 커피도 마시고 수다도 떨자며 몇몇 한국 여인들이 함께 갔는데, 함께 간 우리 일행이 중국어를 잘하는데도 불구하고 커피숍 주인은 우리에게 꼬박꼬박 영어로 대답을 했다. 이태리에서 공부를 마치고 온, 앞으로 커피숍 지점을 스무 개는 내려고 꿈꾸고 있는 그 역시도 푸얼다이였다. 세상이 변하고 세대가 변하며 이제는 손으로 직접 일궈 부자가 된 사람들보다 그들의 후손인 푸얼다이들이 활동을 활발히 하는 시대가 되었다. 그리고 재산이 불어감에 따라 이제는 백만장자보다는 억만장자의 수를 세어야 될 정도로 개개인의 부의 규모도 커지고 있다.

알쏭달쏭 바이죠 프로젝트

중국에서 늘 전설처럼 듣는 이야기는, 중국 사람과 일을 하려면 바이죠(白酒)를 잘 마셔야 한다는 것이다. 특히 북쪽 지방에서는 바이죠를 마시다 기절하는 일도 많고, 누군가는 바이죠를 먹다가 목이 타들어가서 병원에 입원했단다, 등등, 바이죠를 둘러싼 이야기는 무궁무진하다. 나는 평소 바이죠를 마실 일이 없었다. 행여나 술을 마시는 일이 있다고 하더라도 한국에서 온 여자인 나에게 강제로 술을 권한다거나 하지는 않았다. 그냥, 내가 마시지 않겠다면 그런가보다 하고 지나갔다. 그런데 한 번은 바이죠를 둘러싼 이상한 일이 벌어졌다.

몇 년 전 아트 페어에서 한국 작가 K 님이 베이징에 사무실을 두고 있다는 P 회사 사람들로부터 제안을 받았다. 그림을 백 장 정도 구입했으면 좋겠다는 거였는데, 벌써 두 번이나 와서 작가와 직접 애기한 내용으로 규모와 액수가 엄청난 거래였다. 작품을 한 두 점도 아니고 대량으로 구입하겠다는 것과 자기네 예산은 얼마라는 것 등. K 작가는, 자신이 직접 그들을 상대하기 벅차니 중간에서 일을 진행해 달라고 했다. 고객들과 작가들 사이에서 하는 일이야 늘 하는 업무이니 나는 그러마고 했다.

내가 아는 한 상하이 작가는, 몇 년 전, 타이페이에 화랑을 가지고 있다는 한 대만 남자가 그에게 작품이 아주 좋다며 자기 화랑에서 개인전을 열어주겠다고 했다. 어린 나이에 벌써 대만에서의 개인전이라니… 흥분에 들떠 그는 잠을 잘 수 없었다. 계약서를 작성하고 그림을 열 점 넘게 주었다. 그러나 시간이 흐르면서 뭔가 이상하다는 걸 느꼈다. 계약서는 단 한 장이었고, 그래서 그걸 복사해 주겠다고 화랑 주인이 약속했는데, 그가 약속을 지키지 않은 것이다. 그가 묵고 있던 호텔에 가보았으나 이미 떠났고, 순진한 화가는 그의 명함도 받아놓지 않았다. 어이가 없는 일이었다. 마음이 탔으나 이미 버스는 떠나간 뒤였고, 그렇게 해서 그의 그림들은 영영 사라지고 말았다. 지금은 화랑을 통해서만 일을 하고 있는 작가, 그에게는 젊은 날의 경험이 쓰디쓴 기억으로 남아 있다. 그런 작가들의 이야기는 비일비재하다. 그러다보니 작가와 고객 사이에서, 일을 조율하고 성사시키는 일은 당연히 갤러리나 에이전트가 나서서 해야 하는 거였다.

K 작가로부터 건네받은 명함의 송 씨와 연락을 시작했다. 우선은 나를 소개하고, 그로부터 직접 그의 회사가 원하는 게 뭔지를 물었다. 일단 중요한 이야기는 내가 하고, 이후 자세한 이야기는 직원을 시켜봤다. 혹시 내가 놓치는 게 생기지 않을까 해서였다. 그런데 직원은 전화할 때마다 조금씩 다른 내용의 이야기를 들려주었다. 자기네 P 회사는 큰 호텔을 가지고 있는데 거기에

들어갈 그림을 구입하려고 하는 중이라고 했다가, 자기네 고객에게 그림 조달을 해야 한다고 했다가, 그림을 몇 점 구입하려 한다고 했다가, 그게 다시 그림의 수와는 상관없는 것으로 이야기가 되고… 도무지 내가 직접 통화를 해도, 중국인 직원을 시켜 상황 파악을 하려 해도, 뭔가 확실히 손에 잡히지 않는 이상한 프로젝트였다. 일단은 작가에게 직접 제안이 들어온 프로젝트이니 내 입장에서는 파토내지 않고 잘 성사시키는 게 도리라는 생각에, 그리고 언제나 그렇듯, 작품과 관련한 것은, 작품이 들어갈 공간이 어떤 곳인지 확인해 보고 나야 나도 나름대로 제안을 할 수 있는 것이기 때문에 작가와 베이징에 가보기로 했다. 통화를 할 때마다, '너네 언제 베이징에 올 건데?' 묻는 P 회사의 연락 담당자 송 씨의 닦달도 한 몫을 했다. 우리 집 마당인 상하이가 아니라 멀리 베이징까지 가야하기 때문에 여러 가지 조건을 제시했으나, 그 조건을 다 받아들이겠다니 더 이상 버틸 수도 없는 상황이었다.

아트 페어가 끝나고 얼마 지나지 않은 초겨울이었다. 아침에 일찍 갔다가 밤에 돌아오는 비행기 표를 끊고, 베이징에서는 왔다 갔다 하는 시간을 제외하고 여섯 시간 정도의 여유가 있었다. 그 정도면 미팅을 하고, 장소도 둘러보는 데 시간이 충분하리라. 명함의 주소를 들고 찾아갔다. 송 씨는 건물 로비로 우리를 데리러 내려왔다. 이상하리만치 허름한 건물에, 지나치게 겸손한 분위기였다. 번쩍번쩍한 건물을 기대하고 있었던 나는 상상외로 허름한 건물에 조금 실망스러웠으나 그게 중국 스타일인 지도 모른다고 나의 생각을 얼버무렸다. 사실 내가 알고 있는 몇몇 부자 중국인 고객들도 막상 그들의 사무실은 아주 허름한 곳에 있기도 하지 않는가 말이다.

송 씨는 의외로 젊은 사람이었고, 별로 격식을 갖추지 않았다. 그를 따라 계단을 올라가니 대학 기숙사 같은 분위기의 복도가 나오고, 그 복도로 문을 내고 있는 방 하나로 우리를 안내했다. 책상이 하나 놓여 있고, 그 앞에 의자가 두 개 놓여 있는, 역시 소박하고 단출한 분위기의 방. 그곳이 자기 사무실이라고 하며 찻잎을 넣어 차를 대접했고, 그리고 그는 우리가 준비해 간 작품 이미지들을 보았다. 우리에게 가지고 온 작품이 있느냐고 물었는데, 우리는 당연히 작품을 따로 들고 가지 않았다. 그냥 컴퓨터에 이미지만 담아 왔다고 하니 그럼 그거라도 보자고 했다. 대충의 그림의 개수와 예산을 먼저 이야기 했으니 나는 거기에 맞게 작품과 프린트를 섞어서 그림의 개수와 예산을 맞추는 방법 등을 설명했고, 그는 컴퓨터 화면에서 작품의 분위기를 보며 이런 게 좋겠다, 저런 게 좋겠다 등의 생각을 말했다. 대충의 분위기와 내용 등을 살핀 후에 내가 공간을 좀 보면 더 좋은 제안을 할 수 있을지도 모르겠다 하니, 그는, 공간은 없다, 그냥 우리가 그림을 사려고 하는 것이다 라고 했다. 공간에 맞춰서 제안서가 바뀔 수도 있는 나의 입장에서 장소를 볼 수 없다는 건 눈을 감고 길을 걷는 것과 같은 답답함이었지만, 그냥 작품만 구입하면 된다니 나로서는 거기에 이의를 제기할 수 없었다.

송 씨는 중국어 계약서를 즉석에서 작성해 회사 도장까지 찍어 우리에게 넘겨주었다. 두 장의 계약서인데, 모두 중국어로 되어 있는 터라 상하이에서 중국인 직원과 함께 검토한 후 사인 하고 회사 도장을 찍어 한 부 보내주는 것으로 이야기했다. 그도 선뜻 그러라고 했고, 그리고는 우리를 그의 상사에게 데리고 갔다. 그의 상사는 복도 끝에 위치한 또 하나의 방에 있었다. 의자 대신 소파가 있는 걸 제외한다면 역시 소박한 분위기의 사무실. 건물 로비에도, 복도에도, 사무실에도, 작품은커녕 사진이나 포스터 하나 찾아볼 수 없는 이런 회사에서 일을 하는 사람들이 과연 작품에 대해서는 알까, 정말로 작품을 사려는 사람들이 맞는 건가, 싶을 정도로 회사의 분위기는 이상했다. 무슨 교장 선생님처럼 자리를 차지하고 앉아 있는 회사의 우두머리. 멀리서 온 교생이라도 받듯 그는 우리를 쳐다봤고, 송 씨는 우리에 대해 설명했다. 그는 그냥 응, 응, 대답만 했다. 그리고 간단하게 알았다고 말했고, 작품이나 계약 그 자체에는 관심이 별로 없는 듯 보였다. 이상한 따스함과 묘한 어색함의 몇 분이 흐른 후에, 우리는 다시 송 씨의 방으로 돌아왔고, 그는 우리에게 함께 밥을 먹으러 가겠느냐고 물었다. 벌써 점심시간이 훌쩍 지나 있었기에 우리는 그러자고 했다. 어차피 점심시간도 걸러 가며 이야기했고, 앞으로 큰 액수의 그림 거래가 있을 사이인데 먼 길을 날아와 식사 때 밥 한 끼 함께 먹는 건 너무나 자연스런 일이 아닌가.

택시를 타고 도착한 곳은 뭐라고 표현하기 힘든 분위기의 커다란 레스토랑이었다. 점심시간이 끝나갈 무렵이라 사람들은 별로 없었다. 둥근 테이블이 있는 방으로 안내되어 들어갔다. 송 씨가 그의 상관이 곧 도착할 거라 말하며 우리에게 메뉴판을 건넸다. 그가 건네준 메뉴판을 보고 있는데 그가 무얼 시킬 거냐고 물었다. 어차피 멀리서 온 우리를 베이징에 있는 그들이 대접하는 게 아닐까 싶어 당신들 먹는 거 아무거나 시키라고 했다. 그런데 그는 계속 우리에게 뭐를 시킬 건지 보라는 식으로 메뉴판을 떠밀었다. 그러는 동안 사무실에서 만났던 그의 상관이 도착했고, 그리고 여섯 명 정도의 남녀가 그와 함께 들어왔다. 송 씨는 그들을 자기 회사의 무슨 부장, 경리, 직원, 하는 식으로 우리에게 소개를 했다. 젊은 여자 둘도 섞여 있어 우리는 조금 안심을 했지만, 그래도 이렇게 늦은 시간에 이 사람들이 모두 점심을 안 하고 기다렸는가 싶은 의아함과, 상관 한 명과 매니저 송 씨 정도만 예상하고 있던 우리는 회사 전체 회식이라도 하는듯한 분위기에 이상한 기분이 되었다. 그래도, 멀리에서 손님이 왔으니 함께 먹자고 한 모양이라고 이해하기로 했다.

그런데 음식을 시키면서 일일이 K 작가에게 이거 시켜도 되냐, 저거 시켜도 되냐 묻고, 바이죠도 시킬까 묻고 하는 게 조금 이상했다. 너무 센 바이죠가 잘 맞지도 않을 뿐더러 바이죠에 대한 약간의 두려움도 가지고 있는 나는 그냥 맥주를 마시겠다고 했고, K 작가는 그들에 대한 예의로 바이죠를 마시겠다고 했다. 신이 난 송 씨는 바이죠를 시켰고, 바이죠와 함께 잔이 모두의 앞에 놓여졌다. 소주잔 정도의 크기가 아닌 사이다 잔이! 거짓말처럼 그들은 사이다 잔에 바이죠를 하나 가득 붓고 건배를 제안했다. 웃음을 흘리며 잔을 부딪치고 진정으로 서로에게 축복을 해주고, 그리고 쭈욱 들이키는 사람들. 여자들도 거뜬하게 잔을 비웠다. 사이다 잔의 바이죠를 단숨에 들이키는 그들을 보며 나는 대신 침을 꿀꺽 삼켰다. 이건 무슨 뜻이지? 저렇게 마셔도 쓰러지지 않는 건가? 게다가 지금은 이른 오후 시간인데… 그런 식으로 마시니 바이죠를 더 시켜야 하는 건 당연했다. 송 씨가 K 작가에게 바이죠를 더 시켜도 되겠느냐고 물었다. K 작가가 그러자고 했다.

그러는 사이 점점 나는 기분이 나빠지기 시작했다. 사인한 계약서를 우리에게 넘겨주긴 했지만, 도대체 아직까지도 정체를 확실히 알 수 없는 프로젝트에, 대낮부터 마셔대는 바이죠가 도대체 경우에 없다는 생각이 들기 시작했고, 우리가 그들이 먹는 점심에 끼어서 함께 점심을 먹는 게 아니라 우리가 회사 직원들에게 바이죠를 곁들인 거한 점심을 대접하고 있다는 느낌이 들었기 때문이다. 그래서 송 씨는 우리에게 자꾸 메뉴판을 들이대며 뭘 시킬 거냐고 물었던 거고, 바이죠를 시키는 것도 우리의 허락을 받고서야 시킨 것이다. 사실 따지고 보면 우리가 먼 곳에서 날아오긴 했어도 돈을 받는 입장이니 온 김에 대접해야 하는 게 당연할 수도 있는 상황. 그래서 K 작가와 난 그들이 밥을 먹고 잔을 돌리는 동안에 밥값은 우리가 내야 하는 거 같다고, 어차피 레스토랑 분위기를 보면 얼마 나올 것 같지도 않으니 그렇게 하자고 합의를 봤다.

도대체 무슨 이야기를 했는지, 뭘 하느라 그리 오랜 시간을 레스토랑에서 있었는지 생각이 나지 않는다. 다만 나는 점점 기분이 나빠져 가고 있었고, 그들의 바이죠 실력에 기가 질리고 있었고, 그리고 취해가는 K 작가님을 보며 걱정이 되어가고 있었다. 어느덧 공항으로 발걸음을 옮겨야 할 시간이 되어 이제 일어서겠다고 말했다. 그러면서 밥값은 우리가 내겠다고 슬쩍 운을 떼어 봤다. 그랬더니 그들은 계산은 아래층에서 하면 된다고 너무나 당연한 듯 얘기했다. 혹시, 아니 무슨 소리냐고 베이징에 왔으니 너희는 손님이다, 밥은 당연히 우리가 산다, 는 말을 하지나 않을까 했는데, 역시 아니었다. 졸지에 우리가 열 명의 사람들에게 비싼 바이죠가 곁들여진 점심을 대접하게 된 것이다.

어쨌든 비행기 시간도 다 되고 해서 우리는 먼저 일어났고, 바이죠를 더 시키고 싶은 눈치로 앉아 있던 그들은 남은 음식을 앞에 놓고 회의를 하고 간다 했다. 점심 꺼리가 생기면 아예 오후 근무를 제치고 먹고 마시는 회사… 여전히 내게는 의문이 여러 가지였다. 막상 계산을 하려니, 예상의 몇 배가 되는 돈이 점심값으로 나왔다. 음식 자체는 그렇게 비싸지 않았으나 바이죠 한 병의 가격이 몇 백 위안이 되다보니 바이죠 몇 병이 금세 큰 액수를 만들어 버린 것이다. 씁쓸한 마음으로 돈을 냈다.

상하이에 돌아와 계약서 자체에는 이상이 없음을 알고 도장을 찍어서 보냈는데, 그때부터 그 사람들과 연결이 되지 않았다. 그토록 내게 전화를 해오던 송 씨의 핸드폰은 서비스가 끊겼다고 하고, 계약서에 적혀 있는 그들의 사무실 전화번호도 존재하지 않는 번호로 답변이 왔다. 이게 어떻게 된 일인지. 결국 우리는 비행기 값과 몇 천 위안의 점심값을 날리고 사기를 당한 것인가? 그들은 그저 바이죠를 곁들인 점심이나 얻어먹자고 상하이에 사는 한국 사람들을 꼬여낸 것일까? 그들이 진정으로 원했던 건 무엇일까? 지금까지도 풀지 못한 수수께끼다. 아무튼 그 경험을 통해서 난 내 주머니에서 돈이 나가는 일이 있을 땐 정신 똑바로 차리고 조심해야겠다는 결심을 했다.

그리고 몇 년이 지난 후, 비슷한 경험을 또 하게 되었다. 아트페어에서 우리 부스를 봤다며 접근해 온 장쑤성에 있는 회사였다. 그림을 이십 점정도 사고 싶다며 느닷없이 걸려온 전화. 최근엔 그림 거래가 별로 없던 터라 기쁘기도 했지만 의아하기도 해서 중국인 직원을 시켜 통화를 했다. 어쨌거나 그쪽에선 그림을 구입하려고 하니 한 번 만나자고 했다. 그래서 우리는 상하이에서 별로 멀지 않다는 그들의 사무실로 향했다. 자동차엔 혹시라도 그들에게 보여줄까 싶은 그림 몇 점을 싣고서. 그런데 두 시간 반 정도면 닿을 거라고 믿었던 그곳은 막상 운전해 가 보니 네 시간이나 걸렸다. 우리는 거의 점심시간이 다 되어서 그들의 사무실에 도착했고, 전화로 우리와 줄곧 통화를 해온 료 씨는 건물 아래로 내려와 기다리고 있었다. 그와 인사를 나누고 그를 따라 엘리베이터를 탔다. 아무리 생각해도 그림을 여러 점이나 구입하겠다는 사람들이 이용하기에는 허술하고 초라해 보이는 엘리베이터. 그러나 그런 생각도 잠시, 아마도 여긴 지방이니까, 그래서 수준이 조금 떨어지는 걸지도 모른다고 스스로를 달랬다. 엘리베이터에서 내려 복도에 들어서니 더 가관이었다. 한 층의 크기는 큰 것 같은데 뭔가 텅 빈 것 같은 분위기의 사무실들과, 유령집의 문패라도 되는 듯 아무렇게나 붙어 있는 회사의 로고, 안내 데스크는 있는데 아무도 앉아 있지 않고, 그런데도 그는 우리를 자신의 방이라는 곳으로 데리고 갔다. 책상 하나와 작은 소파가 앞에 놓여 있는 사무실. 그리고 곧 대화가 시작되었다. 자기네가 그림을 몇 점 구입하고 싶은데 어떤 그림을 추천해 줄 수 있느냐, 그림은 가지고 왔느냐, 가격은 어떻게 되겠느냐 등등의 질문을 했다. 나는 나름 구상했던 어떤 작가의 그림을 추천하며, 그 작가에 대한 설명과 함께 작품의 시장가격, 그리고 그들에게 줄 수 있는 가격을 제시했다. 소신 있게. 그림을 어디에 사용할 거냐는 나의 질문에 그는 그냥 선물을 하려고 한다고 했다.

사실 이메일로 벌써 그에게 몇 작가의 작품을 보여준 터였다. 이메일로는 그저 알았다, 좋다, 등의 이야기만 했던 료 씨가, 잠시 후 자신의 상사라며 누군가를 데리고 왔다. 료 씨의 상사는 안으로 들어와서 다시 료 씨와는 그 동안 대화도 나누지 않았던 듯 자기가 생각하는 그림 구매에 대해 이야기하기 시작했다. 그러면서 료 씨를 보며, 오늘 저녁 먹고 가라고 하지, 라고 말했다. 그러자 료 씨가 우리의 얼굴을 쳐다보며, 오늘 저녁을 함께 먹자고 했다.

순간 떠오르는 베이징에서의 악몽. 어린아이 둘이 집에서 기다리고 있었고, 나는 안 그래도 미팅만 하고 바로 상하이로 돌아오겠다고 결심을 했던 차였다. 게다가 나와 함께 간 우리 직원은 임신을 해서 배도 불룩한 상태가 아니던가. 나는 예의 바르게, 우리가 먼 길을 왔고, 역시 갈 길이 멀며, 이 친구도 임신을 해서 몸이 편치 않고, 나 역시도 집에 어린아이들이 있어 늦게 돌아갈 수 없다며 정중하게 거절했다. 그러자 료 씨의 상사라는 사람은, 저녁을 함께 하는 게 예의다, 그게 우리의 문화다, 등등 이야기를 하며, 우리 직원에게도 아마 이 여자가 중국 사람이 아니라 모르나 본데 잘 설명해주라고 했다. 역시 집에 일찍 돌아가고 싶지만 마지못해 그 말을 전하는 직원. 그러나 다시는 베이징에서와 같은 일을 겪고 싶지 않았다. 이 사람들이 누군지도 잘 모르는데다가 역시 네 시간을 운전해 돌아갈 생각을 하니 눈앞이 캄캄했고, 확실하게 어떻게 하자고 결론을 내리지도 않은 상태이지 않은가. 계약서를 작성하고도 프로젝트가 날아갔는데, 몇 마디 대화만 나누고 저녁을 먹자니. 이 사람들이 진짜로 원하는 것은 무엇일까… 그들을 쳐다보며 생각했다. 결국 나는 단호하게 거절했고, 나중에 상하이에 오면 그때 우리가 저녁을 대접하겠다고 말했다. 그러자, 함께 저녁을 할 것을 종용하던 상사도 마침내 포기했던지, 문을 닫고 나가고, 료 씨는 다음 상하이에서의 대충의 미팅 날짜를 잡고 우리를 엘리베이터가 있는 곳까지 배웅해 주었다. 그림을 가져갔지만 보여줄 기회도 없었고, 겉도는 대화만 하다가 헤어진 느낌이었다. 늦은 점심을 작은 식당에서 우리끼리 해결하고, 부랴부랴 상하이로 올라왔다.

아니나 다를까, 상하이에서 만나자던 그들은 상하이에 오지 않았고, 더 이상 연락도 되지 않았다. 진정으로 그들이 원하는 것은 무엇이었을까, 아직도 궁금하다. 우리와 함께 하는 공짜 저녁과 바이쥬? 우리가 을이니까? 혹은 작품을 얼마에 사면 뒤로 얼마를 커미션으로 돌려주겠다는 식의 제안? 아니면 먼저 바이쥬로 우정을 텄다면 진정 커다란 프로젝트가 기다리고 있었던 걸 내가 어리석게 물리친 것인가? 모를 일이다. 상하이 생활 십 년이 넘어서도 알 수 없는, 알쏭달쏭한 바이쥬 프로젝트다.

안녕하세요,
공주마마

그때, 나는 그 애와 커피를 마시고 있었다. 런던의 한 카페에서. 부러 이태리 커피 전문점을 찾아가 우리는 지나간 날들을 추억하고 있었는지도 모른다. 사라져 가는 우리의 청춘을, 아름다웠던 우리의 학창 시절을, 그리고 그가 사모했던 런던의 열기와 왕궁과 다이애너 비를. 우리는 부러 옷을 멋들어지게 차려 입고, 왕궁이 내려다보이는 레스토랑에서 근사한 식사를 하기도 했다. 모두, 왕궁을 엿보자는 은밀한 계획 아래. 분명 학생 신분이었던 우리에겐 분에 넘치는 저녁이었다. 그리고 다시 런던에서의 재회를 했던 그때, 카페 안에 설치된 커다란 화면에서 다이애나 비의 자동차 사고가 보도되었다. 우리는 화면에 보이는 것들을 믿을 수가 없어 들고 있던 커피 잔을 내려놓았다. 설탕을 잔뜩 넣었는데도, 에스프레소가 입안에서 썼다. 다이애너 비가 파리에서 자동차 사고를 당했다!

그 충격적인 사건 이후 나는 스위스로 돌아간 그 애를 다시 만나지 못했고, 내 인생에서 왕실과 관련한 에피소드는 다시 일어나지 않았다. 어쨌든 유럽의 왕실은 나와는 전혀 상관없는 사람들의 세계가 아니던가. 어느 날, 상하이를 찾은 덴마크 공주님과의 저녁에 초대를 받기 전까지는 말이다.

공주님과의 저녁이라니? 덴마크 영사인 L에게서 연락을 받고 깜짝 놀랐다. 그냥 친구들과의 저녁이라며 공주님이 함께할 거라니? 캐주얼한 복장으로 가볍게 하는 저녁이라며 공주님이 함께 할 거라니? 한 나라의 공주라는 존재와 캐주얼한 친구들끼리의 저녁이라는 건 전혀 내 머릿속에서 범벅될 수 없는 두 개의 상반된 이벤트였다. 덴마크 영사 L이 친구인 건 맞았다. 네덜란드 영사인 그의 파트너 J가 친구였던 것도 맞긴 했다. 그런데 공주님은… 나의 친구가 될 등급이 아니지 않은가. 하지만 그녀는 L의 친구. 이 공주님은 덴마크에서 여덟 번 째 왕위 계승 순위를 가진 사람이었으며, L과 함께 일한 적이 있다 했다. 그래서 상하이에 발령받아 있는 그를 여행 삼아 방문 왔다고. 그녀는 그의 집에 머물고 있는 중이었으며, L은 그녀를 위해 이것저것 재밌는 일을 구상하다 그중 하나로 친구들과의 저녁을 생각해 낸 모양이었다.

당연히 가야지. 그러나 막상 가겠다고 하고 나서는 머릿속이 복잡해졌다. 아무리 캐주얼한 저녁이라지만 명색이 왕족과의 저녁인데 옷은 어떻게 입어야 할 것이며, 선물은 무엇을 가져가야 할 것이며, 공주님을 만나면 어떤 호칭으로 그녀를 부를 것이며, 인사는 어떻게 해야 하는가 등, 온갖 생각들이 회오리처럼 소용돌이쳤다. 각종 왕실의 행사와 텔레비전에서 보던 악수 장면, 환호 장면 같은 것들이 떠올랐다.

선물로는 와인을 사간다고 치고, 그럼 공주님을 만났을 때 인사는 어떻게 해야 하는 건가. L에게 공주님을 어떻게 부르냐고 물으니 그냥 평소대로 하면 된단다. 그런데 전하, 공주 마마, 뭐 그런 말을 붙여야 하는 건 아닐까? 했더니, 그것도 괜찮단다. 어쨌든 그런 거 별로 중요하지 않으니 그런 거에 신경 쓰지 말라고 했다. 그래도 내 입장에선 예의바르고 싶었다. 그래서 이것저것 호칭을 붙여 봤다. 안녕하세요 공주 전하, 안녕하세요 공주 각하. 만나서 반갑습니다, 안녕하세요, 전하, 안녕하세요, 안녕하세요 공주마마…. 그래, 안녕하세요 공주마마로 낙찰이다.

인사말이 결정되자, 이번엔 다른 나의 예절에 허점이 있을까 걱정이 됐다. 반듯하고 예의 바르게 보여야 하는데. 포크와 나이프 사용이 서툴러 보일까봐 걱정이 됐다. 말실수를 할까봐 걱정이 되고, 웃는 소리가 행여 방정맞을까봐 걱정이 됐다. 등을 곧게 펴고 있어야 할 것이고, 다리는 무례하게 꼬지 말 것이며, 악수를 할 때는 손을 가볍게 그러나 단단하게 잡고, 말은 너무 많지도, 너무 적지도 않게 한다… 혼자 계획은 참 거창하게 했다.

열 사람이 함께 하는 저녁이었다. 덴마크 총영사 내외, 네덜란드 총영사 내외, 그리고 우리의 친구인 덴마크 영사 커플, 그리고 핀란드 문화 담당 영사. 모이고 보니 외교관이 아닌 사람은 나와 남편뿐이었다. 게다가 동양인은 나 혼자 뿐. 나는 마치 동양의 대표라도 된 듯 몸가짐과 말을 조심했다.

엘리자베스 공주는 많은 나이에도 불구하고 여전히 자태가 반듯하고 고아했다. '헬로우'나 '오케이' 잡지에 덴마크 왕실의 일원으로 사진이 실리면 너무나도 자연스럽게 어울릴 모습이었다. 유별난 옷을 입었거나 그다지 특별한 치장을 하지 않았는데도 위엄이 온 몸에서 풍겨 나오는 건 어쩐 일일까. 정통 교육과 스스로의 절제로 단련된 자연스런 고귀함일 것이다.

베이징과 상하이를 여행하면서 겪은 공주님의 이야기와, 함께 있었던 사람들의 유머 가득한 이야기들로 저녁 시간은 웃음이 그치지 않았다. 신분과 나라와 언어가 다른 데도 자연스럽게 어울릴 수 있었던 저녁이었다. 모두, 인간은 결국 하나의 신분밖에는 없다는 생각 때문에, 거만함 따위는 없이 오로지 상대를 향한 존경만이 존재하는 사람들 사이에서만 있을 수 있는 따스함이 저녁 시간 내내 가득했다. 덴마크 공주님과 함께 한 동화 같은 저녁이었다.

동화의 아버지 안데르센의 나라 덴마크. 어린 시절 읽었던 온갖 이야기들이 떠올랐다. 인어공주, 성냥팔이 소녀, 엄지 공주, 장난감 병정, 미운 오리 새끼, 벌거벗은 임금님, 빨간 구두 등의 이야기들이… 신분이 다른 왕자를 사랑하는 인어공주의 사랑 이야기, 물거품이 됨으로 사랑하는 사람을 지켜주는 희생의 이야기에서 나는 슬픔을 배웠고, 벌거벗은 임금님에서는 위선과 어리석음을, 그리고 미운 오리 새끼에서는 집단과 배타를 배웠다. 다양한 이야기들로 나의 어린 시절의 정서를 물들인 안데르센. 그때는 덴마크라는 나라도, 공주니 왕자니 하는 단어들도 모두 멀게만 느껴졌었는데….

동화의 아버지 안데르센과, 바에서 만난 인연으로 왕실의 식구가 된 호주 출신의 매리 왕세자비와, 둘째 왕자의 전부인인 알렉산드라와 전 세계의 마스코트가 되어버린 영국 왕실에 대한 생각도 덩달아 얽혀 재밌고 즐겁고 이상하던, 그러나 그림동화 같은 저녁이었다. 사람들에게 인사를 하고, 공주님에게 작별의 키스를 선사하고 밖으로 나서니, 겨울로 들어서는 상하이의 찬바람이 이마를 때렸다. 어린 시절 꿈처럼만 느꼈던 동화의 나라에 들어갔다가 다시 현실로 튀어나온 것 같았다.

아직까지 왕실이 남아있는 나라는 세계를 통틀어 34개국이다. 이중 덴마크 왕실은 유럽에서 가장 오래된 왕족 가문으로 역사와 전통을 자랑한다. 인구 540만 명의 작은 나라이자 안데르센과 낙농의 나라로 알려진 덴마크는 민주주의를 따르면서도 왕실의 전통을 이어가는 입헌군주국이다. 덴마크 국민들을 대상으로 한 어느 설문조사에 따르면, 국민들의 80% 이상이 입헌군주제에 찬성하고 있다. 현재 덴마크 여왕은 마르그레테 2세 여왕이다. 그는 프레데리크 9세와 스웨덴 공주인 잉그리드의 장녀로 1940년 코펜하겐에서 태어났다. 본명은 마르그레테 알렉산드리네 토릴두르 잉리드다. 여왕은 원래 왕위 계승 순위가 낮았으나 영국 엘리자베스 2세 즉위에 영향을 받아 삼촌 대신 1953년 왕위계승자로 선정됐다. 1972년 1월 부왕의 서거로 32살의 나이에 즉위했다. 덴마크의 첫 여왕인 그는 1969년 프랑스 귀족 출신의 외교관 앙리 드 라보르드 드 몽페자 백작(지금의 헨리 공)과 결혼해 두 왕자 프레데리크와 요아킴을 두었다.

이후 엘리자베스 공주는 한 번 더 만났다. 마침 그녀가 상하이에 있는 동안 네덜란드 라익스 뮤지엄의 소장품들이 상하이 박물관에서 전시되는 커다란 전시회가 있었는데, 마침 그 오프닝 리셉션에 공주님이 L과 함께 온 것이다. 바로 며칠 전 저녁을 함께 먹은 나의 얼굴을 알아보고 공주님이 너무 반가워하는 덕에 나는 졸지에 그녀의 말동무 비슷한 처지가 되어 그녀 곁을 얼쩡거리게 되었다. 박물관에 들어서고, 이층으로 올라가고, 오프닝 세레머니를 보고 하면서 함께 움직이는데, 그녀가 갑자기 내게 한 마디 했다.

"근데 너는 너무 빨리 움직여."

순간 나의 발걸음은 멈추고, 나의 머리는 띵해졌다. 빠른 걸음으로 길거리에서 시간낭비 안하는 게 나의 자랑이었는데… 가볍고 얍삽하게 움직이던 평소의 재빠른 움직임에 갑자기 무거운 돌덩어리가 달렸다. 갑자기 내가 방정맞게 다닌 것 같다는 생각이 들었다. 나이도 많으신 공주님 옆에서 천천히 보좌를 할 것이지… 옛날 우리말에도 양반은 비와도 뛰는 게 아니라고 하지 않았던가. 뒷짐을 쥐고 배를 내밀고 느릿느릿, 뭐 그 정도까지야 아니었어도 천천히 우아하게 목을 빼고 등을 곧추 세우고 멋지게 움직였어야 하는데… 순식간에 무너지는 나의 철학, 나의 삶. 이제부턴 느리게 걸어야 겠다.

그녀는 내게 그런 강렬한 메시지를 남기고 갔다. 이후로 그녀를 다시 만날 기회는 없었지만 그녀와의 만남은 왕실의 에티켓과 삶으로 내게 가끔 나 자신을 돌아보게 해 주는 좋은 추억이 되었다. 지금도 덴마크 왕실 기사를 접하면 반갑게 들여다보게 되는 건 아마도 그 왕실 가족 중에 가까이에서 식사를 함께 한 사람이 있다는 데 있을 것이다.

왕의 남자가 된 써울 메이트

지난 몇 년 그는 내게 여왕의 남자로 지칭되었다. 여왕의 궁에 들어가 여왕의 일을 돕는, 그녀의 행사와 모든 공식 일정을 기획하는 사람. 상하이의 하늘 아래 함께 있다가 갑자기 발탁되어 네덜란드 궁으로 날아간 사나이. 그는 얼마 전에 네덜란드의 베아트릭스 여왕이 왕위에서 물러나고 그 뒤를 이어 아들 윌렘 알렉산더 왕자가 왕이 됨에 따라, 더 이상 여왕의 남자가 아닌 왕의 남자가 되었다. 어딘가 이상하게 들리는 호칭, 왕의 남자, 그와의 인연을 뭐라고 말해야 할까. 서울 메이트? 쏘울 메이트? 아님 써울 메이트? 어쨌든 우리는 그렇게 애매하게 우리 관계를 부르고 있다. 서울에서 가까워진 인연이기 때문이다.

2008년 봄, 몇 년 동안의 고생 끝에 마지막 카드라 생각하고 한국을 찾았던 참이었다. 원래부터 아기를 갖고자 하는 건 아니었으나, 여자여서였는지, 나이 탓인지, 나는 아기를 갖고 싶기 시작했고, 그러다보니 한 달 한 달 기다림으로 살게 되었고, 그리고 이런저런 노력과 함께 인위적인 시술을 받기 시작하였다. 준비

안 되었어도 그냥 생기면 낳으라던 어른들의 말씀이 있더니, 몇 년이 지난 후엔 갖고 싶어도 생기지 않는 아기였다. 일상생활과 병행해 할 수 있는 여러 방법들을 동원하다가, 상하이에서의 시험관 아기 시술을 끝으로 서울을 찾았다. 시험관 아기 시술은 몸과 마음을 피폐하게 만들었고, 특히 인간의 힘으로 할 수 없는 것에 대한 암담한 기대감과 좌절감에 쿨 하게 도전했던 마음이 무너졌었다.

그래도 스스로에게 세 번의 시험관 아기 시술을 허락한 참이었기에 두 번째는 상하이가 아닌 다른 곳을 선택하기로 했다. 홍콩과 서울이 후보지였으나, 망설임 끝에 결국 나는 친정이 있는 서울로 마음을 정했고, 상하이에서의 모든 일을 직원들에게 맡기고 서울로 향했다. 계속되는 검사와 주사에 혼자만의 스트레스와 긴장까지 겹쳐 하루하루가 무겁고 암울한 날들이었다. 미래가 보장되지 않을 때 오는 그 불안감이 아마도 가장 큰 부담이었을 것이다.

마침 당시 상하이 네덜란드 총영사인 E가 그의 부인과 함께 서울로 왔다. 부인이 말을 타다가 부상을 당해 치료차 몇 주 오게 된 것이다. 당시 그 부부는 몇 번 만난 적이 있긴 하지만, 모두 공식석상에서였으므로 특별히 가깝다거나 하지는 않았다. 그러나 어차피 나도 그들도 함께 서울에 있게 되었으므로, 인사차 연락을 하게 되었다. 혹시 필요한 게 있거나 도움이 필요하면 연락을 하라고. 물론 서울에 있는 네덜란드 대사관으로부터 모든 도움은 받고 있던 그들이었다. 상하이에서의 인연을 생각하며 난 몇 권의 책과 잡지를 사들고 병문안을 했다. 갈비뼈 부상으로 꼼짝 않고 누워 있어야 하니 그 병상 생활이 얼마나 지루할까. 상하이 생활을 잠시 멈추고 낯선 서울에 와 병원 신세를 지고 있는 그들에게도 상하이 인연은 반가웠을 것이다.

그러다보니 그들이 서울에 있던 동안, 병문안과 함께, 부인 옆에서 꼼짝 못하고 있는 E에게 서울을 구경시켜 주었다. 물론 내가 보여줄 수 있는 곳이야 경복궁, 등등에 한정되어 있지만 말이다. 3월의 쌀쌀한 따스함이 새 학기의 신선함과 함께 젊은 청춘들의 발걸음에 힘을 싣고 있었다. 바람이 부는 새 학기의 대학가, 그리고 문화의 입김과 역사의 흔적이 두루두루 깃들여 있는 경복궁과 인사동 거리. 한국을 처음으로 방문하는 사람에게 한국을 소개하는데 적격인 분위기도 있었지만, 오랜만에 대학가 앞을 걸으려니 감회가 새로웠다. 똑똑한 인재들이 모인, 젊음이 넘치고, 밝은 미래가 있는 거리가 아닌가. 청춘의 힘이라는 게 너무나 아름답다. 예전엔 나도 친구들과 함께, 미래를 생각하며 이런 곳을 걸었을 것이지만, 이제 나는 대학 시절이 몇 십 년 전으로 계산되는 중년의 여인이지 않은가. 대학가를 걸으며 그에게 한국의 대학생들과 대학생활에 대해 말해 주었다. 그 대학가를 걷고 있는 한국의 인재들을. 음식점도 많다. 우리는 근처 음식점에서 젊은 이들과 섞여 밥을 먹었다. 어쨌거나 시간이 필요한 요양이었으니 그들은 약 3주를 그렇게 한국에 있다가 갔고, 그동안 나는 엄마가 되어가고 있었다.

이후 우리는 상하이를 떠나 맺은 인연 때문에 써울 메이트로 서로를 불렀고, 상하이에서 다시 만나는 기분도 각별했다. 두 부부가 함께 여러 레스토랑을 다니며 식사를 하던 일, 전시회장에서 탁구를 치던 일, 외교관으로서 지휘해야 할 여러 가지 행사며 음악회, 전시회들에 응원 차 참가했던 것 등.

그들이 상하이에 있었던 동안 가장 큰 행사는 역시 상하이 엑스포였다. 엑스포를 둘러싸고 상하이는 전체적으로 들썩들썩, 모든 구조와 형태와 서비스와 분위기가 바뀌었다. 엑스포를 기점으로 상하이는 목욕재계를 하고 새 옷으로 갈아입었다고나 할까. 엑스포의 하이라이트는 각국 VIP들의 방문이기도 했다. 네덜란드에서는 황태자 부부가 상하이를 찾았다. 그들의 방문을 둘러싸고 상하이 영사관과 베이징 대사관에선 얼마나 들썩들썩했던지. 나야 멀리서 그들을 보는 걸로 끝났지만, E는 상하이에 있는 동안 내내 그들을 보좌해야 했다. 그리고 그가 그때 어떤 좋은 인상을 그들에게 남겼는지, 후에 E는 네덜란드 왕실로 스카우트되어 현재는 그곳에서 일하고 있는 것이다. 상하이를 떠나게 되었다는 작별인사를 하러 우리 집을 찾았던 그 여름날을 기억한다. 모기향을 피우고 마당에 앉아 커피를 마시고 있었다. 그때 E가, 두 달 후에 네덜란드로 돌아간다며, 왕실에 발탁되어 가게 되었다고 했다.

상하이에서 가깝게 지내던 친구가 왕궁의 행사를 담당하는 매니저로 들어가다니. 깍듯한 매너와 반듯한 생활, 건전한 사고방식이 그를 그런 자리에까지 이끌었을 것이다. 그가 이야기를 할 때마다, 늘, 권위를 앞세우는 사람이 아니라 옆집 아저씨처럼 친근하고 청렴하다 생각했는데, 그런 인상은 모두에게 마찬가지였던 모양이다. 이십 여 년 전 상하이에서 중국어를 공부한 적도 있는, 정통 중국파였던 그는 중국 사람들에게도 친구처럼 친근했다. 그리고 이제 그의 친근감은 왕실도 감동시켰던 것이다.

매스컴에서 네덜란드 왕실 소식을 접할 때마다, 베아트릭스 여왕의 아시아 행이나, 백 년 만에 남성 왕이 태어나는 윌렘 왕의 소식 등을 들을 때, 그의 얼굴이 함께 떠오르는 걸 어찌할 수가 없다. 그래도 왕실에 누군가 하나 아는 사람이 있다는 게 이렇게 행복할 수 있는 건지. 내가 왕궁에 들어가 있는 게 아닌데도 말이다.

상하이 드림

수많은 정보와 넘치는 사람들, 파티와 공원과 사무실과 빌딩들, 온갖 모임들, 그리고 자전거와 오토바이와 자동차들… 모두 상하이 사람들의 혼을 빼놓는 것들이다. 배우자를 따라 온 주재원의 식구들이라면 쇼핑하고 밥 먹고 취미생활 하는 것만으로도 정신이 없을 정도다. 쇼핑가면 쇼핑가, 음식점이면 음식점, 거기에다 온갖 동호회니 운동모임이니, 주재원 여인들의 모임이니, 할 일이 상하이 스타일로 줄을 서 있다. 정신을 똑바로 차리지 않으면 상하이에 널려 있는 재미나는 일들에 일상을 잡아먹힐 판이다. 많은 사람들이 오래된 것과 높은 빌딩, 여러 문화가 공존하는 상하이를 뉴욕에 비교하는데, 중국은 어쩌면 몇 백 년 전의 미국과 같다. 전 세계에서 기회를 노리는 사람들이 비행기를 타고 몰려오고, 손을 대는 족족 사업으로 연결되며, 좋은 아이디어와 근면한 자세만 있으면 누구라도 기회를 잡을 수 있는, 그러한 곳말이다. 족보도 없고 과거도 없으며 사회적 신분 때문에 앞날이 가려지지 않는.

상하이에 널린 것은 기회이다. 새로운 개방 형태의 경제활동에 사회가 들쑥날쑥하고, 오랫동안 문을 닫아 두었던 중국에선 외국에서의 경제형태, 활동방식, 세련된 눈이 필요하기 때문이다. 이 기회를 잡아 일을 하는 것은 순전히 자신의 몫이다. 그 기회를 잡아 일하는 데는 조건이 없다. 아무도 당신의 과거를 묻지 않는다. 고향이 어디인지, 무슨 학교를 졸업했고 무엇을 전공했는지, 어떤 경력을 가지고 있는 지로 모든 것이 결정되지 않는다. 너무나 많은 사람들이 상하이라는 도시에 모여 아등바등 살아가고 있기 때문이다. 현지인이 아니라서 괴로울 것 없다. 현지인이 아닌 사람도 많을 뿐더러, 현지인이 아니기 때문에 더더욱 용서와 호기심으로 받아들여지는 일도 무궁무진하기 때문이다. 그래서 상하이에선, 아이디어를 찾고, 그냥 그 아이디어를 실행에 옮기면 된다.

사실 내게 거창한 아이디어나 계획은 없었다. 닥치는 일에 최선을 다하며 살았다. 친구들이 생겨서 그들을 도왔고, 그 일이 미술 쪽 일이다 보니 그쪽으로 일이 계속 연결되며 진행된 것뿐이다. 많아지는 일에 컴퓨터를 두드리고 돌아다니는 시간이 많아지자, 남편이 내게 질문을 던졌다. 왜 일을 하느냐고. 일하는 게 즐겁다고 하니, 그럼 차라리 정식으로 회사를 설립해 일을 하는 건 어떠냐고 제안했다. 당시 빠져서 하고 있던 일이 친구가 된 중국 여류 화가와 옷을 만들어 입는 것이었다. 일반 여성과 의기투합해 옷을 만들기 시작했으면 그저 명품 브랜드의 짝퉁을 만들어 입었을 것을, 그녀가 화가이다 보니 개성 있는 옷을 만들어 입게 되었고, 그 영향을 받아 나도 어릴 때부터 옷감을 잘라 바느질로 만들어 입던 나의 창작놀이 꿈에 불을 지피게 되었다.

그 즈음에 회사를 설립한다는 이야기가 나왔고, 그러면서 나는 순수미술을 다루는 전시기획 일과, 화가들과 함께 아이디어를 내 만드는 디자인 상품 쪽으로 내 회사를 설립했다. 첫 사무실은 프랑스 조계에 있는 오래된 집의 작은 1층 방이었다. 마당이 아름답고 나무가 커다란, 낭만적인 장소. 그곳에 우리는 '나라나 스튜디오'라는 이름을 걸고 일하기 시작했다. 당시 한국에서 직장을 옮기게 된 막내 동생을 상하이로 불렀고, 시각 디자인을 전공한 그는 웹사이트와 여러 가지 디자인 프로젝트를 담당하게 되었다. 다음엔 여러 가지 사무실 살림을 꾸려 줄 여직원을 구했다. 미술관 프로젝트를 하며 알게 된 미술관 직원에게 소개를 받아서였다. 컴퓨터를 사들였고, 책상을 구입했고, 그리고 본격적으로 일하기 시작했다.

물론 화가 친구 W와 만드는 옷은 우리가 만드는 아트 상품의 첫 번째 품목이었는데, 만들다 보니 여러 가지 문제점이 발생했다. 일단 옷감 구입과 부속 재료 등을 구입하는데 발품이 많이 동원되었고, 멋나게 완성품을 만들어 주는 재봉사를 찾는 것도 쉽지 않았다. 거기에다 사람들의 체형이 말도 안 되게 여러 형태여서, 딱 맞게 만들어 주는 것이 쉽지 않았다. 중국인들이 아닌 상하이 주재 외국인들을 대상으로 선택하다 보니 특히 서양 친구들의 체형에 맞추는 게 아주 어려웠다. 사람들은 어찌 이리 다른 몸을 갖고 태어났는지. 운이 좋아서 옷을 여러 벌 제작해야 한다면 그건 또 다른 문제가 되었다. 많은 물량을 재봉사 두 세 명에게 만들어 달라고 할 수도 없고, 공장에 맡기자니 그들의 단위는 몇 천 장이었던 것이다. 그런 큰 물량을 다루는 옷 시장은 우리가 설

불리 뛰어들 수 있는 게 아닌, 또 다른 사업 분야였다. 결국, 옷을 만들어 판매하는 일은, 수입과 전혀 상관없는, 나의 취미 살리기 프로젝트 정도의 곁가지로 남았다.

자연스레 일이 벌어진 것은, 결국 전시회 기획과 디자인, 두 분야였다. 작가들을 많이 알고 있었으니, 그들의 전시를 돕거나 전시를 기획하는 것은 너무나 당연한 일이었다. 예전엔 잘 생각하지 못했던 것을 좀 더 용기 있게 추진할 수 있게 되었고, 곁에서 보좌해 주는 직원들이 있으니 더더욱 힘을 내 일을 할 수 있었다. 회사를 차렸으니 좀 더 프로페셔널한 자세로 모임에 다녀야 했고, 사람들을 만나는 게 조금 두려웠던 나는, 용기를 내어 사람들과 이야기하기 시작했다. 용기를 내어 다가오는 사람에게 상대는 마음을 연다. 용기를 내어 말하다 보니 처음 만난 모임에서도 친구를 만들게 되었고, 그 친구는 자신이 이루어내야 하는 일에 대해 고민하고, 거기에 아이디어를 내거나 조언을 하며 함께 고민하다 보면 그게 일이 되고, 그래서 친구는 졸지에 고객이 되었다.

그렇게 만난 친구 중의 하나가 오스람에서 일하는 A였는데, 그녀는 일본 사무기기 회사 꼬꾸요(Kokuyo)의 행사에서 만났다. 꼬꾸요 가구 전시장에 우리 그림을 함께 디스플레이하여 가구도 돋보이게 하고, 동시에 우리 작품들도 더 많이 노출되게 하는 효과를 노릴 계획이었다. 그렇게 일을 진행하던 가운데, 꼬꾸요 쪽에서 새로 나온 제품들을 선보임과 동시에 딱딱한 사무실에 창의적이고 예술적인 분위기를 접목시킨다는 모토 아래 몇몇 제품에 작가들의 그림을 그려 넣었다. 꼬꾸요의 새 제품 발표회가 생동감 있고 색달

랐음은 물론이었다. 그곳에 초대되어 왔던 사람중 하나가 A였는데, 그녀와 이야기를 나누다, 우리가 시각 디자인도 해준다는 이야기를 듣고, 중국 오스람의 컨퍼런스와 거기에 따르는 여러 가지 것들을 우리에게 맡겼다. 그래서 우리는 오스람 레드 라이트의 포스터와 행사 초대장, 일정표, 이벤트 공간 디자인 등을 모두 하게 되었고, 처음 맡는 일이라 긴장한 가운데 진지한 자세로 모든 것들을 해냈다. 결과는 좋았다. 무언가를 해냈다는 만족감이 우리들을 한층 의기양양하게 해주었고, 색다른 분위기로 디자인 관련 분야와 행사를 진행했다는 것으로 A 역시 사내에서 높은 점수를 받았다.

예술과 관련된 오프닝에서 만나 대화를 나누다보니 서로 관심 분야가 예술적인 것에 있다는 것과, 친구와 친구가 만나는 자리에서 만난 사람들이라는 안도감 때문에 그러한 인연은 조금 편안하게 진행된다. 막 일어나고 있는 도시에서 사람들은 새롭고 세련된 것에 굶주려 있다. 그러니 특이한 일을 하는 사람들의 연락처는 반갑게 돌고 돌았다. 큰 파도가 밀려올 때 운이 좋게 그걸 타게 되었는데, 그 방향으로 파도를 따라 멀리멀리 밀려나게 된 케이스라고 해야 할까.

상하이엔 사실 많은 사람들이 그런 파도를 타고 있었다. 상하이 드림을 현실로 만들어 주는 파도. 배경이나 과거, 고향이 끊어낼 수 없는 그런 파도, 도전하는 사람을 응원해 주는 긍정적인 물결로서 말이다. 모두, 시장이 크고, 다양한 사람들이 모이기 때문에 가능한 일이다. '개인의 능력과 성과에 대한 합당한 보상이 존재하는 꿈의 땅' 으로 회자된 아메리칸 드림처럼 말이다.

PART 2
예술과 일상의 톱니바퀴

의욕이 넘치는 스튜디오

창작이 행해지는 공간에선 늘 에너지 냄새가 난다. 먼지처럼 공기 중에 떠다니는 그 아름다운 에너지를 뭐라고 표현해야 할까. 무에서 유를 창조해 내는 신선한 두뇌의 움직임, 아이디어를 작품으로 승화시키는 그 존경스러운 열정. 푸동의 화가촌을 찾았을 때의 충격과 경이로움이 그랬다. 창작의 에너지로 똘똘 뭉친 사람들의 세상이 구름사다리처럼 존재하고 있었다. 지방에서 서울로 올라오듯, 예술의 에너지가 있는 곳으로, 지방에서 올라온 백여 명의 작가들이 푸동 화가촌에 둥지를 틀었다. 푸동 화가촌은, 버려진 아파트 건물을 화가들에게 저렴하게 임대해 준 곳이었다. 그래서 푸동 화가촌의 아파트 한 칸은 일정한 수입이 없는 전업작가들에게 좋은 거주지 겸 작업실이 되었다. 간단한 기본설비만 되어 있을 뿐, 그럴듯한 장식도, 난방이나 에어컨도 설치되어 있지 않은 그곳을 약간의 돈을 들여 공간을 꾸미고 살기 좋게 만든 작가들도 있었고, 어떤 이들은 존재하는 그대로 맨 벽과 바닥에 침대와 이젤을 놓고 작업을 하고 있었다. 작업실답지 않게 말끔하게 정리를 해놓고 작업을 하는 이가 있는가 하면, 발 디딜 틈 없

나라나 스튜디오, 이 작은 방에서 회의도 하고

이 늘어놓고 작업을 하는 이도 있었고, 작업실에 샌드백을 놓고 수시로 체력단련을 하는 이도 있었다. 그는 단단한 팔 근육과 복근을 자랑하고 있었다.

전시회에서 만난 몇 작가들의 공간을 역시 그림을 하는 터키 친구 아리훼와 함께 찾았다. 안면이 있는 작가들의 작업실을 찾으니 당연히 반갑게 맞아 주었고, 이야기를 하며, 차를 마시며 그들에게 이끌려 여기저기를 방문하다 보니 한 나절이 성큼 가 있었다. 그리고 그날이 내게는, 그 동안 웅덩이처럼 고여 있던 나의 중국어를 본격적으로 끌어내 살아 있는 사람들과 우정을 나누는 데 사용하기 시작한 날이 되었다. 얼마나 땀을 흘리며 너듬거렸던지 아직도 기억이 생생하다. 한 두 시간 서서 대화를 나누었던 여름밤의 오프닝 때와는 달리, 한 나절의 중국어 대화는 나의 모든 에너지를 앗아갔다.

한 번 시작한 작업실 방문은 꼬리에 꼬리를 물고 이어졌다. 작업실에서 받은 그 기운에 나는 작업실 찾는 걸 일상의 나들이로 삼기 시작했고, 작가들을 알게 되는 것과 그들의 작품을 보는 것에서 새로운 힘을 얻었으며, 마침 당시 장만한 아파트에 그림을 채워 넣는 데도 큰 몫을 했다. 작품을 그냥 사서 거는 것보다 작가를 잘 알면서 작품을 갖게 되니 더욱 의미도 있고 재미도 있었다.

훗날 푸동의 화가촌이 철거되면서 그곳에서 몇 년을 기거하던 작가들이 새 보금자리를 찾아 떠나게 되었다. 그중 몇몇은 이미 몇 화랑과, 그 화랑의 작가들이 들어가 이름을 알리기 시작한 모간산루(지금의 M50)에 들어갔는데, 동시에 나도 모간산루에 가는 일이 많아졌다. 당시 모간산루는 작업실이 중구난방으로 개방되어 있었다. 어떤 작가들은 문을 걸어 잠그고 작업을 했고, 어떤 작가들은 활짝 열어놓고 작업을 했다. 부러 나의 작업실이 여기 있네, 하고 포스터나 안내 같은 걸 붙여 놓지 않았기에 모간산루 예술촌에 들어서면 어디를 어떻게 가야 할지 알기 어려웠다. 당시는 세계적으로 중국 미술이 주목을 받기 시작한 때이기도 해서, 상하이로 출장을 왔던 사람들이 중국 그림들을 좀 보았으면 했고, 나는 그들을 데리고 작가들의 작업실이나, 시간이 많지 않은 경우 모간산루를 찾았다. 그러다보니 작가들도 더 많이 알게 되고, 작품도 여러 점 판매하게 되었다. 그리고 전시에 대한 문의와 작품에 대한 문의, 작가와 전시장, 작가와 컬렉터를 연결하는 일들이 점점 많이 생기게 되었다. 그러면서 결국은 친한 작가 몇 명과 옛 프랑스 조계의 집 하나를 얻어 스튜디오를 차린 것이다.

그곳은 커다란 집의 1층이었다. 3층짜리 집에 층마다 이웃들이 살고 있긴 했으나, 아무도 부러 문을 열고 마당까지 내려오지 않기에, 단아한 오랜 정원은 우리의 전유물처럼 이용되었다. 자갈돌이 예쁘게 깔린 정원에 의자 두 개와 작은 테이블을 놓고 앉으면 마치 유럽 저택의 파티오에라도 앉아 있는 기분이었다. 물론 담 너머 자동차 소리나 자전거 따르릉 소리, 커다란 중국어 소음이 들리면 금방 꿈에서 깨어나지만 말이다. 그곳에서 우린 컬렉터와 작가들을 연결하는, 작가들과 전시장을 연결하는, 작가들의 순수 작품 이외에 응용 작품들을 만드는, 전시 관련한 모든 창작을 이루어 내는 우리들만의 스튜디오를 꾸려 나갔다. 방이 두 개 연결된, 정원으로 통하는 창이 크고 문이 나 있는, 그런 공간이었다. 그 안에선 모든 것이 정지된 듯 했고, 오로지 우리가 해야 할 일만 살아 숨 쉬는 것 같았다. 그 힘이 우리를 움직여 우리를 하나 되게 만들며, 미래를 향한 꿈으로 힘차게 달릴 수 있도록 만들어 주었다. 문앞 데크에선 물감을 이리저리 널려 놓고 작업하기도 했고, 전시에 참가하는 화가들과 만나 회의를 하는 일도 있었고, 여러 매체의 기자들이 찾아와 인터뷰와 취재를 하는 일도 생겼다.

처음엔 헐렁했던 공간에, 전시회를 개최함에 따라 작품이 몇 점씩 더 들어서게 되고, 보관을 하게 되고, 우리 소유가 되는 작품들도 생기고, 그러다보니 나중엔 방 하나를 온전히 수장고로 양보해야 했고, 나중엔 우리가 사무실로 쓰던 공간조차 발 디딜 틈 없이 꽉 차게 되었다. 테오와 필릭스가 퍼포먼스를 연습하던 곳, 접시 등을 늘어놓고 마리호세와의 생활미술 프로젝트를 실행했던 곳, 홍콩인 변호사가 찾아 와 작품을 사 갔던 곳, 따뜻한 마음의 상하이 고객이 바쁜 시간을 틈내 용기를 북돋워 주고 간 곳, 미래를 재미있게 해주는 수많은 프로젝트의 가능성을 열어준 곳. 작은 공간이지만, 꿈과 열정으로 창작의 보금자리가 된 스튜디오였다.

후에 좋은 환경을 좇아 여러 곳으로 보금자리를 옮겨 일을 하게 되었지만, 첫출발을 했던 그 작은 스튜디오가 아직도 그리운 건, 창의열과 젊음을 만끽했던 곳이기 때문일 것이다. 그리고 경험이 없는 탓에 모든 기회에 가능성을 열어두고 정신없이 행복하게 뛰어다니던 날들이었기 때문일 것이다.

커피를 마시면서 작품 감상을

스튜디오를 차려놓고 닥치는 대로 일을 하던 어느 날, 아는 화가 친구에게서 전화가 왔다. 푸동에 있는 한 카페에서 전시를 해 줄 수 있겠느냐는 것이다. 뭐 전시야 당연히 해 줄 수 있지. 사람들에게 보여주고 싶은 작품이 얼마나 많은데…. 작가들을 알게 된 이후 느낀 것은, 내가 알고 지내는 작가들의 많은 작품들이 그냥 어쩌다 한 번 있을 전시를 기다리며 작업실에 쌓여 있다는 것이다. 에너지를 전달하는 아름다운 작품들, 두뇌의 한 구석, 마음의 둔탁한 어느 부분인가를 찌릉 울려줄 수 있는 작품들을, 일상에 밀려 건조하게 살고 있는 많은 사람들이 보고 즐길 수 있으면 얼마나 좋을까. 갤러리나 미술관에만 있기엔 작품이 너무 아깝지 않은가? 소수 그룹에게만 하소연하는 그런 미술품 말고, 많은 사람들의 눈을 번쩍 뜨일 수 있게 하는, 그들의 삶을 아름답게 이끌어 줄 수 있게, 많은 사람들에게 공개될 수 있는 작품이면 얼마나 좋을까? 물론 그러기 위해서는 작품들이 일반인이 찾지 않는 그런 공간에만 걸리는 것이어선 안 될 것이다.

일단은 공간을 봐야 나도 컨셉을 잡고 작품들을 디스플레이 할 수 있으므로 약속을 하고 그 카페를 찾아갔다. 당시 2호선의 마지막 역인 쟝장가오커 역에 있는 카페였다. 카페 주인은 한 호텔의 케이크 담당 주방장이던 말레이시아인 M과 미국에서 태어나고 자란 중국인 A와, 싱가포르 여인 C. 세 젊은이의 합작 카페의 운영은 주로 M과 A가 하고 있었고, 특히 케이크 및 음식 관련해서는 M이 독보적으로 담당하고 있었다. 내가 그 장소를 찾았을 때는, 이미 내게 전화를 걸었던 화가의 작품과 그의 친구들의 작품들이 한 차례 돌아가며 전시를 끝낸 후였다. 그리고 이제 그들에게는 전시에 올릴 작품이 바닥 나 있었다. 그러니 당연히 많은 화가들을 알고 있고, 여러 화가들과 함께 일을 하는 나에게 연락을 해 온 것이다. 아마도 높은 문턱만 쳐다보지 않고 닥치는 대로 일을 하며, 특히 예술을 예술적인 곳에만 모셔두지 않고 일반인에게 연결시켜 주는 일에 심혈을 기울이고 있던 나의 철학을 그들이 알아봤기 때문일 것이다. 카페는 주인들의 나이라도 말해주는 듯 캐주얼하고 밝게 인테리어가 되어 있었고, 벽의 맨 위에는 여러 형태의 그림을 연결해 걸 수 있도록 레일도 설치되어 있었다. 그림을 여러 차례 바꿔가며 걸 계획이 아니라면 선택하기 쉽지 않은 인테리어였다.

주인과 인사를 나누고 테이블에 앉았다. M의 전문인 케이크와 곁들여 커피 한 잔을 마시면서. 분위기 좋고, 개방적이고, 젊고, 생동감 넘치고, 발전의 가능성이 무한한 곳이었다. 이런 공간에 어떤 그림을 걸어 주면 좋을까. 일단은 너무 무겁거나 시사성이 짙은 것, 시각적으로 부담스러운 것은 피해야 할 것이다. 그런데 우스운 것은, 주위의 그림들을 둘러보니, 중국 화가의 그림들은 거의 모두 그 카테고리에 해당 된다는 것이다. 추상화는 하늘의 별따기인데다가 구상화들은 보기에 부담이 좀 있고, 정말 사람들 많이 안가는 갤러리나 미술관 같은 곳에서나 거창한 이름 아래 걸려 있어야 할 것 같은 그림들이었다. 게다가 크기는 왜 그렇게 크던지… 사실 당시 중국 작가들에겐 크고 충격적인 이슈로 그림을 그리는 게 인기였다. 그 와중에 막상 적당한 스타일이다 싶어 작가에게 연락을 하면, 그들은 미술관이나 갤러리 등 그림이 걸려야 할 곳에나 전시 명목으로 걸지, 카페 같은 곳엔 걸지 않겠다고 거절했다.

결국 나는, 한국인 작가를 비롯해 비교적 전시 공간에 융통성 있는 외국인 작가 위주로 작품을 걸게 되었다. 작가들, 전시 차 상하이에 들어왔던 작품들도 자기 나라로 돌려보내기 전에 다시 한 번 디스플레이하기도 했다. 주제를 잡아 놓고 여러 작가의 그림을 한꺼번에 건 적도 있긴 한데, 하다 보니 카페에선 한 사람의 그림이 균일감있고 더 전체 분위기를 잘 살려 준다는 것과, 그림의 색이 사람들의 식욕을 좌우한다는 걸 배웠다. 사실 지금도 나의 꿈은 온전한 순수 갤러리 보다는 사람들이 부담 없이 찾을 수 있는 카페 형식의 전시 공간이다. 일반인들이 찾는 공간이 좀 더 예술적으로, 개성적으로 변했으면 좋겠다는 바램이다. 그 동안 상하이엔 예술작품을 진시하는 카페들이 꽤 생겼다가 사라지고, 여전히 존재하고 있기도 하다. 빠른 변화가 일어나는 상하이에서는 당연한 일인지도 모른다.

카페나 레스토랑에 작품을 전시하는 건 늘 매혹적이고 흥미롭다. 미술관이나 갤러리에 간다는 건 좀처럼 큰맘을 먹지 않고는 힘든 발걸음이 아닌가. 종종 미술관이나 갤러리에 카페가 함께 있는 경우도 있는데, 미술관 분위기가 압도적이면 역시 친구와 가볍게 만나 들어서기가 쉽지 않다. 가장 좋은 건, 일반 카페나 커피숍에서 좋은 그림들을 많이 보여주는 거라고나 할까. 커피를 마시러 갔는데 거기에 멋진 그림들이 있다면 어떨까. 행복할 것이다. 커피 맛도 더욱 그윽하게 느껴지고. 커피를 마시러 갔는데 문화를 함께 마시는 느낌이라고나 할까?

사실 시각적인 것은 식욕에 큰 영향을 미친다. 같은 음식이라도 예쁘게 놓인 음식이 아무렇게나 담긴 음식보다 맛있어 보이고, 실제로 사람들은 그렇게 인식한다. 음식의 색깔이나 모양뿐만 아니라 주변의 환경도 식욕에 큰 영향을 미치는데, 기본적으로는 색깔도 식욕에 영향을 미친다고 한다. 예를 들어, 파란색은 시원하고 상큼하면서 감정을 가라앉히는 역할을 하지만, 음식의 색으로는 상큼하지만 쓴맛을 느끼게 하며, 식욕을 감퇴시킬 뿐 아니라 음식이 맛이 없어 보이는 작용을 한다. 만약에 레스토랑이나 커피숍이 파란색으로 인테리어 되어 있다면 사람들은 그곳에서 식사나 음료를 즐기려 하지 않을 것이다. 보라색은 신비롭고 독특한 느낌이 있지만 음식의 색으로는 쓴맛과 동시에 음식이 상한 느낌을 준다. 검은색은 고급스럽고 모던한 분위기를 연출하지만, 음식의 색으로는 쓴맛과 부패한 느낌을 주어 식욕을 억제시키며, 맛을 제대로 느낄 수 없게 만든다.

반면에 붉은 계열의 색은 식욕을 왕성하게 하는데, 이는 '음식이 따뜻하다'는 이미지 때문이기도 하다. 간판을 빨간색으로 하면 사람들의 시선을 끌 뿐 아니라 식욕을 자극한다. 그러나 빨간색은 식욕을 불러일으키고 편안한 느낌을 들게 하지만 노랑이나 주황에 비해 그 강도가 심해 불안감을 유발할 수 있어 인테리어 일부에서만 빨간색을 사용하거나, 조명을 이용해 부분적으로 빨간색을 활용하기도 한다. 주황색은 식욕을 촉진시키고 포만감을 잘 느끼지 않게 하기 때문에 음식점의 조명으로 많이 쓰인다. 일반적으로 붉은 계열의 색인 빨강, 주황, 노랑, 흰색 등은 식욕을 돋우는 색이다.

따지고 보면 우린 색이 들어간 그림을 통해서 사람들의 식욕을 좌지우지한 셈이다. 그림에는 색뿐만 아니라 형태까지 들어가니 손님들의 마음을 움직이는데 더욱 강하게, 다각적으로 영향을 미친다.

타이깡루에 있는 한 프렌치 레스토랑은, 귀엽고 예쁜 여자 그림 때문에 그 아래 앉아 밥을 먹고 있는 자체가 마치 프랑스 시골마을 누군가의 집에 초대되어 있는 듯한 따뜻함과 소박한 느낌을 주었다. 한때 상하이에 살거나 방문하는 외국인들에게 가장 인기 있는 바로, 사랑을 받았던 '바 루즈'에는 빨간 입술의 여자들 사진이 도발적으로 장식되어 있다. 거기에 앉아 있으면 사진보다 더 도발적이고 저돌적인 표정과 마음가짐으로 사람들과 대화를 해야 할 것 같은 느낌에, 보다 유혹적인 밤을 보내고 있는 듯한 착각에 빠지게 만들었다. 와이탄 3호의 장 조지 레스토랑에는 입구와 복도에 한 프랑스 작가의 고전적이면서도 현대적인 여자의 뒷모습 그림들이 걸려 있던 적이 있는데, 어두운 조명에도 불구하고 한 컬렉터의 눈에 띄어 작품이 여러 점 팔리기도 했다. 실제로 난 커피숍 프로젝트 이후, 레스토랑과 바, 커피숍에 들어가면 늘 거기에 걸린 그림들을 살피는 편이다. 표면적인 것만 말고, 그 안에 들어있을 내용까지 관심 갖고 파악하는 건 은근한 즐거움이다.

문화 공간으로서의 호텔

지인의 끈은 늘 멀리 간다. 이른바 꽌시의 힘이다. 사람들을 만나고, 만난 사람들을 기억하고, 그들과 우정을 쌓고, 관계를 돈독히 해가는 일, 사업을 하는 사람에게는 매우 중요한 사항이다. 사람을 좋아하면 무엇이든 가능하다. 사람들이 좋아해 주는 것도 큰 축복일 것이다. 그러나 모든 인간과의 관계는 자기 자신에게서 나온다. 예전에는 잘 느끼지 못했던 것, 큰 단체에 몸을 담았을 땐 그 단체의 지붕 아래서만 생활하면 되었는데, 나 자신의 명함을 가지고 다니면서는 사람들과의 관계가 즉발적으로 프로젝트와 연결된다는 것을 얼마나 느꼈는지.

그들과 연결이 된 것 역시 친구를 통해 우연히 알게 된 후 열심히 손을 잡고 일을 하던 푸동의 카페 주인 M 덕분이었다. 이전에 호텔 파티셰리 셰프였던 그가, 자기의 선 식상 세인트 리지스 호텔에서 미술 관련 일을 하는 사람을 찾고 있다고 연락을 해온 것이다. 호텔이라니…! 나의 꿈의 직업 중의 하나가 호텔에서 일을 하는 것인데. 그런 호텔의 문턱을 드나들 기회가 생긴다는 것인가?

아트 이벤트에서 작품 설명

발렌타인 데이 즈음하여 있었던
아트 이벤트 리플렛

아트 이벤트 포스터

아트 이벤트 초대장

치파오와 함께 했던 아트 이벤트

전시와 함께 했던 퍼포먼스

호텔 셰프의 작품과 함께 했던 아트 이벤트

두근거리는 마음으로 세인트 리지스 호텔을 찾았다. 스타우드 그룹이 이끄는 호텔 체인들 중에서 가장 럭셔리한 브랜드인 세인트 리지스 호텔이 미술과 관련한 마케팅을 한다는 것이다. 세인트 리지스 호텔은 원래 5성급 플러스의 퀄리티와 서비스를 자랑하고 있다. 5성급 호텔의 시설에 프라이버시 확보와 버틀리 서비스를 첨가하여 고객들의 편의를 최대한 보장하는 것이다. 그래서 상하이에선 같은 매니지먼트의 웨스틴 호텔처럼 뷔페 조찬을 요란하게 광고하거나 화려하게 만들어 외부 손님을 끌어들이는데 힘쓰지 않는다. 호텔에 드는 고객이 그저 조용하게 자신의 시간을 보내다 가게 하는 게 그들의 최고 목표였다. 당시 세인트 리지스 호텔의 예술 관련 프로젝트로, 로마에 있는 세인트 리지스 호텔에선 고객들에게 로마의 박물관, 미술관과 함께 하는 상품을 소개하고 있었다. 예를 들어 세인트 리지스 호텔에 묵는 고객에게는 로마의 미술관들을 둘러볼 수 있는 특별 카드가 주어진다고나 할까. 버틀러의 서비스는 물론 로마의 역사와 문화를 한 눈에 볼 수 있는 여러 박물관과 미술관들을 호텔에 머물면서 편하게 다닐 수 있으니, 그것보다 더 좋은 문화 마케팅도 없었다.

상하이에서는 어떻게 하면 좋을까. 생각 끝에, 분기에 한 번씩 아트 이벤트를 열기로 했다. 호텔 볼룸에 전시를 하고, 무용이나 피아노 연주, 혹은 호텔 주방장이 만든 사탕 조각 작품이나 치파오 컬렉션 등을 곁들여 이벤트를 마련했다. 각각 '상하이 마그마', 'The Way You Are', '아름다운 인생', '매혹적인 상하이', '러브' 등의 이름으로 태어난 이벤트들은 많은 사랑을 받았다. 호텔에서는 VIP 고객이나 파트너를 위주로 손님을 초대했고, 그들에겐 좋은 예술작품 전시와 함께 호텔 음식과 퍼포먼스까지 볼 수 있는 기회가 되었다. 2년 정도를 그렇게 세인트 리지스 호텔과 행사를 진행했다. 그렇게 행사를 진행하는 동안 각 기업의 간부들이나 외교관들이 초대되어, 마치 초대받지 않으면 안 될 행사처럼 여겨지게 되었다. 좋은 전시가 있었고, 좋은 손님이 있었고, 신선한 퍼포먼스에 최고의 음식이 제공되었으니 그보다 더 멋진 시간도 없었다.

한 갤러리와 콜라보레이션을 하는 웨스틴 호텔이나, 갤러리 호텔로 이름을 걸고 문을 연 부띠크 호텔들을 제외하면 상하이 내 호텔들은 아트와의 콜라보레이션에 그다지 신경 쓰지 않고 있지만, 사실 유럽 호텔들은 미술 작품들을 많이 소장하고 있고, 한국 호텔들도 좋은 작품들을 로비에 전시하고 있는 편이다. 발리나 베트남의 호텔들은 비싸지는 않지만 그 지역의 아름다운 그림들을 이용해 인테리어를 잘 꾸미고 있다. 그래서 호텔 투숙객들이 눈요기도 함께 할 수 있도록 말이다. 홍콩에서는 랭함 호텔이 여러 아트 작품을 많이 디스플레이 해놓기로 유명하다. 오래되어 낡은 몽콕이 빛을 보며 다시 일어서고 있는 이유 중의 하나가 아트 작품으로 유명한 랭함 호텔 덕분이라고 해도 과언이 아니다.

후에 마케팅 매니저와 호텔 매니저가 새로 발령 받아 오면서 세인트 리지스 호텔과의 아트 이벤트도 막을 내렸지만, 호텔에서 일하는 친구들과 일을 하며 놀란 것은, 그들의 완벽주의적인 집요함과 놀라운 일의 속도였다. 무슨 프로젝트를 하더라도 그들의 몸엔 완벽한 결과물을 추구하는 정신이 있었고, 그래서 그들로부터 배울 것이 많았다. 요즘은 각국의 호텔에서 호텔 아트 페어도 진행되고 있어 호텔의 또 다른 아트와의 콜라보레이션을 보여주고 있다. 세상의 그 많은 호텔들이, 편안한 숙소만 제공하는 게 아니라 좀 더 문화적인 배려를 해준다면 얼마나 좋을까 상상하는 것만으로도 행복하다.

아트에 실려 가는 브랜드 이미지

몇 년 전, 상하이에서 한 화가에 의해 페인팅 된 BMW 자동차 전시회가 주목을 끌었다. 덕분에 사람들은 편의와 실용을 위해 개발된 '자동차'라는 물체를 하나의 예술작품으로 감상할 수 있었다. 가방이나 의류를 만드는 회사에서 예술가들과 함께 손을 잡고 일한 것은 벌써 오래전부터 자리 잡아 온 현상이지만, 디자인이나 예술과 별로 상관없을 것 같은 분야의 기업에서조차도 요즘은 예술을 이용해 기업 이미지를 전달하는데 힘쓰고 있는 분위기다.

어느 해에 크리스마스와 연말연시 휴가를 이용해 홍콩에 갔었다. 해마다 연말이면 그래왔듯이 홍콩은 구룡 반도와 홍콩 섬 모두 거대한 크리스마스 트리 같았다. 가만히 쳐다보고 있으면 가슴에 일렁일렁 파도를 만드는 감동의 트리. 거대하게 보이던 어린 시절의, 한없이 낭만적인 영화 속의 배경 같은 트리.

마침 홍콩 섬 센트럴 지역에 있던 스타 페리의 항구를 다른 곳

베네룩스 상공회와의 콜라보레이션

으로 옮기고 공사를 하고 있었다. 항구로 가는 터널을 들어서는 데 눈에 들어오는 커다란 포스터. 푸봉 은행에서 미술전시회를 한다는 것 아닌가! 푸봉 은행이 어느 나라 은행이던가? 한 번도 들어본 적 없는 낯선 이름인데… 그러나 은행에서 미술 전시를 한다는 게 재미있어 우리는 부러 그곳을 찾아가 봤다. 전시 장소는 두 군데였는데, 하나는 은행이 있는 곳, 그리고 또 다른 곳은 시티 홀이었다. '재미있는 아트'를 컨셉으로 진행하고 있는 이 전시회는, 대만 예술가 10여 명의 작품을 보여주고 있었다.

제1전시장인 은행으로 가보니 문 정면 벽에 가득 붙여진 신용카드 작품이 우리를 맞는다. 우리는 일부러 작품을 보기 위해 온 사람들이었지만, 은행에 일을 보러 오는 고객들에게 신선한 충격과 새로움을 선사할 만한 분위기였다. 덕분에 볼 일 없이 왔던 우리들도 온 김에, 하면서 은행 안에 들어가 이곳저곳을 기웃거렸다. 제2전시장인 시티 홀에서는 동물과 자연 형상을 이용한 여러 가지 코믹하고 귀여운 작품들이 보는 이에게 친근감을 주고 마음을 흐뭇하게 해주고 있었다.

재건축에 들어간 항구가 눈앞에서 땅땅 소리를 내고 있었지만, 시내 한복판에서 이런 전시회가 진행되고 있는 홍콩은 얼마나 세련된 곳이란 말인가. 20도를 웃도는 따뜻한 겨울 햇살을 맞으며 하얀 깃털로 만들어진 대나무가 하나 가득인 시티 홀 옥상 벤치에 앉아 휴식의 한때를 즐겼다. 어쨌거나 푸봉 은행은 상하이에서 온 두 사람에게 은행의 이미지를 확실히 심은 셈이다. 앞으로 우리는 푸봉 은행 이름을 들을 때마다 홍콩의 한 복판에서 미술전시회를 주최하던 세련되고 배려있는 은행의 이미지를 떠올릴 것 아닌가.

홍콩의 서점에서 산 한국 잡지에서도 반가운 소식들을 접할 수 있었다. 한국의 겨울은 각 기업들이 주최하는 전시회로 가득이었다. 패션 브랜드 빈 폴에서는 '원어나더' 라는 타이틀로 김지양, 김현성, 김태은, 다모토리, 박지혁 등 열 사람의 사진전을 열고 있었는데, 이는 사진작가들의 활동을 지원하고, 전시를 통해 대중에게 문화공간을 제공한다는 취지의 프로젝트로, 연례행사로 이루어질 예정이라고 했다. 화장품 회사들도 질 수 없는지, 끌리오 화장품에서는 화장품을 소재로 한 미술전시회 '코스메틱 아트 꿈꾸는 화장품' 전을 열었는데, 3천 여 개의 아이섀도로 만든 대형 마릴린 먼로의 얼굴, 한국 고유의 음식 재료를 가지고 미래의 화장품 광고를 만들어낸 데비한의 작품 등을 선보였다. 설화수에서는 '설화의 밤'을 개최했는데, '우리의 것', '색'이라는 화두로 사진작가 배병우, 한복전문가 이효재, 크리스털 공예가 홍현주, 종이 예술가 김점식 등 8명의 작가들의 작품을 전시하고, 이를 사일런트 경매를 통해 판매했다. 여기에서 조성된 기금은 비영리 문화재단 '예올'에 기증해 중요문화재인 소나무 살리는 일에 사용하기로 했다고. 수개월에 걸쳐 작가를 섭외한 후 작품을 의뢰하고, 그 과정을 영상에 담아내며, 살려야 할 소나무를 찾아 경북 운문사까지 찾아다니는 등 전시회에 엄청난 공을 들였으나, 2시간 남짓 행사가 진행되는 동안 설화수 제품에 대한 홍보는 한마디도 없었다고 한다. 겔랑에서는 '오키드 임페리얼 아트 앤 립크림'을 보여주기 위해 11명의 아티스트들의 힘을 빌었다. 옻칠 화가 임선미, 꽃그림 작가 백은하, 인터랙티브 아티스트 서효정, 그리고 영화배우 배두나와 모델 송경아 등이 말하는 이야기는, '오키드를 바라보는 시선'이었다. 탱탱하게 치켜 올라간 눈의 모양보다 그 눈으로 바라보는 내용과 시선에 담기는 것들이 더 중요하다는 것을 보여줌으로써, 이 브랜드가 제품 하나를 만드는 데 얼마나 고차원적인 생각을 하고 있는지 알려주는 행사였다.

예술가들과 함께 일을 하는 나로서는 이런 모든 활동 소식을 듣는 것만으로도 반갑다. 예술은 생활과 동떨어져 있는 것, 일반인이 감히 넘볼 수 없는 것, 실용적이지 못한 환상의 것이라는 고정관념에서 벗어나 누구에게나 활기를 줄 수 있는 활동들이니 말이다.

상하이에 쇼룸을 가지고 있는 일본 사무가구/용품 회사 꼬꾸요도 호주 사람이 지사장으로 있었던 동안 예술 관련 행사를 과감하게 많이 했고, 이태리 디자인 가구를 판매하는 EXPO CASA에서도 우리와 여러 번의 아트 이벤트를 진행했다. 상하이에 사무실을 열고난 후 활발해진 중국과의 사업교류에, 중국 화가들을 유럽에 초대해 소개했던 네덜란드 포르셰의 미술전시회도 역시 같은 맥락에서 진행된 것이다. 중국 작품들을 보기 위해 포르셰 매장으로 향하지만, 마음 안에서는 그런 전시회를 열 수 있는 기업에 대한 존경과 감사, 친근감이 저절로 우러나는 것이다.

미술전시회를 통해서, 혹은 예술가들과의 작업을 통해서 사람들에게 기업의 이미지를 심어 주는 일, 그것은 상품에 대한 어떤 직접적인 외침으로도 바꿀 수 없는 대단한 홍보가 된다. 그러한 기업들의 배려 있는 행사로 눈과 귀와 머리와 감성이 맑아지는 건 바로 고객들이 아닐까. 획기적이고 아름다운 기업문화 홍보의 큰 손들이 많아지는 상하이가 되었으면 좋겠다.

갤러리로 변신하는 사무실

북유럽에서 이미 보편화된 일의 하나가 아트 렌탈이다. 사무실이나 관공서, 병원, 은행 등에 시각적인 만족을 주고자 미술품을 걸어두는 것이다. 소장품이 많은 단체나 기업이라서 소장품으로만 돌려 걸어도 충분하다면 좋겠지만, 그렇지 않은 곳에서는 아트 렌탈 서비스를 이용해 공간의 분위기를 살린다. 회사의 분위기에 맞는 작품들, 혹은 고객에게 어필하고 싶은 분위기나 색, 내용의 작품들을 디스플레이 함으로 여러 가지 효과를 얻는 것이다. 일이나 열심히 해야 하는 사람들이 있는 곳에 하얀 알 벽이면 충분하지 그림은 무슨 그림, 이라고 생각한다면 오해다. 근무 환경은 회사의 분위기도 바꾸고 일의 능률도 바꾼다. 싸구려 벽지를 바른다면 당장은 돈을 절약할지 모르지만 금세 색이 바라고, 더러움을 타며, 손상이 된다. 카펫도 마찬가지. 싸구려 카펫은 독성을 품고 있을 뿐만 아니라 화재가 나면 후루룩 타버린다.

그러나 그림은 그 이상이다. 그림은 작은 화면 안에 시간과 역사와 사상, 예술가의 혼이 담긴 것이므로, 그것을 단순히 가격으로만 따지는 것은 불가능하다. 그림의 값어치를 아는 이들이 나를 찾을 때, 나는 기쁜 마음으로 달려가 그림을 걸어준다. 그림에 대해서 아무 것도 모르는 회사 직원이 그림에 대해 흥미를 느끼기 시작하는 걸 목격하는 것 역시 그림 렌탈을 통해서 얻는 보람이다.

우리 입장에서는, 이러한 취지가 좋게 느껴지기도 했고, 아직 상하이에서는 널리 알려진 서비스가 아니지만 홍보를 해보기로 했다. 나와 함께 일하는 작가들, 상하이에 전시하러 왔다가 또 다른 기회를 위해 작품을 잠시 놓고 간 작가들의 작품들을 좀 더 노출시키고자 함이었다. 작품의 디스플레이로 사람들에게 보다 많이 보이자는 것, 그러다가 누군가의 눈에 띄어 작품이 판매된다거나, 혹은 다른 프로젝트로 연결이 되는 것, 작품이 6개월, 혹은 1년에 한 번씩 교체되는데, 그러다가 디스플레이 되었던 장소에 판매되어 붙박이로 남는 것 등이 곁들여지는 결과이다. 작품에게 가장 미안한 일은 누군가에게 판매되었으나 그냥 창고에서 썩어가는 것 아닐까. 작품은, 작가의 아이디어와 혼, 정성이 들어간 결정체인데, 그것이 적당한 공간에 걸려 다른 사람들에게 메시지를 전달하고, 기쁨을 선사하는 존재가 되어야지, 그저 창고에만 보관된다면 그 에너지가 고스란히 허비되는 것과 다르지 않겠는가.

우리 사무실에 있는 작품들과, 작가들이 가지고 있으나 언제라도 걸릴 수 있는 작품들을 모아 파일을 만들고 홍보를 시작했다. 일단 아는 곳부터 시작하고 보니, 입소문이라는 게 무서웠다. 사실 그 전부터도 카페와 함께 일을 하다 보니 다른 레스토랑과

은행에 걸린 발리 작가의 그림

은행에 걸린 제프리 헤씽의 작품

커피숍, 휴식 공간을 가진 사람들로부터 많은 의뢰를 받았고, 주위 아는 사람의 사무실에 작품을 걸다보니, 말이 전해지면서 상하이에 있는 네덜란드 은행과 기업, 벨기에 회사, 한국의 대기업과 일본 회사 등이 우리의 고객이 되었다. 아트 렌탈을 통해 그 회사의 간부가 자기 집에도 작품을 임대해 줄 수 있는가 문의를 했고, 그러다가 고국으로 돌아가기 전 상하이 체재 기념으로 작품을 구매하기도 했다. 걱정스러운 마음으로 시작되었으나 아트 렌탈 프로젝트는 그림이 모자라서 힘에 부칠 정도로 활발하게 진행이 됐다. 문제가 있다면, 그와 관련한 일이 엄청나게 많았다는 것, 그림을 운반하다 보니 우리를 짐꾼 취급하는 경비들 때문에 애를 먹었다는 것 정도라고나 할까.

그림을 좋아하는 사람에게 작품을 판매하는 것, 아는 작가들과 전시를 하는 것은, 미술 관련 일을 하면 당연히 하는 일이고, 어쩌면 쉬운 일이기도 하다. 그러나 미술에 관심이 없거나 미술에 큰 의미를 두지 않는 사람들과 일을 해야 하는 게 힘든 건 아트 렌탈을 하면서 느낀 점이다. 아트를 시작하면서 나의 모토는 늘 '일반인이 즐길 수 있는 미술'을 제공하자는 것이었다. 부유층만이 누릴 수 있는 것이 아니라 모든 사람이 즐길 수 있는, 그런 것이 우리에게겐 필요하지 않은가. 그러나 사무실 아트 렌탈을 하다 보면 종종 문제에 부딪치게 된다. 상사가 예술에 관심이 있어 아트 렌탈을 시작했는데, 실제 함께 일을 해야 하는 매니저 급에선 왜 돈을 주고 사무실에 그림을 걸어야 하는지 마음에 들지 않는 것이다. 마치 사무실에 화분을 렌탈해 주는 사람들 정도로 취급받고, 그런 취급을 받는 나의 마음엔 멍이 든다.

상하이의 한 회사와 인연이 된 것은, 사무실 공간을 완성시켜 줄 그림들이 필요하다는 그 회사 상사의 생각 때문이었다. 내게 일을 맡겨준 것이 기뻐 나는 열심히 그림이 걸릴만한 벽의 숫자를 셌고, 액자를 바꾸었고, 그림을 골랐다. 고객의 마음에 드는 그림이 걸리기까지 3개월의 시간이 흘렀다. 그래도 공간이 나름대로 원하던 방향으로 마무리 되었다고 느껴지자 흐뭇했다. 그림 렌탈은 1년을 단위로 계약이 맺어지고 매 6개월마다 그림을 바꾸어 달도록 되어 있었다. 물론 고객이 원하면 원래 그림을 그대로 유지할 수도 있다. 기분 좋게 시작된 이 고객사와의 관계가 삐걱거리기 시작한 것은, 6개월이 지나 그림을 바꾸고, 나머지 6개월의 렌트 비를 받아야 하는 때부터 시작되었다.

인연은 상사로부터 시작되었으나 프로젝트는 곧 사무실을 관리하는 중국 여직원에게로 넘어갔고, 우리 사무실에서도 역시 그 일이 중국 여직원에게로 넘겨졌다. 우리 여직원이 고객 회사의 여직원에게 전화를 걸었다. 그러나 그녀는 자리에 없었다. 며칠이 지나고 나서 내가 여직원에게 그 회사와의 상황이 어떻게 돌아가고 있느냐고 물으니, 고객사의 여직원에게 벌써 며칠 째 전화를 넣고 있지만, 전화를 할 때마다 그 여직원이 자리에 없고, 동료에게 메시지를 남겼는데 전화도 주지 않아 아직도 아무 진전을 하지 못했다는 것이다. 상하이 생활 몇 년 만에 내게 남겨진 건 인내심의 바닥이었다. 나는 처음 인연이 된 상사의 핸드폰으로 전화를 넣었다. 그리고 여차여차, 설명을 하며 그 회사 여직원과 통화가 안 된다고 하니, 그가 대뜸, 아, 그 직원 여기 있는데, 하며 마침 옆에 있던 그 여직원에게 핸드폰을 건네주었다.

아마도 상사에게 전화를 직접 넣었다는 데에 그녀가 화가 났는지도 몰랐다. 그녀의 목소리는 신경질적이고 차가웠으며, 보내준 그림 파일에서 맘에 드는 게 없으니 새로 그림을 바꿀 필요는 없고, 렌트 비는 계약 만료 때 내겠다고 했다. 그렇게 쉽게 할 수 있는 얘기, 우리 직원한테 진작 해주었으면 얼마나 좋았을까. 렌트 비는 먼저 내는 게 통상적인 거라고 하려다가, 나는 상사의 얼굴을 생각해 알았다고 하고 전화를 끊었다. 그러나 내심 기분이 상하기 시작했다. 특별히 맺어진 인연의 고객사에 잘하겠다는 생각에 좋은 그림들을 선정해서 걸어주고, 몇 달의 시간이 걸리도록 최선을 다해 그림들을 바꾸고 돌리고 했는데, 귀한 우리 작품들이 거기 다 걸려 있는데, 왠지 푸대접을 받는 느낌 아닌가.

그러나 곧 마음을 누르고, 6개월 후에는 1년 기한의 프로젝트를 마감해야 했다. 한 달 전에 미리 안내 이메일을 보냈는데, 응답이 없다. 우리 사무실 여직원이 그 쪽 여직원에게 전화를 하니 그 쪽 여직원은 또 자리에 없다. 이렇게 의사소통이 어렵다니 어떻게 일을 할 수 있을까, 막막했다. 이메일을 다시 보내고, 전화를 넣어보고 하다가 결국 나는 다시 상사에게 전화를 걸었다. 그때 보낸 이메일 받으셨냐고. 그는 렌트를 계속하지 않을 것 같다고 했다. 알겠다고 하고 전화를 끊고, 그림을 가지러 가기 전 날 간다는 확인전화를 다시 넣으니, 이번엔 그림 렌탈을 계속 하는 쪽으로 결론이 바뀌었다고 했다. 그림들은 벌써 다른 곳으로 가도록 스케줄이 잡혔는데…

결국 렌탈을 계속 하더라도 몇 점은 다른 곳으로 예약이 되어 있어 그림 몇 점을 바꾸러 가야 했다. 그림을 바꿨고, 새 계약서에 사인하기 위해 한국 사람들끼리 미팅을 했다. 여러 말들이 오고 갔고, 그러는 가운데 그동안 쌓여온 중국 여직원에 대한 불만이 걷잡을 수 없이 튀어나왔다. 어쨌거나 그 회사에서 오랫동안 일해 온 사람인데 외부 사람인 내가 그렇게 트집을 잡아서는 안 되는 일이었다. 나는 사춘기를 막 지나고 있는 맘 좁은 10대 소녀 같았다. 나중에 미팅에 합류한 여직원이, 자기는 처음엔 그림들의 가치를 깨닫지 못하고 무의미하게 돈이 사용된다고 생각했는데, 나중에 그림에 대해 아는 사람이 와서 보고는 굉장히 감탄을 했다는 것이다. 그녀의 어깨가 으쓱해지는 순간이었고, 그것으로 그녀도 우리 그림이 회사 이미지에 가치를 더해 준다는 것을 깨달았다고 했다.

그 여직원과 앞으로 껄끄럽지 않게 잘 해보자고 했고, 미팅 후반부엔 그래서 서로 웃을 수 있었다. 웃고 나니, 기분이 한결 좋아졌다. 그 동안 속으로 끙끙 앓던 응어리가 깨끗하게 녹은 느낌이었다. 내가 처음부터 오해를 하지 않고, 편견을 품지 않았더라면 더 좋았을 것을. 미팅을 하면서 누군가에 대한 불평을 말하지 않았더라면 더 좋았을 것을. 나는 때로 왜 그리도 현명하지 못한 것인지. 꿀꺽 삼켜 버리면 될 것을 왜 입 밖으로 내어 다른 사람들을 불편하게 하는 것인지. 살면서 가장 어려운 것은 아무래도 사람을 대하는 일인 것 같다. 큰 그릇이 되는 것, 참을성을 기르는 것, 상대방의 입장에서 생각해 보는 것, 기다려 주는 것, 이런 것들이 함께 되었을 때 진정으로 좋은 사업가, 좋은 컨설턴트, 사람다운 사람이 될 수 있을 것이다.

여하튼 우리의 아트 렌탈 프로젝트는 몇 년을 지속하다 경제 위기가 몰려오면서 위축되었고, 몇 년의 침체기를 겪은 후 최근에 다시 기지개를 펴고 있다. 주로 고객들이 많이 드나드는 사무실과 은행에 렌트되어 있는데, 고객을 향한 서비스 차원에서, 그리고 사무실 내 직원들의 복지와 문화적인 측면까지 배려해 주는 상사들이 많아지고 있다는 건 기쁜 일이다.

숨은 전시 찾기,
아트 투어

처음엔 그저 친구들을 위해서, 지인의 가족들을 위해서, 혹은 그들의 손님을 위해서, 아는 사람의 소개를 통해서 개인이나 소규모의 단체를 데리고 갤러리들이 모여 있는 지역이나 작가들의 스튜디오, 미술관 등지를 돌았다. 그러다가 그게 영사관 차원에서 진행되기도 했는데, 그땐 네덜란드의 외무부장관, 혹은 법무부장관이기도 했고, 새로 발령받아 오는 총영사이기도 했고, 영화인협회에서 나온 회원들이기도 했고, 문화를 사랑하는 모임의 멤버들이기도 했다.

늘 그런 식으로 작가들의 작업실이나 미술관을 돌다가, 상하이 저널과의 콜라보레이션으로 한국인을 위한 아트 투어를 개발하게 되었다. 첫 취지는, 주말에 갈 곳이 없어 고민하는 상하이 거주 한국인 가족들을 위한 프로그램이었다. 나는 그때그때 상하이의 전시들을 먼저 둘러보고, 좋은 전시가 몰려 있는 쪽으로 노선을 잡아 하루 일정이 알차게 채워지도록 동선을 잡았다. 오전에 만나 미술관 두 군데 정도를 둘러보고 점심을 먹고, 갤러리가 있는 쪽으로 가서 또 전시 몇 개를 본 후, 경우에 따라 즉흥 미술 체험 클래스를 제공하기도 했고, 갤러리 촌에서 자유시간과 커피 타임을 갖기도 했다.

처음엔 교민들이 이런 데에 관심을 가질까 싶어 조심스럽게 광고를 냈는데, 너무 많은 사람들이 신청을 하는 바람에 원래 1회의 이벤트성으로 하려 했던 것을 세 번째 투어까지 돌게 되었고, 상하이 아트 페어가 있을 때는 단체로 아트 페어를 즐기는 투어 시간을 가졌다. 특히 교민들에게 좋은 시간이 될 수 있었던 것은, 하나투어에서 버스를 제공해 주어 경비를 많이 아낄 수 있었던 것, 그리고 상하이 저널의 지면 홍보로 많은 이들에게 알려질 수 있었던 것이었다. 매회 사진들과 함께 후기도 실어서 투어에 함께 하지 못한 교민들에게는 어떤 것들을 우리가 보고 다녔는지도 알려 주었다.

평소 미술 작품을 보아도 무엇이 무엇인지 잘 몰랐던 사람들과, 상하이에 그런 좋은 전시들이 있었던 줄 몰랐던 사람들에게는 새로운 눈을 뜨게 해주는 기회였겠지만, 투어를 이끌었던 나에게도 좋은 경험이 되었다. 다른 일들로 바빠 나와 상관이 없는 전시는 둘러볼 시간을 따로 내지 못했던 나에게 상하이에 어떤 전시들이 있는지 신선한 눈으로 관심을 가지고 둘러볼 수 있었던 기회가 되었고, 더불어 전시와 관련한 작가나 큐레이터, 갤러리 오너들과도 이야기를 따로 나눌 수 있어 좋았다. 풀어졌던 나의 생활을 다시 추스릴 수 있었던 시간이 되었다고나 할까. 한참 둘째 아이를 가졌던 때 진행이 되었던 터라, 어떤 사진에는 배가 잔뜩 부른 내가, 어떤 사진에는 막 아이를 낳고 나서 아직도 붓기가 가시지 않은 내가 당시 아트 투어의 자료에 있다.

첫 아트 투어는 야심차게 시작했던 만큼 참가자들도 모든 활동 하나하나에 큰 관심을 가지고 참가했다. 막연히 궁금해서, 혹은 상하이에서 그런 기회가 있다는 게 반가워서 참가한 이들과, 미술을 좋아하는 아이를 위해서 참가한 부모들이 주를 이루었는데, 모두 반짝반짝 빛나는 눈으로 하루를 보냈다. 내가 하는 말들이 상대방에게 쏙쏙 흡입되는 걸 보는 건 기분 좋은 일이었다.

초등학교 아이들과 함께 했던 투어도 잊을 수 없는데, 마침 와이탄 미술관에서 오감을 자극하는 전시가 있어 안성맞춤이었다. 한 층에는 의자와 장식물 등 여러 가지 오브제가 달린 샹들리에가 관람객을 맞았고, 또 한 층에는 노란색으로 크게 만들어진 매듭들이 천정에서부터 매달려 있었으며, 또 한 층의 전시실에는 곰들이, 또 한 층에는 여러 가지 액체가 높은 곳에서부터 떨어지는 거대한 '칵테일' 작품이 아이들의 상상력과 후각을 자극했다. 아이들은 단순한 그림이 아닌, 자신들이 잘 아는 동물이라는 소재와, 거대한 물줄기가 색색으로 떨어지는 걸 보며 미술에 대한 새로운 시각을 갖게 되었을 것이다. 그 투어는 아이들의 소감이 신문에 실리면서 또 좋은 효과를 거두었다.

아트 투어를 하면서 기억에 남았던 또 하나의 전시가 있는데, 딸을 모델로 하여 동화의 한 장면 같이 연출하여 사진을 찍었던 한 사진작가의 전시였다. 영국 출신인 이 사진작가는 딸을 위하여 그 모든 작품을 만들었다고 했다. 부인은 중국인, 그래서 아이가 혼혈인 사진작가는, 동화 같은 장면을 연출하고 스토리를 곁들여 사진들을 담은 책을 내기도 했는데, 그 사진들 안에서 천연덕스럽게 각 스토리의 주인공이라도 된 듯 연기를 하고 있는 아이의 모습이 인상적이었다. 아빠의 스튜디오를 놀이터 삼아 노는 아이여서 그 안에 있는 소품이라든가 이야기들에 익숙하다는 그 아이는, 어린 나이에도 불구하고 얼마나 커다란 세상을 경험하는 것인지.

아트 투어는 그렇게 많은 것을 나에게 배우게 한 좋은 경험이었다. 문화연수 차 상하이를 찾는 고등학생, 대학생들과도 투어를 진행했었는데, 역시 투어를 진행하면서 느끼는 것은, 참가자들의 진지함과 관심이 투어의 분위기를 좌지우지한다는 것이었다. 투어 참가자의 관심을 먼저 파악하고 그 부분을 자극하는 것은 나의 몫일 것이다. 내게 아트 투어의 기쁨은 이러했다. 아트 투어하기 전 사전답사를 하면서 홀로 즐기는 전시의 감상, 사람들을 만나는 기쁨, 사람들에게 설명을 해주는 기쁨, 그래서 사람들이 그림이 더 친하게 느껴진다고 말할 때의 뿌듯함 같은 것들. 앞으로도 아트 투어를 할 수 있는 기회가 많이 있었으면 좋겠다. 미술을 사랑하는 사람들끼리 여러 전시를 찾아 함께 다니며 이야기할 수 있는, 그런 시간을 가질 수 있도록.

PART 3

일하는 영혼

대표라는 명함

한 미국인 여류화가의 남편이 스튜디오에 들렀다. 운전기사 딸린 커다란 차를 몰고 양복을 말끔하게 차려 입은 이 남자가 골목에서 두리번거리자, 골목지기 아저씨가 긴장된 표정으로 무슨 일이냐고 물었다. 물론 중국어로였겠지. 노란 머리의 남자는 영어로 쏼라쏼라 하며 자기가 들고 온 파일을 펼쳐 보였는데, 두툼한 파일을 꽉 채운 화려한 색깔의 그림들을 본 골목지기 아저씨는 대번에 그게 우리 스튜디오를 찾아온 사람인 줄 알아챘다. 평소 그림을 들고 들락날락하는 사람들이 모이는 곳, 그곳은 그 골목에서 우리 집밖에 없으니까. 그는 우리 스튜디오가 있는 집을 손으로 가리켰고, 노란 머리 남자는 그렇게 해서 우리 공간에 안내되어 들어왔다.

약속을 하고 온 참이니 그를 보는 내가 놀랐다고 할 순 없지만, 지극히 비즈니스적인 옷차림에 약간 당황스럽긴 했다. 대기업 사무실에서 일하다 잠깐 짬을 내 나온 건가 싶도록. 나나 우리 스튜디오와는 너무나도 상관없게 생긴 옷차림. 이런 사람은 우리

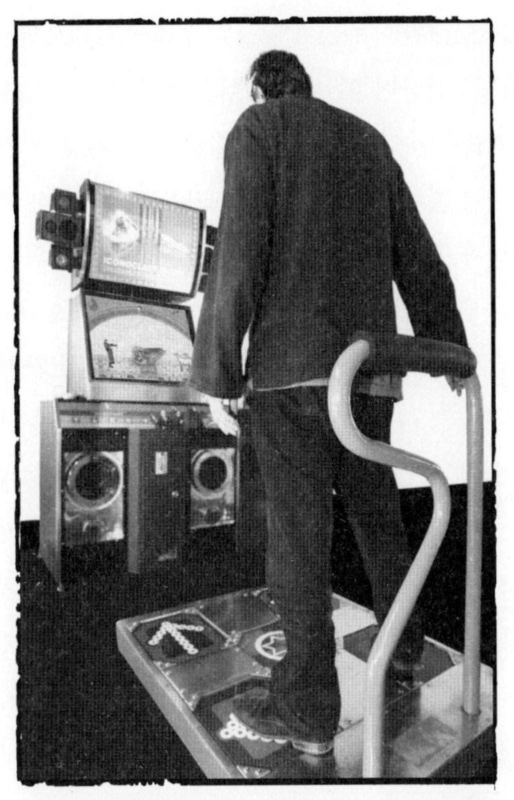

일종의 인터랙티브 게임으로 살아난 이태리 작가의 작품

의 허술한 공간이 아니라 전면이 통유리로 짜인 넓고 멋진 사무실에서나 시간을 보내야 할 것 같지 않은가. 일단 들어섰으니 의자에 앉게 했다. 예의 바르고 부드러운 말투의 인사와 함께 자기소개를 하고는 손에 들고 있던 파일을 펼쳤다. 화가인 아내의 포트폴리오였다. 잠시 미국에 가 있는 부인을 대신해 홍보 방문을 온 남자. 대기업 간부의 마인드로 부인의 커리어를 밀어주고 있었던 것이다. 참으로 애틋한 부부애라 아니할 수 없다. 끝까지 예의 바르게, 대기업 간부다운 태도로, 그는 부인에 대해 홍보를 했고, 여러 가지 이야기를 나누고는 우리와 헤어졌다.

남자는 오래된 나무들이 훤칠한 우리 스튜디오의 작은 마당을 몇 번이나 칭찬하며 떠났다. 점심을 권하는 그의 제안을 빠듯한 다음 스케줄로 사양하며 나는 생각했다. 그와 함께 일을 하게 될 것이다… 늘 첫 번째 만남을 가지고나면 그 사람과의 인연에 대해 파란불과 빨간불이 마음에서 켜진다. 이 남자의 부인과 나는 함께 일을 하게 될 것이다. 이런 정성을 가지고 아내를 홍보하고 나서는 남자의 부인은 누구와라도 일을 하게 될 가치가 있지 않은가. 그렇다고 하더라도 그의 부인을 먼저 만나야 하겠지. 나의 철학은, 맘에 맞는 사람들하고만 일한다는 것이기 때문이다. 그게 무슨 구멍가게 철학인가. 그러나 여러 사람들을 만나고 일을 함께 해보니, 마음이 잘 통하는 사람이어야 일도 잘 진행되고 좋은 결과를 얻게 된다는 걸 알게 되었다. 아무리 훌륭한 아티스트라 하더라도 추구하는 게 다르면 함께 일하기 힘들다. 안 그래도 복잡한 인생, 즐겁게 일하면서 살아도 부족한데 굳이 마음고생을 할 필요가 있겠는가.

새로운 사람을 만나는 건 흥미롭고 더불어 새 아이디어가 나올 수 있거나 신선한 프로젝트를 할 수 있는 기회가 될 수도 있다는 장점이 있으나, 어떤 땐, 은근한 압박이 되기도 한다. 새로이 알게 된 작가와 무엇을 함께 할 수 있을까, 상대가 추구하는 것은 무엇일까 파악해야 하기 때문이다. 새로운 전시나 이벤트에 대해 고민하다가, 작품 판매라든가 미디어 홍보 등 전시와 관련한 여러 가지 일들이 연결되어 생각나고, 그러면서 그와의 만남을 적어도 조용한 뒷골목 잔치로 매듭짓지는 말아야 하지 않겠는가 하는 생각이 들고, 더불어 그 작가와 관련한 활동들에 대한 흥분과 책임감이 교차되어 그런 날은 뜬 눈으로 밤을 샌다.

아트 페어 일로 상하이에 왔던 한 이태리 아티스트는 스튜디오에 와서 한참을 떠들다 갔다. 이태리 사람 특유의 말의 성찬은 내게 끼어들 틈도 주지 않는다. 무슨 말이 그렇게 많을 수 있는 건지. 그의 프리젠테이션을 한참 듣고 나서야 멍해진 귀를 감싸 안고 커피를 마실 수 있었다. 한편 광조우에서 캐스팅을 하고 있는 네덜란드 조각가는 전화를 걸어 자기의 현재 작품 진행 계획을 말한다. 그게 상하이에서의 전시에 맞는 사이즈인지 어떤지를 알기 위해서다. 그와의 전화통화도 한동안에 마감되지 않는다. 모든 것을 조목조목 상세하게 해야지만 직성이 풀리는 그의 성격 때문이다. 함께 일을 하는 중국인 화가는 너무나 태평해서 내 속에 불을 지르고, 시간을 칼같이 지키고 모든 일에 정확해야 할 독일 화가는 늘 미팅에 늦고 연락 없이 안 나타나 나의 속을 태운다. 개성 강한 예술가들과 일해야 하는 것, 그것이 나의 운명이다.

일을 시작하고 나니, 그냥 친구나 예술가들뿐만 아니라 사업을 하는 사람들도 많이 만나게 된다. 그것도 재미로 시간을 때우는 게 아니라, 매번의 만남에 집중해야 한다. 너무 흥분해도 안 되고 얘기가 잘 안 풀린다고 실망을 해도 안 된다. 지루해 하는 모습을 보이는 건 더더욱 금물이다. 다섯 부류의 다른 사람들을 하루에 섞어 만나고난 날 밤이면 침대에 누워서도 머리가 띵하다. 하루 동안 무슨 얘기를 주고받은 건지 정리도 되지 않는다. 그럼 주말에라도 좀 조용해야 할 텐데, 주말엔 주중에 하지 못한 친구들과의 만남이 줄을 서 있다. 나는 그걸 '상하이 열병'이라

부른다. 그 안에 사는 사람들을 가만히 내버려 두지 않는 것. 세계의 시선이 집중되는 도시 상하이의 많은 사람들이 그런 것처럼, 나 역시도 끝이 보이지 않는 롤러코스터를 탄 셈이다.

전시회를 기획하고, 고객들에게 미술작품을 렌트해 주고, 주문 그림을 제작하고, 새 고객과 만나고, 프로포절 작성하고, 미팅하고, 아티스트들과 함께 상품 개발을 하다보면 일주일과 한 달이 주욱 지나간다. 하루라는 개념은 아예 시간으로 느껴지지도 않는다. 침대에 누우면 일에 대한 아이디어들과 돈과 관련한 생각들만이 머리에 가득 찬다. 몸은 지쳐서 늘어지는데 조금씩 시작된 생각이 꼬리에 꼬리를 물고 늘어져 한 밤을 온통 새는 경우도 있다. 잠을 못 자서 괴롭다는 건 내 평생 있을 수 없는 일이었다.

행여 해결되지 않은 일이라도 있다면 혼자 끙끙 앓다가 살짝 남편에게 운을 뗀다. 그러면 그는, 일을 그만두면 되잖아, 하고 간단하게 말한다. 그 정도의 일도 감당 못해 쩔쩔매면 아예 모든 활동을 접는 게 좋다는 것이다. 그러면 지금까지 쏟아 부은 투자는 어떻게 되는가? 나와 우리들의 아이디어를 믿고 함께 해 온 사람들은? 먼 곳에서 나와의 약속을 지키기 위해 달려오는 사람들은? 나와 함께 배를 타고 있는 직원들은? 그럴 수는 없다. 그만둘 수 없지, 지금. 앞으로 잘 될 건데. 그럼 군말 말고 하든가. 그에게 동정심이란 없다. 그래서 나의 운명적인 수면부족과 책임감, 희열과 흥분과 실망과 만족의 쳇바퀴는 다시 돌아간다.

회사를 운영하면서 끊임없이 고민에 시달렸다. 시련이 너무 많았고, 생각할 게 너무 많았고, 나 혼자의 삶도 벅찬데 여러 사람의 삶을 어깨에 짊어진 것 같아 힘들었다. 열심히 했다. 그리고 재미있었다. 나는 대체로 긍정적이지만 그렇다고 해서 고민이 아예 없었던 것은 아니다. 내 인생 최초로, 휴일들이 반갑지 않았다. 일을 해도 월급 나가는 게 뭉텅뭉텅 피를 쏟는 기분인데, 일도 안하고 월급만 나간다는 건 더더욱 받아들이기 힘들었다. 새삼 중국에 휴일이 너무 많다는 생각이 들었다. 직원들에게 일을 시키는 것도 익숙하지 못했고, 정신적인 리더는 더군다나 아니었다. 나는 여전히 옹졸하고, 여전히 수줍으며, 여전히 체계없이 허둥대던 인간에 불과했다. 모든 것을 컨트롤 하지 못해 안달을 하는 내게 남편은, 직원들에게 실수할 수 있는 자유를 주라고 했다. 그리고 그거 몰랐냐고 한다. 사업은 끊임없는 압력과의 싸움이라는 거.

그냥 집안 살림을 할 때와는 다른 규모로 나가는 돈이나 들어오는 돈 때문에 가슴이 철렁철렁 내려앉고, 자신의 일이 아닌, 사무실과 직원과 고객들을 둘러싼 일로 잠을 이루지 못하는 나의 증상을 '신입 사업가의 단계'라고, 일찌감치 사업을 이끌어 오고 있는 한 선배가 말했다. 그렇다. 나는 대표라는 명함을 갖게 된 것이다. 대표라는 명함과 함께 딸려오는 일들을 요약하자니 이런 것이다. 함께 일하는 아티스트들과의 문제, 직원들과의 문제, 고객 확보 문제, 사람들과의 관계에서 오는 스트레스, 회사의 재정 문제와 살림과 관련한 문제. 그럼에도 불구하고 일을 하는 게 좋은 건 어쩐 일일까. 아마도 아이디어를 낼 수 있다는 것, 그리고 그 아이디어에 맞게 계획을 세우면서 실행해 볼 수 있다는 것, 그런 묘미가 있기 때문이 아닐까.

잠을 자지 못해 따끔거리는 눈으로 주문 그림을 맡은 화가와 어떻게 일을 진행할 것인지를 의논하고, 화물차 짐칸에 쪼그리고 앉아 고객의 사무실에 그림을 바꿔달러 가고, 새로운 상품 개발을 위해 이리저리 뛰면서 나는 생각한다. 겉으로 보기에 고상한 회사의 이미지와 달리 실제로는 중노동을 하고 있지만, 사람들에게 아름다운 것을 소개하는 이 일이야말로 보람된 일이 아니겠느냐고, 열심히 일하다 보면 돈은 저절로 들어오지 않겠느냐고, 눈앞에 보이는 것에 연연하지 말고 오래도록 좋은 서비스를 제공하기 위해 노력하자고. 대표라는 명함이 아직도 내겐 별스러운 일이긴 하지만 말이다.

가난한 화랑, 부자 화랑

처음 우리가 책상과 컴퓨터를 놓고 시작한 사무실은 옛 프랑스 조계에 있는 한 주택 안에서였다. 면적은 넓지 않았지만 아름다운 정원이 있어 좋았던 곳이다. 애초부터 갤러리라는 이름을 걸지 않고 그냥 스튜디오라 부르고 있었으니 커다란 공간이 필요 없었고, 그냥 우리의 뒷일을 하는 곳으로 만족했다. 그러나 시간이 흐르다보니 드나드는 사람들이 많아지고, 물건들이 많아지고, 보관해야 할 작품들도 늘어나고, 그래서 공간이 터질 듯 했다. 마침 공간이 꽉 차서 고민하고 있던 차에 예전에 푸동 화가촌의 촌장이었던 L이, 창고로 쓰이던 곳을 하나 찾았으니 함께 들어가지 않겠느냐고 연락해 왔다.

화가 친구 몇 명과 날을 잡아 함께 보러간 후, 나는 그곳으로 이사하기로 결정을 했다. 일단 커다란 공간이 마음에 들었고, 상대적으로 저렴한 렌트 비가 반가웠다. 시내에서 그런 공간을 얻으려면 두 배 이상의 렌트 비를 지불해야 할 것이다. 아직 개발되지 않은 곳에 들어간다는 것도 왠지 선구자적 느낌이 들어 더욱

북외탄 예술촌에 있던 나라나 아트 공간

나라나 공간에서의 전시회 오프닝

홍이 났다. 창고 하나는 너무나 컸기에 반으로 갈라 나누어 쓰기로 하고 계약을 했다. 실내공사를 맡아 줄 업체를 찾았고, 모두가 머리를 맞대고 어떻게 공간을 꾸밀까 의논했다. 가장 먼저 고려

전시 포스터

되어야 할 것은 화가들의 공간인 스튜디오와 업무적인 우리 공간을 나누는 일이었다.

빨간색으로 쌓을까, 아님 중고 벽돌을 섞어 건물 분위기와 맞출까? 실내공사를 맡은 남자가 대답을 기다리며 우리의 얼굴을 번갈아 쳐다봤다. 새 벽돌을 쌓으면 건물의 허름한 분위기와 겉돌 터이니 차라리 오래된 벽돌을 섞어서 쌓는 게 낫지 않겠냐는 게 그의 요지였다. 고개를 갸웃거리며 서로를 쳐다보다, 그럴듯한 생각이라고, 우리는 허름한 벽돌을 섞어 쌓는데 동의했다. 벽

을 천장 5.4미터까지 닿도록 높이 쌓는 것이다. 서로의 공간을 내치면서… 그러면서도 우리는 새로운 공간에서 일어날 여러 가지 미래를 생각하며 흥분된 미소를 지었다. 과감하고 노골적으로 그들과 나 사이에 벽을 쌓는 건 우리 일의 성격이 너무 달라서다. 그들은 창조력을 발휘해 작품을 만드는 화가들이고, 나는 그들의 작품으로 행사를 진행하는 기획자인 것이다. 때론 벽이 필요할 때도 있다. 아니 눈에 보이는 벽은 오히려 우리를 자유롭게 해준다. 여러 가지 것들로부터 나를 보호해 주고, 불필요한 것을 보지 않게도 해준다. 그러나 눈에 보이지 않는 벽은 어떤가. 우리를 불편하게도 외롭게도 한다. 우리에게는 많은 벽이 있다. 학연과 지연으로 인한 벽이, 나이로 구분되는 벽이, 신분이라는 벽이, 빈부의 격차로 인한 벽, 취향으로 인한 벽들이…

꼬박 한 달 넘게 실내공사를 하고 나서야 이사를 할 수 있었다. 이사비용으로 인한 출혈이 만만치 않았지만, 그래도 커다란 공간으로 친구들과 함께 이사 들어간다는 사실에 우리는 막연히 즐거웠다. 이후, 옆 공간과 다른 공간에도 화랑들이 하나 둘씩 들어오면서 북외탄 예술촌은 시끄럽지 않으면서도 적당히 예술적인 분위기가 감도는 단지로 자리 잡혀 가고 있었다.

우리 뒤로 한 화랑이 거대한 건물을 통째로 차지하며 들어왔다. 인테리어 디자이너를 동원한 대대적인 설계와 공사가 있었고, 그 건물과 우리 사이에 없었던 벽도 쌓아 올렸다. 가난한 화랑과 차별되고 싶어 하는 심리가 있었던 걸까. 우리는 렌트 비를 내면서도 공간을 사용할 수 없었던 6주를 조마조마 아까워하면서 공사가 대충 마무리 되자마자 쳐들어오듯 짐을 싣고 밀고 들어왔는데, 그 화랑은 몇 달이 지나도록 공사만 거듭할 뿐이지 조급해 한다거나 하는 눈치도 보이지 않았다. 부자 화랑은 역시 수준이 달랐다.

그러다가 드디어 공사가 끝났다. 공사 소리가 끝나 이제 조용해지나 싶었는데 이번엔 새소리가 시끄러웠다. 창문을 열고 내다보니 열 마리는 족히 되는 새들이 새장에 갇혀 지저귀고 있었다. 손님이라도 들어올라 치면 더욱 소리 높여 합창을 하는 새들. 온 동네에 손님이 왔음을 알리는 녀석들이었을까? 궁금함을 참지 못하고 나는 우리 화랑에 손님이 왔을 때, 그에게 동네를 소개한다는 명목으로 부자 화랑 문도 노크하고 들어섰다. 문이 열리자마자 계곡 폭포처럼 쏟아져 나오던 시원한 바람! 새소리와 함께 마치 파라다이스에라도 들어온 느낌이었다. 우리의 공간과 비교가 심하게 되긴 했지만, 그래도 그런 부자 화랑이 우리 화랑 옆에 있다는 게 좀 자랑스럽기도 했다. 먼 길을 찾아온 손님들에게 가난한 스튜디오들만 보여주는 것보다 이렇게 부자 화랑의 공간을 보여주는 것도 예의가 아닐까 싶었으니.

우리는 전시공간과 사무공간을 분리했다. 로프트를 따로 만들고, 계단을 만들어 사무실 공간을 냈는데, 사무실 공간에는 에어컨을 하나 설치했지만 전시공간에는 에어컨을 설치할 엄두를 내지 못했다. 계약을 하고 이사를 할 때만 해도 몰랐다. 추운 겨울은 어떻게 보냈지만, 상하이의 여름이 그렇게 뜨겁게 우리 공간을 달구게 될 줄은. 이사를 하고 첫 여름이 되었던 해, 유난히 덥던 그 해 여름엔 온도계가 며칠 동안 내려가지 않고 37, 38도를 가리켰다. 에어컨이 설치된 사무실 안이 불가마처럼 부글거리며 열을 올리기 시작했다. 에어컨도 아무 소용이 없었다. 얇은 시멘트 한 겹으로 만들어진 지붕 바로 아래 있는 사무실에서 태양의 열기를 에어컨 하나로 감당할 수는 없었던 것이다. 천정에 손을 대보면 난로라도 되는 양 뜨끈뜨끈한 것이 그대로 만져졌다. 아래층에서 로프트 사무실로 올라오는 계단을 한 걸을 한 걸음 밟아 올라옴에 따라 온몸에 전해지는 온도가 1도씩 올라가는 게 느껴질 정도였다. 그리고 문을 열고 들어서면 숨이 턱, 막히는 우리 사무실.

하루는 사무실을 지키던 그래픽 디자이너가 어지럽고 토할 것 같다며 조퇴를 했다. 몸이 안 좋다는 데 붙잡을 수가 없는 거 아닌가. 그리고 나중에 받은 전화는, 그 직원이 병원에서 링거를 맞았다는 것이다. 더위를 먹었던 것. 뒤늦게 깜짝 놀라 걱정을 했지만 다행히 더 이상의 탈은 없었다. 그러나 직원은 그 길로 휴가를 내고 고향으로 내려갔다가, 며칠 후 전화로 사직을 통보했고, 그리고 다시는 그 직원을 볼 수 없었다. 그런 일이 벌어지던 중, 다른 직원들에게도 차마 더위를 뚫고 일하러 나오라고 말할 수 없어, 우리는 1주일간의 휴가에 들어갔다.

후에 관리사무실에 지붕에 덧지붕을 대달라고 부탁하고, 에어컨도 하나 더 장만했다. 우리에게 지붕을 덧대주면 다른 화랑에게도 그렇게 해주어야 하니 좀 생각한 후에 대주겠다고 했고, 새로 장만한 에어컨은 전압이 약해 한동안 사용할 수 없었다. 에어컨 두 대에 몇 대의 컴퓨터를 함께 사용하니 퓨즈가 자꾸만 나가고 차단 스위치가 내려갔기 때문이다. 훨씬 시원해진 환경에서 일할 수 있지 않을까 했던 기대는 산산조각이 났다. 대대적인 전기공사가 필요했다.

사무실뿐만 아니라, 대충 넘어갈 것 같았던 전시실 문제는 더욱 심각했다. 6월에 했던 전시회 오프닝이 땀범벅 속에 이루어졌던 걸 생각하면, 한 여름에 우리 갤러리를 방문하는 사람들을 5분도 머물게 할 수 없다. 8월에 있을 행사는 뒤로 미룬다 하더라도 벌써 스케줄이 잡혀 있고, 미디어 홍보도 마치고, 사람들에게 초대장도 돌린 두 행사는 어떻게 할 것인가. 잠이 오지 않았다. 땀을 뻘뻘 흘리며 불만을 터뜨릴 손님들과, 한여름 내내 아무 일도 하지 못하고 앉아 있을 직원들 생각으로 잠은 새벽마다 언덕을 넘었다. 지붕에 뭔가를 얹어주기 전에 우리끼리라도 스티로폼을 천정에 붙여 열기를 차단해야 하지 않을까, 커다란 얼음 덩어리를 전시공간의 여기저기에 놓아두는 건 어떨까? 여러 가지 아마추어적인 아이디어들이 뇌세포 사이를 헤엄쳐 다녔다.

실험적으로 커다란 얼음 두 덩어리를 통에 넣어 전시공간에 놓아 봤는데, 하필이면 그 통이 금이 간 것이어서 얼음 녹은 물이 흘러나와 작은 강을 만들었다. 우리는 번갈아 아래층으로 내려가 걸레로 물을 닦아내야 했다. 아무리 생각해도 우리의 환경은 너무 열악했다. 그렇다고 없는 돈을 자꾸 깨서 직원들 환경에만 힘을 쓸 수는 없는 거 아닌가. 사무실을 운영한다는 건 어려운 일이었다. 그래서 사람들이 자본이 필요하다고 하는 거구나, 하는 생각이 들었다. 그래도 참자. 험한 날들이 있으면 반드시 아름다운 날들이 다시 오리라.

며칠이 지난 후, 드디어 지붕 문제가 해결되었다. 우리가 비용 일부를 부담하는 것으로 얘기가 되었는데, 한 번 결정이 나자 관리사무실은 그날로 공사를 해 주었다. 꿔다 논 보릿자루 같은 새 에어컨 가동을 위해 전기기술자들이 이틀이 지난 후 나타나 우리를 사우나 같은 환경에서 구해 주었다. 시원한 사무실에 앉아, 한 여름의 고생이 이것으로 끝나기를 바라며 우리는 가난하지만 행복한 미소를 지었다. 살다 보면 그럴 때도 있는 거지. 그래야 더 큰 행운이 굴러오지 않겠는가. 그러는 동안에 우리 뒷집 부자 화랑은, 거대한 에어컨 두 대를 더 장만했다! 우리가 부자 화랑이 되는 덴 얼마나 많은 시간이 필요한 걸까. 그러나 계산적이지 못하고 악착같지 못한 나는 어쩌면 영원히 부자 화랑이 되지 못할지도 모른다.

사람을 잘 써야 진정한 보스

일을 하다보면 반드시 사람을 써야 할 때가 온다. 내가 모든 것을 할 수 없을 때이다. 능력이 모자라서이기도 하고, 시간이 없어서이기도 하고, 절대로 내가 할 수 없는 분야가 있기 때문이기도 하다. 이유야 무엇이 되었든 간에, 중요한 건, 사람을 써야할 때가 반드시 오고, 사람을 잘 쓰는 것이 편안한 생활의 요소가 되고, 사업 성공의 지름길이 된다는 것이다.

상하이에 사는 많은 사람은, 가사 도우미를 씀으로써 보스의 신분을 경험하게 된다. 상하이에는 대체로 세 부류의 가사 도우미가 있는데, 하나는 상하이 아줌마, 또 한 부류는 지방에서 온 중국인 아줌마, 그리고 지난 몇 년 늘어나는 추세에 있는 필리핀 여자들이다. 한 번도 사람을 써 본 적이 없다가, 누군가가 집에 들어와 내 살림을 하게 되었으니, 주부들에겐 가사 도우미가 커다란 도움이면서 동시에 골칫거리다. 이전엔 내 맘대로 하던 살림을 누군가에게 맡겨야 하고, 나의 맘에 들 때까지 지시해야 하고, 월급을 주고 있으니 거기에 해당하는 기대치가 생기고, 때로 신임과 불신임의 마음도 다스려야 하고. 나 같으면 이렇게 할 텐데, 식의 잣대는 늘 나를 괴롭게 만든다. 그건 얼굴에 나타나게 되고, 상대방을 불편하게 하며, 결국 두 사람의 관계에 악영향을 미치기 때문이다. 그러다보니, 사람을 써본 적이 없는 주부들은 만나면 늘 자기 집 가사 도우미 이야기이다. 불평과 고마움과 문제점을 동시에 늘어놓으며 서로에게 조언을 구하고, 마치 시집살이하듯 고통을 호소하기도 한다.

처음에 도우미를 구했을 때 난 열쇠를 주느냐 마느냐의 문제로 고민을 했다. 한 번도 나의 살림을 맡겨 본 적이 없기 때문이다. 내가 없을 때 내 집에 마음대로 드나들 수 있는 권리를 주는 건데, 그건 쉽게 할 수 없으면서도, 그러나 도우미를 쓴다면 반드시 믿고 넘겨야 할 사항이기도 하다. 그래도 난 운이 좋은 편이다. 두 사람의 상하이 아줌마를 도우미로 썼으니, 상하이에선 최상의 사람들을 얻었던 것이고, 장아이와 우아이 두 사람은 집안 살림과 육아를 통해 나의 상하이 생활에 큰 도움을 줬다.

지방에서 온 도우미들은, 명절 때 집에 오랜 기간 내려간다는 것과, 지방어를 사용한다는 것, 상하이 사람들보다 돈에 더 절실하다는 것, 그리고 최악의 경우 고향에 무슨 일이 있다며 내려가고는 연락없이 올라오지 않는다는 문제점이 있다. 필리핀 도우미들은 중국 도우미들에 비해 의사소통에 있어 수월하고, 상식적으로 일을 처리한다는 것과 융통성이 있다는데 큰 점수를 줄 수 있으나, 현지 말을 못하기 때문에, 중국어로 일을 처리하는 데는 전혀 도움이 되지 못한다는 단점이 있다.

운전기사들도 나를 좀 힘들게 했다. 첫 번째 운전기사는 돈이 많은 사람이었기 때문에 짜반(시간외 근무)에 아주 야박했고, 두 번째 운전기사는 똑똑하고 약삭빠르지만 아부를 하거나 주변 사람들을 이간질시켜 그만두도록 해야 했다. 세 번째 운전기사는 착하고 순박한 사람으로 믿었는데, 교통사고를 여러 번 내고, 결국은 떠나는 마당에서 월급 조금 더 받아내기 위해 야비한 모습을 보이며 뒤통수를 쳤다. 그 운전기사에게 잘해 주었다고 생각했는데, 그래서 그가 다른 직장을 구할 때까지 기꺼이 거두어 주었다고 생각했는데, 그걸 역이용해서 협박을 하다니, 큰 실망이었다. 검은 머리 짐승은 거두는 게 아니라는 옛 어른들의 말씀을 난 그를 통해서 절실하게 느꼈다.

사무실의 첫 번째 직원은 나의 막내 동생이었다. 그래픽 디자이너였던 막내가 한국에서 이직한다고 하여 그 김에 상하이 와서 좀 놀다가라 불렀던 것이 나와 함께 일까지 하게 되었다. 동생이라 믿을 수 있고 의지도 많이 되었지만, 아무래도 식구로서의 감정이 너무 들어가지 않았나 하는 생각이 든다. 아무 때나 부려먹고 아무 때나 해 달라 하고, 이것저것 잡다한 걸 아무렇지 않게 시키고, 화가 날 땐 여과 없이 화내고. 함께 하는 일이 재미있고 행복했지만, 처음 사업을 하는 나의 허둥댐을 옆에서 다 감당하느라 그 애도 힘들었을 거라는 생각이다. 두 번째 직원은 여러 가지 사무 일을 봐 주는 여직원이었고, 세 번째 직원은 그래픽 디자이너. 여기 세 번째 직원의 자리에서 여러 명의 직원들을 맞고 떠나보내는 경험을 했다. 일을 못해서 내보내고, 스스로가 나가고, 더위 먹었다고 떠나고.

그리고 또 한 자리는 사무 일을 봐 줄 직원, 그리고는 또 마케팅과 기타 등등 현지 직원이 할 수 없는 일을 해 줄 외국인 직원이었다. 그러다보니 한 때 우리 사무실엔 다섯 명이 앉아 일하기도 했다. 모두 다른 개성을 가지고 있고, 하는 일도 달라 그들에게 알맞은 일거리를 배당하는 것도 벅찼다. 일이 많고 내가 힘이 있을 땐 그들과 함께 가는 것도 즐거운데, 일이 뜸하다거나 내가 아이를 낳아 바빴을 땐, 한 사람 한 사람이 부담이었다. 몇 명의 직원도 이렇게 힘든데 몇 십 명, 몇 백 명의 직원을 거느린 보스는 도대체 얼마나 힘이 들 것인지, 상상이 되지 않는다. 사업은 정말 특별한 재능을 가진 사람만이 할 수 있다는 생각이다.

내 사무실뿐 아니라, 남편의 사무실에서도 사람들은 무수히 들어왔다 나간다. 외국인 변호사와 중국인 변호사, 그리고 회계와 사무를 봐 주는 직원들. 몇 명의 고정 사무원들을 제외하면 다른 사람들은 들어왔다 나가고, 들어왔다 나가고 했다. 그러다보니 신입사원이 들어왔을 때의 트레이닝이 커다란 부담이 되는 것이다. 기껏 몇 달 동안 일을 가르쳐 놨는데 1년 정도 지나면 그만두겠다고 하고. 그들이 나가는 이유는 다양했다. 더 많은 월급을 위해서, 보다 큰 회사에서 일하기 위해서, 집에서 그만두라고 해서, 그리고 시집가느라고. 직원을 내보낼 때마다 가슴 한 편이 먹먹해지는 건 나만의 문제일까? 섭섭하기도 하고 서운하기도 하다. 잘 나갔다고 시원할 때도, 마음은 은근히 편치 않다. 왜 나갔을까, 왜 내보내야 했을까, 좀 더 잘할 수는 없었을까, 등의 생각들이 머릿속에 한동안 가득하게 된다. 그러나 결국, 직원을 뽑는 일도, 직원에게 있어서는 좋은 회사에 들어가는 일도 결혼을 하는 것처럼, 서로에게 맞는 짝을 찾는 것이다. 월급과 적성과 일에 대한 애정은 모두 회사와 직원이 잘 맞느냐에 있는 것이다.

미련한 자는 자기의 경험을 통해서만 알려고 하고, 지혜로운 자는 남의 경험도 자기의 경험으로 여긴다. 다른 사람의 손을 자기 손처럼 쓸 수 있는 것, 다른 사람에게 실수할 수 있는 기회를 주는 것, 그리고 한 걸음 떨어져 담담할 수 있는 것, 그것이 진정한 보스로서의 자세일 것이다. 물론 스스로 책임감을 가지고 일을 해주는 직원이 있을 때에야 가능한 것임은 두 말 할 것도 없다. 사람과 함께 일하는 사람으로, 나는 여전히 배우는 중이다.

예술가가 되고 싶던 노동자

10대의 나는 참 조용했다. 학교에서 있는지 없는지 눈에 안 띄는 아이였고, 그런 나는 책을 읽는 것과 글을 쓰는 것, 그리고 그림 그리는 걸 좋아했다. 작문 숙제와 미술 숙제를 다른 어떤 숙제보다 열심히 했다. 밤을 새가며 책을 읽거나 미술 숙제를 했던 적도 여러 번이었다. 아마 그림을 잘 그리시던 아버지를 보면서 컸기 때문인지도 모르겠다.

고등학교 미술시간에 이미테이션 수업이 있었다. 주변에 있는 포스터나 작품을 가져다가 그대로 모방을 해보는 것이었다. 우리 동네에 동시상영을 하는 삼류극장이 있었는데, 당시 〈플래시 댄스〉가 상영되고 있었다. 머리띠를 두르고, 무용 연습복을 입고 아무렇게나 앉아 있는 여주인공의 모습이 어찌나 아름답던지. 그 영화를 벌써 몰래 보고난 다음이었는지, 아니면 영화는 나중에 봤던 건지 생각나지 않는다. 나는 무작정 극장을 찾아가 영화 포스터를 한 장 얻었다. 극장에서도 이유를 묻지 않고 나에게 영화 포스터를 건네주었다. 그리고 그 프로젝트가 끝날 때까지, 나는 미술시간이 있는 전날이면 늘 밤을 새워 그림을 그렸다. 포스터는 엄청 컸다. 그리고 나는 주제넘게도 그 포스터와 똑같은 크기의 그림을 그렸다. 이미테이션은 어디까지나 정말로 이미테이션이어야 하니까… 아마도 전지였던 것 같다. 그때 작은 포스터를 골랐더라면 나의 인생은 달라졌을지도 모른다.

포스터를 모방해 그리는 데는 엄청난 시간이 걸렸다. 화면을 색깔로 채우는 것도 힘들 뿐더러, 특히 그림자 진 부분의 색은 어찌나 만들기 힘들던지. 색깔을 만들고 칠해 보고, 덧칠하고, 다시 멀리 떨어져 보고 하면서, 비록 모방이었지만, 나는 나만의 작품에 흠뻑 빠져 들었다. 그리고 어느 날 그렇게 밤을 새고 난 아침, 학교 갈 준비를 해야 하는 걸 느끼며 난 작품의 세계에서 깨어났다. 이제 학교에 가야겠구나, 하고 주변을 둘러보는데, 그 어지러운 방의 모양새라니! 그걸 다 치우고, 잠은 한 숨도 못 잔 채로 오리지널 포스터와 나의 작품을 말아들고 학교로 향하며 다짐했다. 절대로 그림을 그리는 사람이 되지 말자고. 몸도 피곤하지만 준비할 것과 치울 것이 너무나 많지 않은가 말이다. 그렇게 해서 나의 꿈에서 화가는 자연스레 제외되었다. 취미로라도 그림을 그리겠다는 생각은 들지 않았다.

그런데 세월이 흘러 지금 나는 무엇을 하고 있던가. 창작은 빠지고, 정작 귀찮아서 포기하려던 막노동만 하고 있지 않은가. 전시 준비와 그림 배달과 액자 만들기 같은 것이 주된 일이 되어 버렸으니. 아이러니다. 특히 그림을 걸러 사무실 건물들을 드나들 때면 더더욱 서러워진다. 경비들은 드나드는 사람들을 삼엄한 눈초리로 쳐다본다. 배달부들에게 특히 엄하게 구는데, 어디에 가냐고, 무슨 볼 일이냐고, 그림들 가지고 올라갈 거면 승객용 엘리베이터를 타지 말고 화물용 엘리베이터를 이용해라, 정문으로 다니지 말고 뒷문으로 가라, 차 여기다 대면 안 된다 등등 잔소리를 한다. 그림을 가지고 나갈 때도, 독수리 같은 눈초리로, 그걸 어디서 가지고 가는 거냐, 출입증은 받아 왔느냐 하며 까다롭게 군다. 어떤 건물에서는 정말로 기분이 나빠질 정도로 트집을 잡으며 발을 붙잡기도 했다. 그때는 같이 언성 높이며 나도 땍땍거렸지만, 지금 생각해 보면 그들은 우리에게서 담배 한 갑 정도 받고 싶었던 게 아닐까. 나름 권력을 행세하는 거였는데 말이다.

그래도 보통 때는 남자 화가나 직원이 있어서 중노동은 안하는 편이었는데, 한 번은 스위스에 그림들을 말아가지고 간 적이 있었다. 11월에 있을 아트 페어에 참가하려는 계획이었는데, 운송비를 아끼기 위해 그림들을 틀에서 떼어 말아 가지고 갔고, 그곳에서 틀을 제작하려고 했다. 그러나 봐두었던 목공소는 여름휴가를 떠나 문을 굳게 닫았고, 표구를 해줄만하게 보이는 곳에선 이렇게 그림 크기가 크냐, 어쩌구 하면서 가격을 어처구니없이 높게 불렀다. 그림 틀 몇 개에 이백만 원! 아무리 스위스 물가가 비싸다지만 이건 아니지 않은가. 상하이에선 오십만 원도 안 할 것을. 어디에서 답을 얻을지 몰라 이리저리 뛰어다니다 결국 생각해 낸 것이 DIY식 홈데코 매장에서 나무를 사다가 직접 제작하는 것이었는데, 만들어야 할 틀이 여러 개가 되다보니 작업량이 어마어마했다. 기다란 나무를 사고, 톱과 줄자와 사포를 샀다. 그리고 나무와 나무를 직각으로 연결해 줄 꺽쇠와 후크와 못과 나

사, 그림을 고정할 스테이플러와 스테이플도. 대충 필요하다고 생각되는 것들을 사가지고 집으로 와서는 마당에 늘어놓고 톱질 시작. 배가 불룩한 임산부가 매일매일 마당에 나와 톱질을 하고 있으니 지나가다가 덤불 너머로 나를 지켜 본 사람들은 지독한 동양여자라고 생각했을 것이다. 작업에 서투르니 당연히 시간이 많이 걸렸다. 매일매일 몇 시간씩 매달렸는데도 1주일은 꼬박 걸렸던 것 같다. 그렇게 해서 완성된 여섯 개의 그림틀. 그림과 관련해서 이런 중노동을 하게 될 줄 예전엔 정말 몰랐다.

그림과 관련한 일을 하다 보니 아무리 다른 사람들을 시키더라도 익숙해지는 게 있었다. 벽에 구멍 뚫는 일, 구멍 막는 일, 벽에 생긴 얼룩에 덧칠 하는 일. 그 정도야 누워서 떡먹기로 해낼 수 있었다. 무슨 전문 일꾼이라도 되는 듯이, 무거운 것들을 드는 것도 가볍게, 커다란 그림을 운반하는 것도 요령 있게 가뿐하게. 조립식 가구 조립도 모두 집에서는 나의 몫이다.

그런데 조각의 경우 대부분 나의 팔 힘을 벗어나는 일이 많다. 물론 재료가 무겁지 않은 것은 크기에 상관없이 번쩍 들어 옮길 수 있다. 그러나 그게 청동이나 스테인리스 스틸 정도 되면 마음대로 들어 움직일 수 없다. 한 번은 샤먼의 공장에서 우리 스튜디오로 거대한 조각이 배달되었다. 배달품이 오는 것까진 알았는데, 그게 트럭으로 운반만 되어 왔지, 트럭에서 내리는 것과 적당한 장소에 조각을 놓는 건 순전히 우리 몫이 되리라는 건 모르고 작품을 받았다. 작품이 도착했다고 연락이 와서 밖으로 나가보니, 트럭 하나를 꽉 채우는 거대한 작품이 트럭 위에 얌전히 실려 있었다. 운전사는 먼 길을 달려온 피곤한 티를 팍팍 내며 우리더러 빨리 작품을 내리란다. 갈 길이 바쁘다고. 3미터는 족히 되는 높이에 부피감도 있어서 도저히 한 두 명의 인력으로는 옮길 수가 없는 작품이었다. 부랴부랴 여기저기 연락을 해 크레인을 찾았는데 대여 가능한 크레인이 없었다.

그래서 우리는 운반업체에 의뢰를 했고, 사정을 들은 운반업체에서는 사람을 여러 명 보내보겠다고 했다. 다행히도 오랜 시간이 지나지 않아 물건을 전문으로 다루는 남자 몇 명이 왔다. 그렇다고 해도 그들이 이 거대한 작품을 트럭에서 내려줄 수 있을까, 의심스러웠다. 그들은 작품을 보더니 만만치 않다는 표정을 지으며 계획을 짰다. 누가 어디에 서고, 누가 어디에서 받치며, 어떤 식으로 작품을 내리자고. 그래도 작품이 하도 거대해서 사람이 더 필요했다. 우리 회사 남자 직원과 주변 스튜디오들의 남자 화가들도 부르고, 단지 내에서 일을 하던 사람들도 만일에 대비해서 모두 불렀다. 그리고 드디어 작품 옮기기 시작. 두 사람이 트럭으로 올라가 작품을 밀고 밑에서 네 사람이 작품을 받아서 살살 땅에 내려놓는다. 작품이 조금씩 밀려 내려오고, 작품의 무게가 사람의 손과 등에 실리면서 밑에 있는 사람들이 부들부들 떨기 시작한다…

더 이상 볼 수가 없었다. 머릿속에 수많은 시나리오가 그려지면서, 내 시나리오 속에서는 사람이 작품 아래 깔려 다치기도 하고, 작품이 미끄러져 망가지기도 하고, 누군가는 허리를 다친다… 잠시 사무실로 피신. 한참을 끙끙거리며 웅성거린 후에, 작품은 무사히 바닥으로 내려왔고, 있어야 할 자리로 잘 옮겨졌다. 역사 교과서에서 '인해전술'을 배운 이후, 숫자로 밀어붙일 수 있는 인간의 힘을 실감하던 순간이었다. 다행히도 사고는 없었다. 얼마나 감사하던지. 사실 그날 이후, 나는 작품과 관련해선 어떤 일이라도 안 될 게 없다는 자신감을 갖게 되었다. 사람이 모이니 모든 게 다 되더라는 마구잡이 이론으로. 한때 예술가가 되고 싶던 한 소녀는 그렇게 노동자로서의 입지를 다져가고 있었다.

나라별 고객들의 성격

얼떨결에 시작된 사업이었는데 우리를 믿고 응원을 해준 분들, 실력을 믿고 찾아준 고객들, 격려의 의미로 밀어준 분들… 여러 고객들이 우리를 찾아주니, 문을 열고 있은 세월에 비례하여 경험이 쌓여갔다. 사업 초기의 잠 못 들고 초조해 하던 시기는 이제 지나갔으니, 어찌 보면 기회는 많으나 상대적으로 치열한 경쟁의 땅 상하이에서 축복을 받았다고도 할 수 있다. 누구의 말마따나 가늘고 길게 생명을 유지하는 우리의 사업이었다.

여러 단계를 거쳐 우리의 일은 대체로 두 가지 부문으로 자리를 잡았는데, 하나는 순수 미술과 관련한 전시 기획 및 화랑 일이고, 또 다른 하나는 부수적인 일로 시작했지만 크게 번성해 주 사업내용과 어깨를 나란히 하게 된 그래픽 디자인 분야였다. 국제 도시 상하이에 있다 보니 여러 나라의 고객들을 상대하게 되는데, 모두가 그런 것은 아니지만, 대체적인 나라별 성격이 드러나 적어본다. 그래픽 디자인 고객들에 관한 이야기이다.

중국에 들어와 있는 한 중국 고객을 무시해서는 안 된다. 중국 고객들은 대체로 급하게 의뢰를 시작해 여러 번의 수정을 거듭한다. 그래서 끝까지 프로젝트가 마무리되는 경우도 있지만 스르르 사라져 버리는 사례도 있다. 여러 회사에 의뢰해 비교해 보다가 디자인과 가격이 맘에 드는 걸로 선택하는 경향도 있다. 스르르 사라져 버리는 이유는, 담당자가 일을 추진하다가 상사가 맘에 들지 않는다면 두 말 않고 꼬리를 내리기 때문이다. 디자인은 여러 날의 구상과 회의를 거쳐 드래프트가 만들어지는 것이니, 일을 한 번 해보라고 시켰다가 중간에 아무 말도 없이 사라지는 것은 우리뿐만 아니라 고객에게도 손해다. 디자인 회사는 고객 사업의 성격을 알고 오랜 시간에 걸쳐 아이디어를 만들어 내는 것이기 때문에 고객의 입장에서도 이 회사 저 회사를 옮겨 다니다가 그때그때 맘에 드는 디자인을 선택하는 건 바람직하지 못한 결과를 초래한다. 그렇다고 처음부터 완벽한 결정이 아니면 일에 착수할 수 없다 할 수는 없지 않은가. 50퍼센트의 선금을 받고 일을 하는 경우도 있으나, 어떤 땐 선금을 묻기도 곤란하게 다급한 일을 가지고 의뢰하기도 한다. 시간이 되면 우리 쪽에서도 일단 일을 시작해 놓고 보니, 앞으로는 이러한 일에 대한 선택을 더 잘 해야겠다는 생각이다.

대만, 홍콩, 싱가포르 고객은 이와 조금 다르다. 큰 회사가 아니라면 이들은 보통 오너가 관여한다. 일도 깐깐하게 시키고, 굉장한 스피드를 요구한다. 그러나 대금을 지불하는데 있어서는 절대로 후하거나 적당히 넘어가는 법이 없다. 공짜로 할 수 있으면 절대 공짜로 하는 쪽으로 하고, 계산을 빈틈없이 해서 허튼 돈이

나가지 않도록 한다. 디자인이 맘에 들어 비용을 크게 쓰는 것보다는 비용에 맞는 적당한 디자인과 수준을 찾는다. 디자인에 값어치를 두는 고품격보다는 저렴한 인쇄비만 내면 되는 실용 위주로 일을 한다고 해야 할까. 특히 홍콩 사람들은 스피드가 어마어마하게 빨라서, 미팅이 있은 후엔 인사 이메일이나 기획서를 즉시 보내야지, 안 그러면 게으르다는 인상을 받는다.

일본 고객의 경우는 미팅을 할 때마다 예의가 바르다. 싫다 좋다 하는 분명한 의사표시도 없다. 다만 인사만 열심히 하고 이야기는 조금 하다 웃고, 뭐 그러다가 미팅이 끝나는 분위기다. 일본 고객의 경우엔 언어 소통이 중요한 부분을 차지하고 있다는 느낌이다. 일본어가 된다면 더 많은 고객을 잡을 수 있었을 것이다. 일본 고객은 거절을 하게 되거나 일을 끊게 될 때도 공손한 태도로 의사를 밝힌다. 보통 이메일이나 전화를 이용해서.

한국 고객에겐, 회사의 규모가 중요시 된다는 생각이 든다. 포트폴리오를 보거나 프로젝트에 대한 대화를 나누기 전에 먼저 회사에 직원이 몇 명 있는지, 회사가 얼마나 오래 되었는지, 자본금이 얼마인지 등으로 우리의 수준을 파악하려고 한다. 급하게 일을 밀어붙이는 분위기는 중국 고객보다 더 하고, 급작스레 내용을 던져놓고 언제까지 마무리를 지어 달라든가 하는 등의 무리한 요구가 있기도 한다. 한국 고객들과는 늘 빠른 스피드로 정신 차리고 임해야지만 일을 진행할 수가 있다는 느낌이다.

우리가 상대하는 유럽 고객은 대체로 네덜란드와 독일, 스위스인들이다. 물론 이들은 남유럽 사람들과 다를 것이고, 영국 사람들과 또 다를 것이나, 여기에서는 그냥 이들을 유럽 고객이라고 부르자. 먼저, 유럽 고객들은, 일을 추진하는 사람에게 결정권과 책임이 있어 굳이 나중에 상사에게 허락을 받아야 하는 등의 절차를 거치지 않아도 되므로 담당자 차원에서 프로젝트 사항이 결정되면 그대로 추진된다. 유럽 고객들은 일을 하나하나 따져가면서 분명하게 짚고 넘어가고, 대신 우리가 상상하는 이상의 내용들을 상세하게 미리 알고 싶어 한다. 일을 시작해 보고 나서야 알 수 있는 사항들을 나중에 알려 주겠다고 하는 우리가 오히려 버무리기 식으로 일을 하는 건 아닐까 하는 생각이 들 정도다. 그러나 꼼꼼하고 세밀한 분석과 이야기가 오고간 후에 결정이 나면 나중에 다른 말을 하거나 변경하는 일은 없다. 행여 일을 늦추게 되거나 하는 경우가 발생하면 반드시 우리에게 통고를 하고 적당한 다른 해결책을 제시하지, 슬그머니 꼬리를 감추는 일은 없다. 유럽 고객은 시간도 넉넉히 잡고 일을 시작하는 편이다. 그만큼 우리 쪽에서도 분명하고 정확하게 추진해 내야 함은 말할 것도 없다.

미국 고객은 대체적으로 상냥한 얼굴을 하고 있다. 불만이 있다 해도 면전에서는 미소를 띠고 말한다. 특별히 문제점을 꼬집거나 하지도 않는다. 그러나 그들을 대할 때의 주의점이라면, 미국 고객들에게 어필하려면 특별히 말을 많이 하는 재주가 있어야 한다는 것이다. 우리가 얼마나 일을 잘 할 수 있는지, 넘쳐나는 고객으로 얼마나 바쁜지 강조해야 한다. 고객 명단도 화려하고 프리젠테이션을 그럴듯하게 해야 더욱 우리를 신뢰한다. 조용하거나 겸손하면 실력이 없는 줄 안다.

나라마다 고객의 성격이 다르다는 건 흥미로운 발견이다. 그러나 이건 경험을 통한 대체적인 고객들일 뿐이지 모두가 이런 범주에 속하는 건 아니다. 결국 일은 서로 마음에 맞는 사람들끼리 이루어지게 마련이라는 것이 그동안 배운 경험이다. 어느 나라 사람이든 맘에 맞는 고객을 찾는 것, 그래서 관계를 발전시켜 나가고 그 회사를 위해 꾸준히 정성을 다해 일해 주는 것이 우리가 할 수 있는 최선의 방법일 것이다.

풍차 돌리듯
전시를 올리고

상하이에 살아서 좋은 점을 꼽으라면, 다른 곳에서는 쉽게 만날 수 없는 흥미로운 사람들을 만나게 된다는 점이다. 그 중 한 분이 네덜란드의 몇 대 대기업인 F사의 회장님이다. 북경과 상하이에 지사를 설립한 지 얼마 되지 않아 부인과 함께 상하이를 찾았다. 그런데 미술을 좋아한다고 해서 그 회사 지사장이 나에게 연락을 한 것이다. 하루 시간을 내어 회장님 내외에게 미술 관련 투어를 해 줄 수 있느냐고. 물론 해 줄 수 있다. 그러겠다고 했다. 평소 잘 알고 지내던 지사장의 부탁이라 당연히 해주는 게 마땅했다.

회장님 내외가 도착하는 공항에서 지사장은 굉장히 긴장하고 있었다. 오히려 나는 그러한 압박감을 별로 느끼지 않은 채, 공항에서 그들을 기다렸다. 드디어 두 사람이 밖으로 나오고, 나는 지사장과 함께 인사를 나누었다. 그리고 그들의 회의를 시작으로 일정이 시작되었다. 한참 중국 미술이 세계적으로 관심을 받던 때라 두 분이 상하이 미술 관련 공간들을 다녀보고 싶다고 하는 것은 당연한 일이었다. 업무와 관련한 일을 빼고는 오히려 직원들이 일하고 있는 모습을 보여주는 게 좋다고 해서, 미술 관련 투어와 일반 관광 투어가 나의 몫이 되었다. 그래서 함께 다니게 되었는데, 가만히 생각해 보니, 따로 보디가드도 없이 달랑 회장님 부부와 나 세 사람이 다녔다는 것이 조금 이상하게 느껴졌다. 한국의 회장님이었으면 여러 명의 직원들이 함께 했을 텐데.

화가들의 스튜디오를 방문하고, 미술관에 들르고, 갤러리 몇 군데도 둘러보고 하며 회장님 내외는 중국 미술을 좀 더 잘 알게 된 듯 했다. 아무래도 중국 작품들은 유럽의 것과는 많이 다르기에, 익숙해지는 시간이 필요했을 것이다. 그렇게 하루를 보내고 저녁을 먹게 되었는데, 레스토랑은 쓰촨 음식점이었다. 그다지 비싸거나 고급 음식점이 아닌 일반 음식점이었는데도 회장님 내외는 너무나 맛있게 식사를 했고, 부인에게 반찬을 집어주는 등 식사 시간 내내 부인에게서 눈을 떼지 못하는 회장님의 시선은 두 사람의 애정이 여전하다는 걸 보여줬다.

그 다음날에도 역시 상하이의 이곳저곳을 둘러보고, 중국 미술에 관해 이런저런 이야기를 하다가, F사의 네덜란드 본사에서 전시를 한 번 해보는 게 어떨까 하는 이야기가 나왔다. 그리고 그 이야기는 곧 실현 단계로 넘어가, 회장님 내외가 상하이를 떠난 후 실무자와 이야기가 진행되어 결국 몇 달 후, 나는 중국 작가 네 명과 직원 두 명을 데리고 여러 작가들의 작품으로 네덜란드에서 전시를 하게 되었다.

회장님이 그린라이트를 켜주시니 일은 너무나도 수월하게 진행이 됐다. 대기업에서 일하는 직원 특유의 순발력과 재치와 꽌씨로 작품의 운송이며 기타 실전에 필요한 일들이 쉽게 해결되었고, 따라서 나는 작가들의 현지 일정과 숙박만 해결하면 되었다. 사람들과 함께 움직이는 걸 좋아하다보니 동참해 주는 이들도 많아, 작가들은 좁은 호텔방에서 고생하는 대신 미술을 사랑하는 네덜란드 사람들의 집에서 민박을 할 수 있었다.

작품은 시간에 맞게 전시장으로 배송되었고, 나는 전시장을 둘러보고, 작품들을 어떻게 배치할 것인가 궁리했다. 물론 평면도와 사진을 보고 미리 구상을 한 바가 있긴 했지만, 실제 공간은 그림으로만 상상하던 것과 다를 수도 있고, 막상 작품들을 공간에 놓고 봤을 때 느낌이 다르게 올 수도 있는 것이어서, 작품을 직접 놓고 디스플레이하는 것에 나는 중점을 둔다. 한 화가의 작품은 이쪽으로 몰아넣고, 이 사람 껀 유리 바탕 위에, 그리고 이 그림들은 공중에서 늘여 매단다… 몇 시간을 끙끙거린 결과 작품들이 걸려야 할 곳에 잘 걸렸다.

그리고 드디어 오프닝. 속전속결 이루어진 전시도 놀라웠지만, 전시장에 모인 사람들도 화려했다. 늘 퍼스트 클래스만 타고 전 세계를 누비고 다니는 F사의 이사와, 그와 친분이 있는 아트 컬렉터들, 회장님 주변 사람들과, 그리고 중국 작품 전시가 있다는 소문을 듣고 찾아온 중국 미술품 컬렉터들이 그들이었다. 전시회 오프닝은 커다란 파티 같았고, 작품이 거의 다 팔리는 쾌거도 올렸다. 그 전시로 나는 몇 사람의 네덜란드 컬렉터를 더 알게 되었으며, 그들의 집을 방문하게 되었고, 암스테르담 아트 페어

네덜란드 전시회

전시 초대장

프리뷰에 덩달아 구경을 가게 되었으며, 이후 현지 갤러리와 중국 작가 작품들로 전시를 함께 하기도 했다.

그림 배달 차 한 컬렉터의 집을 방문하게 되었다. 마침 바깥분은 출장 중이고 사모님만 계셨는데, 농장을 개조해 만들어진 집으로, 그곳에 직원 몇 명이 근무하는 사무실도 딸려 있었고, 실내 수영장도 있고, 대대로 수집된 미술 작품들을 보관해 놓은 수장고도 있었다. 네덜란드 주택에서는 좀처럼 보기 드문 실내 수영장이 갖추어져 있다는 것에도 놀랐지만, 수장고는 겹겹이 벽이 달려 그림들을 쉽게 볼 수 있게 하고, 온도와 습도를 맞추는 장치가 되어 있어 진정한 컬렉터의 세계를 볼 수 있었다.

전시 후에는 그곳에 왔던 또 다른 컬렉터의 집에 초대를 받아 가게 되었다. 역시 네덜란드의 큰 기업의 회장님이었다. 사모님과 함께 미술품을 열심히 모으고 계신 두 분은, 작품 수집은 지난 20년 간의 일이었다고 한다. 그 전에는 일만 열심히 했지 작품을 사 모을 여력이 없었다고. 그러다가 체계적으로 관심을 갖고 구입하기 시작한 것이 지금은 전시실도 있고, 각자 결혼해 분가한 자식들에게 작품을 돌려가며 빌려주고 있다고 한다. 마당은 끝이 없었다. 그리고 그 끝없는 마당에 조각 공원처럼 널려 있는 조각들이라니… 역시 네덜란드에서는 보기 드문 저택의 형태라 둘러보는 것만으로도 흥미로웠다. 지하에는 수장고가 있었는데, 금고 형태의 두꺼운 핸들이 달린 문을 열고 들어가야 했다. 미술품을 모으다 보니 이런 번거로움도 있잖니, 라고 말하며 회장님은 웃어 보였다. 수장고에는 역시, 온도와 습도를 맞추는 시설이 갖추어져 있었다. 엄청난 중국 작품이 있는 데에 감탄을 했고, 또 한국 작가들의 작품도 꽤 소장하고 있어 반가웠다.

그 부부의 작품 구입에 특이한 점이 있다면, 유명하고 훌륭한 작품들도 구입하지만, 몇 작가를 찍어 그들의 작품을 정기적으로 구입해 준다는 것이다. 소장가의 입장에선 작가가 크는 과정을 고스란히 간직할 수 있다는 재미가 있지만, 작가에게는 새로운 아이디어를 개발하고 다음 작품으로 넘어갈 수 있는 여유와 힘을 주는 이런 고객들이 너무나 소중하다. 이후로 네덜란드와의 인연은 끊이지 않아서 자꾸만 자꾸만 네덜란드에서 크고 작은 전시들이 이루어졌다. 바람 불면 돌아가는 풍차처럼, 중국 미술 붐에 힘입어 힘차게 돌아간 유럽에서의 전시였다.

레만호에 피는 한국의 예술

2000년대 중반, 스위스에 다녀올 일이 생겼다. 남편의 일 때문이었는데, 제네바와 로잔, 몽트뢰 등 레만호 주위의 도시들이었다. 상하이에 와 일을 한 지 2,3년 되던 참이어서 우리는 어디에 가든지 상하이에 살고 있다고 소개하게 되었는데, 신기한 것은 중국에 대한 사람들의 관심이었다. 언론매체에서 중국에 대한 다양한 소식을 접하는 모양이었다. 하기야 세계가 인구 13억의 중국에 대해 마치 모르고 있던 괴물이 타나났다는 식으로, 그 괴물이 일어나 움직였을 때의 좋고 나쁜 여파에 대해 수군거리고 있었으니, 상하이에 살아 나름 중국 전문인일 우리가 중요해 보였을지도 모른다. 그런 사람들의 관심은 우리 일에 아주 중요한 도움이 되기도 했으니, 어쩌면 그건 좋은 일이었을 것이다.

난시 우리가 상하이에 산다는 이유로 중국 기업들을 유지하고 싶은, 취리히와 경쟁관계에 있는 제네바의 산업 유치 조직에서 우리에게 브리핑을 했으며, 중국 고객들을 모시고 싶은 클리닉이 은밀한 미팅을 주선하기도 했고, 은행과 부동산 같은 곳에서도 어떻게 우리를 통해 고객을 소개받을 수 있지 않을까 기웃거렸다. 13억 인구의 힘이라는 게 이런 거구나, 나는 중국 밖에서도 그 인구의 힘을 절실히 느끼고 있었다. 그러나 무엇보다 나의 귀를 솔깃하게 만든 건 몽트뢰 아트 페어였다. 1년에 한 번씩 몽트뢰에선 MAG라는 이름으로 아트 페어가 열리고 있었다. 원래 그쪽 사람들 특성답게 스위스 불어권 지역과 프랑스 갤러리들을 초대해서 하던 아트 페어였다.

몽트뢰는 음악의 도시다. 스트라빈스키가 몽트뢰에서 머무는 동안 〈봄의 제전〉을 작곡했고, 그룹 퀸의 프레디 머큐리가 몽트뢰에 한 동안 머물렀고, 그들의 마지막 음반을 그곳에서 녹음했다. 그래서 몽트뢰 시내 한복판에 있는 프레디 머큐리의 동상은 몽트뢰의 상징이기도 하다. 오른팔을 높이 쳐들고 서 있는 그의 동상엔 늘 팬들로부터의 꽃다발이 놓여 있고, 푸르른 하늘과 레만호와 함께 그 동상의 이미지는 어떤 열정으로 튀다가 터져버린 공 같은 느낌이 든다.

몽트뢰는 특히 매년 여름에 열리는 재즈 페스티발로 유명하다. 그 동안 Miles Davis, Ray Charles, David Bowie 등이 와서 공연을 했고, 마침 우리가 머물던 해의 여름엔 가수 프린스가 와서 공연을 했다. 아가들만 없었다면 표를 사서 나도 그의 공연을 봤을 것이다. 프린스는 나의 학창시절과 함께 했던 가수가 아니던가. 그 해, 중국의 피아니스트 랑랑도 몽트뢰를 찾았다. 그런 음악인들의 축제인 재즈 페스티발로 유명한 몽트뢰에서 아트 페어라니. 게다가 재즈 페스티발이 열리는 스트라빈스키 홀에서 열리

몽트뢰 아트 페어 오프닝

는 아트 페어. 생각만으로도 가슴 벅차지 않은가.

아트 페어 디렉터를 만나게 됐다. 프랑소와 가일류(Francois Gaillou), 50대의 스위스 남자였다. 칸톤 보(Canton Vaud)에서 나고 자란 토박이. 알프스 산맥의 정기와 맑은 레만호, 그리고 파란 하늘을 보며 자란 탓일까, 그는 눈도 마음도 맑은 사람이었다. 여름에는 하이킹을 하고 겨울에는 스키를 타며 사진을 찍고 미술 전시와 크리스마스 마켓을 올리며 여기까지 온 남자. 처음으로 접하게 되는 아시아 인맥을 아주 젠틀 하고 반갑게 맞아 주었다. 그리고는 그와 좀 더 깊이 관여되어 작업을 하게 되었다. 그와 몇 년을 함께 일하면서 느낀 것은, 그는 참 느긋하다는 것이다. 상하이에 살면서 부르르 끓어오르고 버럭 화내고, 가슴에 담아 생각하기 전에 소리부터 지르고 보는 나와 너무도 다른 그 여유로움을 그는 가지고 있었다. 어떤 경우도 소리를 지르는 법이 없고,

잘못되거나 급한 일이 생겨도 늘 차분한 목소리와 몸가짐으로 일을 처리한다. 알프스의 정기와 레만호의 순수함이 몸에 스며들어 만들어진 방식인지.

서먹하게 시작된 아트 페어 참가는 점점 더 깊숙이 관여하게 되면서 2011년엔 드디어 한국 특별전을 열기에까지 이르렀다. 해마다 몽트뢰 아트 페어는 초대 국가를 선정해 여러 행사를 곁들여서 했었는데, 내게 중국전이나 한국전 중 선택해서 하라고 했으나, 중국 땅에 살고 있긴 하지만 그래도 한국 사람이었으므로, 한국전을 하겠다고 했다. 2년 정도 준비를 하면서 좀 역부족이라는 생각을 많이 했으나 다행히도 많은 분들이 도와 주셔서 전시를 올리게 되었다.

작가들을 섭외하고 보니 한국에서 오는 작가들과 프랑스와 스위스에서 활동하고 있는 한국 작가들이 함께 하는 한국 특별전이 되었고, 주 스위스 한국 대사관에서 영사님이 사모님과 함께 와 오프닝 스피치를 해주셨고, 몽트뢰 시장도 격려사를 남겼다. 커다란 붓으로 20여 미터 길이의 종이에 서화를 그린 리홍재 화백님의 퍼포먼스는 서양인들에게 너무나 신기할 따름이었다. 거대한 붓으로 그려지는 글자와 그 붓에 담긴, 화백의 몸과 영혼으로 불살라지던 에너지! 한국인이어서 자랑스럽던 순간이었다. 피아노와 이빨로 유명한 피아니스트 윤효간님의 공연 역시 인상적이었다. 자유와 사랑으로 세계를 도는 윤효간님은 참으로 존경스러운 사람이었다. 사람의 가슴에 감동을 줄 수 있다는 것은 얼마나 아름다운 일인가. 푸르게 출렁이는 레만호가 한국의 예술로 아름답게 빛나던 2011년 겨울이었다.

여러 사람들이 모여 일하다 보니 흐뭇한 일 못지않게 사건과 사고도 많았다. 당시 상하이에서 활동하고 있던 L 작가와 함께 비행기를 탔는데, 내게는 아이들이 생긴 이후 처음으로 혼자 떠나는 출장이었다. 그동안 아이들과 함께 하느라 단련된 체력이, 열 두 시간 비행 동안 잠을 자지 않고도 거뜬했고, 오히려 심심하다는 느낌으로 비행을 했다. 짐을 풀고 L 작가와 캠핑을 온 듯, 수학여행이라도 온 듯, 밥을 해먹고, 산책을 했다. 40대에 만난 친구인데 마치 10대에 만나 청춘을 함께 나누는 듯 신선하고 재미있었던 경험이었다. 물론 아트 페어가 시작된 이후 한가하게 산책을 할 시간은 없어졌지만, 그 초기의 며칠은 영원히 추억으로 남아 나의 몽트뢰의 한 장을 수놓을 것이다.

프랑스에서 활동하던 W 작가님은 다른 두 분 프랑스 유학파 작가님의 작품을 가지고 오기로 했다. 그런데 W 작가님으로부터 전화가 왔다. 직접 운전을 하고 오다가 자동차 사고를 당했다는 것이다. 다행히 작가님은 다치지 않았지만, 차가 많이 망가져서 폐차 처리를 해야 한다고… 아니 어떻게 사고가 나면 폐차 처리를 해야 할 정도로 차가 부서지고, 그런데 그런 와중에도 작가님은 멀쩡하단 말인가? 전화기로 듣는 소식에 나의 가슴이 벌렁벌렁한데 W 작가님은 오히려 작품 걱정을 하고 있었다. 사고가 처리되는 대로 자동차를 빌려서 국경을 넘어 오면 아마 아트 페어 오프닝 전엔 닿을 수 있을 거라는 얘기였다. 이 직업의식과 책임의식. 그리고는 몇 시간 후 또 전화. 자동차를 빌려서 국경을 넘으려는데 세관에 신고를 해야 한다며 통과시켜 주질 않는다는 것이다. 마침 세관은 문을 닫은 시간인지라, 다음날 아침까지 기다려야 국경을 통과할 수 있을 것 같다고. 코앞이 이렇게 멀어질 수도 있다니.

어쩔 수 없이 국경 근처에서 밤을 보내고 아침이 되었을 때야 W 작가님은 전시장에 도착했다. 경사진 길에서 맞은편에서 빠른 속도록 달려오던 자동차와 부딪쳐 자동차가 그렇게 망가졌다는 것인데, 그런 큰 사고를 당하고도 멀쩡하게 자동차를 빌리고 작품들을 싣고 달려온 이 남자가 과연 그냥 사람인 게 맞는 건지, 혹시 눈에 보이지 않는 어딘가에 피멍이 들거나 부러지거나 한 것은 아닌지, 그를 보면서 걱정이 많이 되었다. W 작가님은 일단 작품들을 디스플레이 했고, 그리고 하루를 우리와 함께 보낸 후 다음날 파리로 돌아갔다. 자동차 관련 일도 해결해야 하고, 렌트카도 반납해야 하고, 그러니 그 다음에 다시 오겠다고. 그냥 한 번 와서 편히 쉬다가 가면 될 길을 졸지에 자동차를 폐차하고, 국경에서 하룻밤을 새고, 그리고 파리로 돌아갔다가 전시가 끝나기 전에 다시 돌아와야 하다니. 나의 잘못은 아니었지만, 특별전에 참가해 주십사 초대해서 생긴 일들이라 몸 둘 바를 몰랐다. 결과적으로 W 작가님에겐 엄청난 출혈이 된 전시인 셈이었다.

가만히 생각해 보면, 몽트뢰는 잘나가는 작가들을 질투하는 게 아닐까 싶다. 그 전에도 한국에서 날아온 S 작가님이 몽트뢰 아트 페어에 참가하느라 엄청 고생을 했다. 그 악재는 제네바 공항에 도착하면서부터 시작되었는데, 에어 프랑스를 타고 오느라

샤를 드골 공항에서 비행기를 갈아 탄 것이, 제네바에 와 보니 화물로 부친 작품들이 도착하지 않은 것이다. 분실신고를 내니, 작품이 다음 비행기 편에 실려 오고 있다고 해서 장거리 비행으로 피곤함에도 어쩔 수 없이 공항에서 두 시간을 더 기다려야 했다.

드디어 작품을 찾고, 기차표를 사는데, 이번엔 소매치기를 당했다. S 작가가 기차표 자동판매기를 들여다보며 공부를 하고 있는 새, 누군가 지갑과 여권이 들어있던 그녀의 귀중한 가방을 들고 튄 것이다. 그녀는 목이 터져라 '도둑이야!' 소리를 지르다, 경찰과 함께 공항 파출소에 갔다. 그런데 마침 기차표 자동판매기가 있는 곳의 CCTV가 고장이 나서 범인의 얼굴을 확인할 수 없다는 나쁜 소식만 듣고, 아주 늦은 시간에야 숙소에 도착을 했다… 급한 마음에 다음날엔 베른까지 가서 임시 여행증을 신청하고 돌아왔는데, 마침 가방을 찾았다는 연락을 받았다. 그래서 공항 파출소에 가보니, 돈과 컴퓨터는 가져가고, 여권은 그대로 들어 있었다. 그리고 공항에서 돌아오는 길에는 기차가 고장이 나서 아트 페어 오프닝에 거의 늦을 뻔 했다. 아트 페어가 끝난 후엔 작품을 실어주기로 한 트럭이 고장 나서 하루를 더 기다려야 했다. 기타 등등 그녀와 관련한 이야기는 무궁무진 많다. 일생에 한 번 경험할까 말까한 악재들을 연달아 며칠 동안 폭우 맞듯 경험한 그녀에게 몽트뢰는 다시는 오고 싶지 않은 도시로 두고두고 찍혔을 것이다.

그럼에도 불구하고, 레만호에 전시된 한국 작품들은 여러 컬렉터의 손으로 넘어가 한국의 예술을 스위스에 전파하게 되었다.

호숫가 근처에 별장을 가진 한 중국인 컬렉터가 S 작가의 작품을 구입했고, 스위스 수상 후보는 P 작가님의 작품을, 신혼집을 꾸미고 있는 한 젊은 커플은 N 작가의 작품을, 그리고 주변 나라에서 온 컬렉터들이 몇몇 한국 작가들의 작품을 구입했다.

PART 4
우리 사는 세상

아이 있는 여자,
아이 없는 여자

세상을 보는 눈은 늘 변한다. 세상을 향한 다짐도 따라서 변한다. 아이를 가져야겠다고 생각했던 때, 세상은 아이 있는 여자와 아이 없는 여자로 단순화 돼 있었다. 마냥 어리기만 할 것 같던 동생들, 작은 소년들이 언젠가 어른이 되어 어깨 뒤 천사처럼 듬직해졌다. 여러 나라를 두루 다니며 만사를 알고 계신 것 같던 아버지는 말년에 운동하기 위해 집을 나서는 것 외에는 딱히 외출을 챙기지 않는 분이 되셨고, 아이들 키우는 것으로 바쁘던 엄마는 오히려 후에 많은 활동을 하고 계시며, 언니로서보다는 엄마로 더 바빠진 나의 언니, 그리고 빠른 속도로 성장해 영원한 청춘일 줄 알았던 나의 자만심에 경고등을 켜는 두 조카… 세월이 남기는 앙금에 대한 존경심이 우러난다.

세월을 나면서도 끈끈하게 남는 가족이라는 울타리. 세월에 따라 변하는 각자의 역할, 인간의 관계. 세월이 만드는 인간관계의 변화를 생각하며 눕는 잠자리에 생각이 많았다. 집이라면 집이고, 운명이라면 운명이며, 그것이 나를 다른 사람들의 인생과 동등하게 만드는 추가 된다면 또한 그러한, 2세를 가져야 한다는 압박감이 가시처럼 돋아 새벽잠을 뚫는 날들이 이어졌다.

할 일이 많다고, 아직 젊다고, 아이 문제 같은 건 생각하고 싶지 않다고 나는 기고만장했다. 물론 그때는 나름대로의 철학이 있었고, 그게 가장 중요한 듯 느껴졌다. 내 주위엔 유난히 싱글인 친구들도, 동거를 하는 친구들도, 결혼은 했으나 아이는 없는 친구들도 많았다. 아이가 없는 것이 하나도 슬프거나 아쉽지 않았고 절실하지도 않았다. 오히려 그것이 당연한 것 같았다. 사실 그러한 친구들은 아직도 많다. 그들은 여전히 싱글이고, 여전히 아이가 없으며, 여전히 떠나고 싶을 때 훌쩍 떠날 수 있다. 하고 싶은 일에 온 열정으로 매달릴 수도 있다.

아이에 관한 생각은 30대 중반의 어느 봄날 갑자기 내게 찾아왔다. 주변의 아이들이 노란 병아리처럼 예뻐 보이면서 아이가 있는 것도 나쁘지 않겠다는 생각이 든 게 시작이었다. 한때는 행여 생길까 두려웠던, 결혼을 할 때만 해도 이렇게 아이 없이 자유롭게 살아야지 했던 것이, 30대 중반이 되면서 갑자기 생각이 바뀐 것이다. 작고 통통한 아기들이 귀여워 보이기 시작하고, 엄마 아빠 옆에서 뛰어다니며 노는 아이들이 사랑스러워 보였고, 엄마의 시장보기를 거드는 10대 아이들이 듬직해 보였다. 무엇보다도, 지난 10년 둘이서만 보내오던 크리스마스며 설날이며 생일 등의 온갖 행사들을 두 사람만이 영원히 보내는 것에 두려움이 몰려오기 시작했다. 나이가 들어서도 둘만의 오붓한 크리스마스를 보낸다는 건 상상만 해도 외로울 일이었다. 그리고 무엇보다이 시점이 지나고 나면 내게 그런 기회는 영영 다가오지 않을 것 같았다. 여인의 생체 연령에 의한 압박이라고나 해야 할까.

그런 생각이 들다 보니 만나는 사람들과도 그런 이야기를 하게 되었고, 그런 이야기를 하다 보니, 너도 나도 아이를 갖고 싶은데 갖지 못함으로 고생을 하는 커플들이 많다는 것도 알게 되었다. 나처럼, 매달 희망과 실망 사이를 넘나드는 이도 있었고, 벌써 시험관 아기 시술을 해 본 이도 있으며, 시험관 아기 시술 준비 중 약물 부작용으로 더 이상 그 방법을 시도할 수 없는 이도 있었다. 이제 모든 걸 포기하고 둘이 재미있고 멋지게 살기로 한 이들도 있었고, 입양 수속을 밟고 있는 이도 있었다. 결혼한 지 얼마 되지 않는 젊은 친구인데 한쪽 난소를 들어내는 수술을 받고 임신에 대한 걱정을 하고 있는 친구도 있었다. 어쨌거나 그러다 보니 임신을 해야겠다는 의지를 가진 친구들끼리 모이면 늘 그런 일에 관해 이야기를 했고, 정보도 교환하게 되었다.

일단은 왜 우리가 임신이 되지 않는 건지 알아야 했다. 병원에 가서 사정을 이야기하고 검사를 받았다. 결과는, 내 쪽에 문제가 있는 거였다. 그러나 그렇다고 해서 전혀 자연임신이 불가능한 것은 아닌. 의사는 그냥 노력해 보라는 말만 해주고 우리를 보냈다. 한약을 먹기 시작했고, 침도 맞았고, 우리 두 사람은, 커플로 최선을 다했다. 그런데 그러기를 몇 년, 우리는 지치기 시작했다. 저녁 시간이 어색하고 두려워지기 시작한 것이다. 압박은 사랑도 무너뜨린다. 나름 있어도 그만 없어도 그만이라며 쿨하게 행동했던 나는 속으로 스트레스를 은근히 받았다. 그리고 어느 날 우리는 마지막 카드로 시험관 아기 시술을 받아보기로 했다. 예전에 봐두었던 상하이의 일본 클리닉에 상담을 받으러 갔다.

정갈한 일본 클리닉, 분명히 이전에 일본인 원장이 직접 자기네 클리닉이 어떻게 시술을 하는지, 등등을 설명했었다. 그땐 좀 더 기다려 보자는 생각이 있어 1년이 더 지난 후에야 다시 찾은 것인데, 이번엔 상황이 많이 바뀌어 있었다. 원래 일본에서도 불임 시술로 유명한 이 클리닉이 처음 상하이에 진출할 때는 모든 시술이 가능한 것으로 허가를 받았는데, 해가 바뀌면서 점점 압력이 가해지더니, 이제는 시술을 위한 준비만 가능하고, 정작 난자 채취라든가 이식 같은 수술은 중국 병원에서만 가능하다는 것이다. 당시 중국 병원의 외국인 병동에서 상담을 받았으나 정작 엑스레이는 일반 엑스레이 실에서 찍으면서 정육점의 고깃덩어리 취급받는 기분이었던 악몽이 생각나 고민을 좀 하다가, 결국은 벌여놓은 사업 때문에 그냥 일을 진행하기로 했다.

준비기간은 그냥 그랬다. 큰 어려움도 없었고, 모든 것이 무난히 흘러갔다. 그런데 중요한 날, 중국 병원으로 일본 클리닉의 통역, 수정 전문의와 함께 갔을 때, 충격을 받았다. 그 많은 사람들 하며, 어수선한 분위기에, 여기저기 눈에 띄는 조금 불결한 시설. 게다가 불임병동 복도에 늘어서 있는 사람들, 사람들! 그나마 우리는 일본 클리닉을 통해서 온 VIP라 얼마 기다리지 않아 의사를 만날 수 있었고, 수술도 받을 수 있었다. 그런데 다른 사람들은, 아침에 일찍 와서 등록을 하고, 순서대로 호명되기를 기다린다는 것 아닌가. 그러니 아침 일곱 시에 와서 등록을 하고, 등록된 순서에 따라 그대로 복도에서 기다리고 있어야 하는 것이다. 그게 열 시가 될 수도, 한 시가 될 수도 있는데 말이다. 가뜩이나 임신이 안 돼 체념과 불안으로 지친 사람들을 이렇게 배려 없이 무작정 와서 기다리게 해도 되는 건지.

유럽에 있을 땐, 무조건 예약을 해야 하는 불편함에 대해 불평을 늘어놨었는데, 이제 보니 예약은 사람의 삶을 오히려 편안하게 하는 필수적 시스템인 줄 알게 되었다. 새벽부터 와서 줄을 섰다가 등록한 후, 또 자기 순서가 올 때까지 기다려야 하는 수고스러움에 비효율성이라니. 전화통화를 하는 사람들, 부스럭거리며 뭔가를 먹는 사람들, 새벽에 해외 출장에서 돌아와 여행 가방을 들고 대기하고 있는 남편, 열린 문으로 자꾸 진료실을 들락거리는 사람들, 간호사를 붙들고 귀찮게 말을 거는 사람들. 귀와 눈을 막고 싶었다. 그 자리에 있고 싶지 않았다. 말을 하진 않았지만 남편은 남편대로 스트레스를 받았으리라.

마취 없이 진행됐던 수술 하며, 안면도 없는 두 사람의 환자가 함께 들어가 눕도록 되어 있던 수술의자, 수술과 상관없이 수시로 드나드는 간호사들 하며, 직원들, 좁고 어둡고 우울했던 회복실… 아기를 갖기 위해 참고 넘어가야 하는 자잘한 장애들이 너무나 많았다. 그러나 그것도 다 큰 목표를 보며 덮어두고 치렀다. 그런데 결과는, 실패였다. 성공하지 못했다는 소식을 접하고 처음으로, 임신과 관련해 울었다. 그때까지는, 우리가 노력하면, 과학의 힘을 빌리면, 가능할지도 모르는 일이라고 생각했는데, 실패의 소식을 접하면서 갑자기 모든 것들이 우리의 손에 달린 게 아니라는 걸 깨달았기 때문이었다. 실패의 그림자는 짙었다. 두 사람 다 다음에 또 하면 되지, 하고 손잡고 위로했으나, 아무도 입 밖으로 꺼내지 않았다. 실은 미래의 성공을 보장할 수 없는 마음이 아주 무거웠다는 것을.

아무 일도 없었던 듯 일에 전념하며 몇 달을 보낸 후에야 우리는 다시 용기를 낼 수 있었다. 이번엔 중국이 아닌 다른 곳에서 하기로 결정했다. 같은 시기, 두 쌍의 친구 커플이 홍콩행을 결정했다. 우리도 홍콩과 한국 사이에서 고민을 했는데, 결국 나는 한국을 택했다. 준비를 하고 시술을 받고 기다리는 모든 시간 동안 호텔에서 지내자니 막막한 생각이 들어서였다. 이왕이면 언어도 통하고, 친정 식구들과 함께 시간도 보낼 수 있는 한국으로 가는 게 당연한 것 같아서였다. 한국의 클리닉은 어찌나 친절하던지! 깨끗하고, 체계가 잘 잡혀 있고, 환자들의 심리적, 신체적 상황을 최대한으로 배려하는 모든 디테일들. 클리닉에 갈 때마다 나는 감탄을 했다. 사람이 많은 건 마찬가지였으나, 다른 사람과 부딪치거나 짐짝 취급 받는 것 같은 기분 등, 기분 나쁠 일이 전혀 없었다. 로비에는 심지어 일본 작가 야요이 쿠사마의 커다란 호박까지 있었으니, 눈요기만으로도 기분 업이었다.

시작이 좋았고, 과정이 좋았고, 끝이 좋았다. 한국에서의 6주 체류가 결실을 맺었다. 임신이 되었다. 행여 무슨 일이라도 날까, 불편하지는 않을까, 나는 소중한 생명이 자리를 잡은 아랫배에 두 손을 얹고 상하이로 돌아왔다. 그리고 나이 마흔에 첫째 딸이 태어났다. 우리의 콩알이가. 나는 이제 엄마가 된 것이다. 혼자서 신나게 살았던 40년의 세월에 돌보아야 할 아이가 하나 얹혀지는 중대한 일이 이루어진 것이다. 혼자만의 인생에 안녕을 고할 때가 온 것이다. 새로운 날들이 나를 기다리고 있을 것이며, 세상은 이제 다른 색으로 내 앞에 펼쳐질 것이었다. 그저 '나'만의 것이 아닌 엄마로서의 생과 모험이.

여자라서 안 되는 이유

"그림은 좋은데 여자라 안 되겠구먼."
"난 여류작가 안 좋아하는데…."
"여자 화가들은 언제 그만둘지 몰라, 불안해."

그림을 구입하려는 고객들로부터 종종 듣는 말이다. 특히 한국 고객으로부터 더 많이 듣는 말이기도 하다. 왜 이런 말이 나오는가. 요지는, 여자들은 생활환경에 의해서 쉽게 붓을 꺾거나 작품 활동에 소홀해지므로 그림을 소장했다가 낭패를 볼 수 있다는 얘기다. 많은 비용을 들여서 작품을 구입했는데 나중에 그 작가가 전업주부가 되어 단 한 장의 그림도 그리지 않는다는 소식을 들으면 실망스럽긴 할 것이다. 세계 유명 요리사가, 미용사와 의상 디자이너가 여자가 아닌 남자들에 의해 차지되는 것과 비슷한 이치라고나 할까.

분명 나는 그런 고객들에게, "왜요, 이 작가가 얼마나 치열하게 작품 활동을 하는 데요"라고 말해준다. 그러나 작가가 행복한 결혼생활을 눈앞에 두고 있는 처녀라면 나도 추천에 있어서 주춤하게 된다.

안타깝지만 일부 틀리지 않는 면이 있다. 실제로 나와 함께 의기양양 일을 시작했던 한 여류화가는 남자들과의 관계로 복잡하게 살다가, 나를 배신하고 지방으로 잠적했다. 공부를 하겠다는 게 이유였는데, 그게 남자 문제 때문이었던 게 좀 마음에 걸렸다. 몇 년의 세월을 보내고 다시 상하이로 오긴 했지만, 그리고 여전히 싱글이지만, 언제 그녀의 마음과 작품 생활이 남자문제로 흔들릴지 몰라 나는 이제 그녀와 일하지 않고 있다. 그녀가 만약 남자였다면, 바람둥이라는 소리를 듣건 말건, 목숨을 거는 여자들이 주위에 있건 말건, 작품 활동에는 지장이 없었을 것이다. 결혼을 하고 애를 낳은 후에 작품에 소홀해 지는 사람들도 있다. 단순히 시간이 없다는 핑계로 그렇기도 하겠지만, 남편이 벌어다 주는 생활비로 행복하게 살다보니 그렇게 가족만 돌보며 안주하는 경우도 많다. 아이들이 생기기 전까지, 첫 아이를 낳을 때까지만 해도, 나는 애들 키우는 문제, 가정문제로 자신의 일을 소홀히 하는 사람들에게 비난을 퍼부었었다… 그러나…

둘째가 태어난 이후 나의 머리는 거의 텅 비게 되었다. 두 아기와 씨름하고 있던 어느 날, 나는 전시회 오프닝에 가겠다고 철석같이 했던 약속을 어이없이 깨는 실수를 저지르고 말았다. 오후 세 시까지만 해도 기억하고 있었는데… 오프닝 때 꼭 가겠노라고 그렇게 다짐을 해놓고선, 막상 오프닝 시간이 되자 까맣게 잊어먹고, 나는 아이들에게 밥을 먹이고 있었던 것이다. 하나씩 차례대로 목욕을 시키고, 잠깐 놀게 놔두었다가 따뜻한 물에 분유를 타서 먹이고 양치질 시키고, 그리고 잠자리에 들게 한다. 하루하루의 저녁시간은 얼마나 고단한가. 애들이 잠이 들게 하려면 주변에 시끄러운 것들은 모두 꺼야 하고, 물론 불도 꺼주어야 하며, 때로는 엄마도 그 옆에 누워줘야 한다. 그러다가 나 역시 잠이 들기도… 새벽녘에 눈을 떴을 때에야 번개에 맞은 듯 화들짝 놀랐다. 아차! 오프닝에 가지 않았다! 어쩌면 그리도 깜빡, 약속되어 있던 일을 새까맣게 잊을 수 있단 말인가. 그나마 오프닝 후 있을 저녁식사 제안을 사양해 놓았던 것은 천만다행으로 잘한 일이었다. 하마터면 비싼 저녁 자리를 차지해 놓고 바람을 맞힐 뻔하지 않았는가.

그보다 전엔, 해산 일을 기다리는 친구와 마지막으로 점심을 먹고 헤어진 지 한참 지났다는 생각에 친구에게 메시지를 보냈다. "아직도 엄마가 되지 않은 거니? 작은 아기천사 나오거든 나한테 꼭 연락해 줘." 그런데 친구에게서 답이 날아오고 나서야 나의 실수를 깨달았다. "날씨가 추워서 아직 밖에는 안 데리고 나갔어. 우리 친정 부모님이 오셔서 함께 있는 중이야." 그렇다면 아기는 벌써 태어났다는 말…? 화끈거리는 얼굴을 두드리며 지나간 메시지 기록을 들춰보았다. 아뿔싸, 그러고 보니 그 친구는 벌써 한 달 전에 예정보다 일찍 나온 딸아이 얘기, 그래도 건강하다는 얘기, 병원에서 퇴원해 집으로 가니 병원 말고 집으로 방문해 주면 좋겠다는 얘기를 하며, 나와 메시지로 주고받았던 것이다. 그런데 정작 집으로 방문하지도 않고 뜬금없이 아기를 언제 낳느냐는 메시지를 보내고 있었으니, 이건 어찌된 일이란 말인가. 그 친구는 나의 메시지가 분명 이해가 되지 않았을 것이다. 그래서 생각해 낸 것이 아직 밖으로 외출은 시키지 않았다, 정도였겠지… 정말 심각했다.

내가 일상에서 깜빡깜빡하게 된 이유, 바로 첫째가 태어난 이후 몸을 추스를 새도 없이 둘째가 언니 손을 잡고 나왔기 때문이다. 뒤늦게 아이 둘을 연달아 출산한 뒤 나의 두뇌는 3분의 1로 줄어들어 버렸다. 기억력의 감퇴는 물론이고, 계산도, 일처리도 힘들다. 수첩에 빼곡히 적어놓은 해야 할 일들의 목록도 다 읽기도 어려운 정도다. 일의 속도는 느리고, 일의 속도가 느리다보니 해야 할 일의 목록은 점점 더 늘기만 한다. 직원들과 함께 하며 새 일을 추진하기는커녕 지나간 일 보고 받는 것도 흡수가 안 된다. 언젠간 오프닝 초대장을 받아놓고 이번만큼은 꼭 가겠다며 수첩에 적어놓았다가 맘먹고 직원 두 명을 끌고 갔는데, 그날은 오프닝은커녕 아무런 행사도 없는 평범한 날이어서 황당했던 적도 있다. 피할 수 없는 약속이 생겨 아줌마더러 큰애를 데리러 유치원에 가달라고 당부에 당부를 해놓고는 정작 그들을 태우고 와야 할 운전기사는 보내지 않아 아줌마와 아이를 추운 거리에서 동동거리게 한 적도 있다.

아이가 생겨도 늘 옆에 보모가 있을 테니 일을 하는데 지장이 없을 거라 큰소리 쳤는데, 막상 아이가 태어나자 난 신체적 정신적으로 완전히 나가떨어졌다. 아이를 키우는 일은 쉽지 않았다. 모유를 먹이는 고충이 이만저만이 아니었고, 무엇보다 밤에 잠을 제대로 잘 수 없다는 게 가장 큰 고역이었다. 안 그래도 출산 후

유증으로 자기 몸이 아닌데, 밤에 긴 잠을 자지 못하고 자꾸 깨니 피로가 누적되고, 머리가 무거워지고, 그래서 낮에도 몽롱하게 지나게 되는 것이다. 벼르고 별러 생긴 아기인 탓에, 모유 수유며 스스로 아이를 키우겠다는 욕심이 체력보다 앞섰다. 그것도 주변에 유럽인 엄마들이 많다보니 그들처럼 나도 따라 하겠다고 찬물에도 마구 손을 대고, 아이를 번쩍번쩍 안고, 바람 쏘인다고 며칠 되지 않은 아이를 데리고 밖에 나가기도 하고. 생각해 보면 따라갈 수 없는 체력으로 그들 흉내를 많이 냈다. 워낙 씩씩하고 건강하던 터라, 그러면서도 하나도 힘들지 않았고, 두렵지 않았다. 21일씩 집 밖에 나가지 않고, 심지어는 씻지도 않는 중국의 산모들을 비웃지 않았던가.

두 달 정도 많이 힘들었다. 잠도 잘 자지 못했고, 무엇보다 아기의 울음소리에 스트레스가 엄청 났다. 모유 수유 때문에 밖에 잘 나가지 못하는 것도 열심히 일하며 돌아다니던 나에게는 받아들이기 힘든 큰 변화였고, 오죽하면 밖에 자유로이 나갔다 들어오는 남편에게 질투심이 날 정도였으니. 한 달이 지나고, 두 달이 지나고, 아기의 밤잠 시간이 길어지고 하면서 생활은 차츰 나아지게 되었다. 그리고 드디어 첫 비행 여행. 아기가 여섯 달 되던 때였다. 비행 열 두 시간이면 밥 두 번 먹고, 영화 세 편쯤은 기본으로 보고, 고상한 척 하며 책도 좀 읽고, 눈도 잠깐 붙이고, 여유 있게 일어나 느린 걸음으로 복도를 걷고 할 텐데, 6개월 된 아기를 데리고 하는 여행이다 보니 무척이나 긴장되었다. 그렇게 오랜 시간 동안 밀폐된 공간에서 과연 아기가 잘 견뎌줄 수 있을지, 나는 지혜롭게 잘 버틸 수 있을지. 아기 바구니가 있는 특별석에 앉았지만, 결국 아이는 내 손에서만 놀았고, 나는 눈을 붙이기는커녕, 영화 한 편 못 보고, 밥도 제대로 먹지 못하고 열 두 시간을 보냈다. 그래도 심하게 울거나 힘들게 하지 않은 아기가 얼마나 고마웠던지. 아이를 데리고 친척들을 찾았고, 내친 김에 유럽을 누볐다. 그리고 둘째가 들어섰다.

원래부터 장난 반 진심 반으로 쌍둥이를 갖고 싶다고 늘 말했다. 그런데 그게 거의 실현되는 상황이 된 것이다. 그렇게 해서, 1년 조금 넘는 차이로 둘째가 태어났다. 둘째는 확실히 첫째 때보다 쉬웠지만, 확실히 두 명의 아이가 있는 건 한 명의 아이를 건사하는 것과는 말도 못할 정도로 일의 분량에 차이가 있었다. 도우미 아줌마의 시간도 늘여야 했고, 무엇보다 그때까지 슈퍼우먼으로 밀고 나가던 일의 분량을 줄여야 했다. 사무실 식구를 줄여야 함은 물론, 모든 경비를 줄여야 했다. 일반적으로 경제가 좋지 않았고, 새 프로젝트를 따기 위한 끊임없는 관계 유지와 미팅을 내가 감당할 여력이 없었다. 엄마가 되었다는 사실 때문인지, 그때까지도 일을 향해 불이 켜지던 나의 열정이, 사람들을 만나거나 일을 하는 것보다는 아이들과 함께 있는데 더 행복한 쪽으로 바뀌었다.

일하는 엄마들은 아이들을 놓고 어떻게 밖에 나갈까, 이렇게 예쁜데, 함께 있는 시간이 이렇게 소중한데, 하는 생각이 들었다. 아마도 그게 모성본능이었을까. 아트 투어며 사무실 일은 아이를 낳고 한 달이 지났을 때부터 했다. 그러나 서서히 일에 소홀해지기 시작했다. 내가 사장이니 늦게 출근하거나 일찍 퇴근한다고,

점심시간에 나가서 오랫동안 있다고 간섭할 사람은 없었다. 그러나 결정적으로, 고객들을 만나는 일이 뜸해지고, 프로젝트를 따오고, 프로젝트가 될 만한 것들에서 프로젝트를 만들어 내는 일들에 소홀해 지기 시작한 것이다. 그럴만한 에너지가 없었고, 시간이 없었고, 머리가 없었다. 무엇보다 심장이 프로젝트를 대할 때 보다는 아이들을 대할 때 더 뛰었다.

아기였을 때는 그렇게 힘들었는데, 아이들이 조금 크며 유치원에 가게 되니 그것도 만만치 않았다. 아침에 데려다 주고, 오후에 데리고 오고, 수영이며 플레이데이트며, 저녁 준비며, 목욕 등, 아이들에게 할애되는 시간이 한이 없었고, 나는 그만큼 일을 하던 시간을 줄여야 했다. 어떤 때는, 아이들이 있는 가정 돌보는 데도 이렇게 힘이 든데 왜 사무실까지 만들어 직원들과 프로젝트와 고객들을 돌보아야 하는 건지, 가정 하나를 더 꾸리고 있다는 느낌에, 그냥 둘 중 하나를 포기하는 게 맞는 것 같았고, 그 하나는 당연히 일이 되어야 했다. 그러나 이미 벌어진 사업을 어떻게 줄이랴. 그것도 쉽지 않았다.

일단 비용을 줄이고, 규모를 줄이고, 그리고 현재 있는 일들을 소화할 수 있는 직원과 수입에서 마이너스가 되지 않는 한도 내에서 버티는 서바이벌 모드로 들어갔다. 전시 프로젝트들은 내가 직접 해야 되었고, 이메일을 쓰는 것도, 보내는 것도, 작가들을 섭외하는 것도 모두 나의 몫이 되었다. 그러다보니 낮에는 이런저런 일들로 시간이 쪼개져 있는 관계로 새벽 네 시에 일어나는 날들이 많아졌다. 그러나 어떻게 나의 체력이 그것을 감당하랴. 한

3일을 새벽에 일어나 일을 하면 하루는 죽은 듯이 오랜 시간을 자줘야 했고, 밤에 잠을 많이 못 잔 날은 낮에 어김없이 차 안에서 정신없이 졸아야 했다. 무슨 수험생도 아니고, 이렇게 사는 게 맞는 건가 하는 생각이 들 정도였다. 그런데 왜 이렇게 일은 많았던 건지… 그때 걸린 일의 하나가 몽트뢰에서의 한국 특별전이었고, 그 전시가 끝난 후에는 드디어 두 다리를 펴고 잠을 잘 수 있었다. 그리고 스스로에게 말했다. 앞으로 2년 동안은 큰 일 벌이지 말고 애들 키우는 데 주력하자고. 나 혼자만의 시간도 종종 가지면서, 그동안 하고 싶었던 일도 하면서.

일을 줄이니 아이들이 보이기 시작했다. 아이들의 작은 행동 하나하나, 변하는 것 하나하나가 얼마나 아름답고 예쁘던지. 게다가 둘째를 얻으면서, 언니와 함께 자라던 나의 어린 시절이 불쑥불쑥 일상을 비집고 들어왔다. 아이 둘과 함께 나 자신을 다시 키우고 있는 것 같았다. 그때 나는 이랬지, 그때 나는 이랬는데, 하면서. 종종 재밌었던 기억이 떠오르면 웃기도 하고, 슬픈 기억이 떠오르면 어린 시절의 스스로를 이제야 위로하면서, 그 슬픔을 아이들을 통해 치유하면서. 아이들을 갖게 되니 생각이 바뀌고 인생의 목표가 새로이 생겼다. 아이들이 클 때까지 건강해야겠다, 아이들의 어린 시절을 행복하게 기억하게 해줘야겠다. 이 생각은 쌍둥이를 가진 엄마도, 연년생을 가진 엄마도, 외동아이를 가진 엄마도 모두 같을 것이다. 여자라서 안 된다는 고객들을 설득하던 나는 잠시, 그들을 배반하는, 여자라서 안 되는 갤러리어가 되고 있었다.

예술과
재물 사이

비행기, 부웅 —

팔을 양 옆으로 펼치고 아이는 비행기 나는 시늉을 한다. 그동안 비행기를 여러 번 타보았으나 이번에 처음으로 비행기가 무엇인지 알게 된 20개월짜리 딸아이이다. 비행기를 타고 오니 환경이 조금은 다른 곳에 있다는 것도 알게 된 듯하다. 전화의 저 편에 할머니가 있다는 것도, 손을 휘저으며 발을 구르면 앉아 있던 새들이 날아오른다는 것도 모두 새롭게 알게 된 아이이다. 온 가족의 손을 잡고 놀러 나가니 신이 나는 모양이다. 아이는 흥에 겨워 비명을 지른다. 동생이 유모차에서 잠자고 있는데도 조용히 해야 한다는 건 모른다. 그저 자신의 기분에 솔직할 뿐이다.

흥에 겨워 나오는 아이의 비명은 듣는 것만으로도 즐겁다. 나의 가슴에서도 웃음이 터져 나오려 한다. 그렇게 단순하고 솔직한 비명을 나도 지른 적이 있었다. 여섯 살 때였던가, 엄마와 함께 기차를 탔던 때다. 처음으로 탄 기차였던 것 같은데, 어디로 가는 길이었는지는 기억나지 않는다. 태양이 눈부시게 나뭇잎들을 반짝거리게 하고 있었고, 나는 언니도 아빠도, 할머니도 없이, 엄마와 단 둘이 기차를 타고 있었다. 초록색 시트가 깔린 좌석에 앉아 엄마 손을 잡았는데, 기차가 움직이자 좌석이 출렁거렸다. 기분이 얼마나 이상하던지 나도 모르게 비명이 나왔다. 홍에 겨운 비명이었다. 어린 마음에도 스스로의 비명이 너무 커서 움찔했을 땐 이미 늦었다. 주위의 어른들이 나를 보며 웃고 있었다. 아마도, 귀여운 여자애가 신이 났군, 하는 의미의 웃음이었을 것이다. 어쩌면 그들도 지금의 나처럼 아이의 비명을 통해 자신의 어린 시절을 추억해 보고 있었는지도 모른다… 내게도 그런 어린 날들이 있었다… 그로부터 얼마나 많은 날들이 흘러 왔는지.

홍콩의 한 바닷가다. 오늘은 바람 한 점 없다. 새벽에 나와 앉아 있는데도 피부와 공기의 경계선이 느껴지지 않는 건 온도가 체온과 별 차이가 없다는 걸 말하는 것이고, 그것은 곧 해가 뜨고 난 후에는 활동하기 어렵게 온도가 올라갈 것이라는 뜻이다. 처음으로 바닷가에서 묵고 있는 나의 딸이다. 비록 그 애가 훗날 이번 바다 행을 기억하지 못할지라도, 그 애에게 좋은 기억만을 남겨주고 싶은 게 엄마의 마음이다.

내 기억의 첫 바닷가는 경상도의 동해 바다 어디인가였다. 버스를 타고 여섯 시간 정도 달렸던 것 같다. 해마다 우리 가족은 여름에 해수욕을 갔는데, 나의 첫 바다는 일곱 살 때이다. 3박4일 동안 비가 계속 내렸고, 나는 언니와 비오는 바닷가에 나가 바닷물을 손으로 찍어먹으며 한 발 한 발 깊은 바다를 향해 발을 내디뎠었다. 비 때문에 온도가 잘 느껴지지 않는 바다가 마치 신나게 어질러진 방처럼 친근하게 느껴졌다. 바다에 떨어지는 빗방울은 땅에 떨어지는 것들과는 달리 떨어지자마자 잠수하듯 사라졌다. 물속에 들어가도, 물에서 나와도 온통 몸에 닿는 건 물 뿐이었다. 마음껏 비에 젖어보는 쾌감은 말로 표현할 수 없었다. 평소에 금지되었던 비 맞는 행동이 그때는 허락되었으니. 큰 대야에 해산물을 담아 파는 아주머니에게서 멍게니 해삼이니 하는 것들을 골랐고, 아주머니는 민박집 마당에서 그것들을 씻고 토막을 냈다. 맛있게 그것들을 먹은 것 같다. 뭉클하고 미끈하고 이상한 느낌이었으나 엄마가 젓가락으로 집어 입에 넣어주는 것들을 나는 나름 재미있어 하며 먹었다.

그러나 그 휴가는 결국 슬픈 기억으로 남게 되었는데, 무엇을 먹고 나서인지 엄마는 배탈이 나서 아무 것도 할 수 없었고, 우리는 배를 움켜쥐고 누운 엄마를 방에 놔두고 아버지와 바다로 나가 놀았다. 노는 게 신이 나면서도 마음 한 편엔 뭔가 묵직한 바위가 들어앉아 있었다. 그때는 알지 못했는데 그 바위는 나중에 현실이 되어 실체를 드러냈다. 두 분이 이혼을 하신 것이다. 그리고 그것은 영영 나의 동심을 어둡게 물들이고 말았다. 내가 첫 바다 여행으로 기억하는 일곱 살 때의 여행은 그래서 슬픈 기억으로 지금까지 남아 있다.

사실 바다엔 그 이전에도 갔을 것이다. 여섯 살 때의 바닷가 여행이 어렴풋이 기억나는 것 같기도 하다. 그러나 그 기억은 기억으로 남아 있지 않다. 다만 슬프고 어두운, 우리 가족에게는 마지막 여행이 되어버린 일곱 살 때의 바닷가 여행만이 첫 바다와 관련한 기억으로 남아 있을 뿐이다. 후에도 바다엔 많이 갔지만 일곱 살 때의 슬픈 바다를 덮어버릴 다른 기억은 남지 않았다. 그리고 지금은 어른이 되어, 내 아이와 손을 잡고 바닷가를 걷게 된 것이다. 아이가 웃으면 나도 행복하다. 나는 이제 아이의 눈을 따라 다시 세상을 배우게 될 것이다. 아이에게 행복한 기억만을 심어주고 싶다. 예전엔 이런 것일 줄 예상하지 못했다. 아이를 갖는다는 것이 어린 시절로 돌아가 나 자신의 인생을 다시 살고, 그로 인해 세상을 다시 배우게 되리라는 것을.

얼마 전에 있었던 전시회는 설치예술이 주가 되었다. 한국에서 설치예술 하는 작가 분들이 여러분 오셨고, 그중엔 딸을 대동하고 온 J 작가와 M 작가도 있었는데, 열 살 내외의 딸들은 엄마가 작품을 설치하고 있는 동안 옆에서 열심히 돕기도 하고, 전시장 내에서 조용히 놀기도 했으며, 심지어 엄마는 작품 설치가 끝났으나 아직 설치를 끝내지 못한 다른 작가들에게 다가가 '뭐 도와드릴까요?' 라고 묻는 등 어린아이로서는 과감한 질문을 던질 수 있을 정도로 미술과 친했다. 엄마가 만든 하얀 실크 작품을, 널어놓은 빨래 드나들 듯 바람을 일으키며 뛰노는 아이들의 볼이 마냥 예뻤다. 딸들은 엄마에게 좋은 친구이다.

아침에 손 흔들어 인사하며 엄마를 보내주고, 집에 돌아오면 맑은 얼굴로 뛰어오는 나의 딸아이… 엄마가 걸어놓는 그림과 조각들에도 늘 관심을 가져주는 아이. 이 아이도 언젠가 커서 엄마가 하는 일을 이해해 주고, 엄마의 좋은 친구가 되어주겠지. 아이를 통해 자신의 인생을 다시 한 번 살 수 있는, 딸이 있는 엄마들은 행복하다.

2010년 여름, 〈좋은 아침〉에 기고했던 글이다. 그때 나는 매달 아트에 관한 글을 기고하고 있었고, 이 원고를 쓸 때는 막 한국 작가들과 KIC 아트센터에 전시를 올리고 홍콩으로 휴가를 왔던 참이었다. 늘 그렇듯이 여행을 다닐 때는 글이 잘 써지지 않는다. 일상에서 벗어나 사실은 하루 종일 특별히 할 일도 없으면서 일이라는 건 도무지 손에 잡을 수 없는 게 여행을 하는 시기이다. 아마도, 일기를 쓴다면 그나마 다행이라고 해야 할까?

아이들이 생긴 이후 나는 어린 시절을 다시 사는 느낌이다. 나의 어린 시절과 겹쳐져서 나 자신에 대해서도 더 궁금해지고, 아이들에게는 좋은 엄마가 되고 싶고, 상처받는 어린 시절을 만들어 주고 싶지 않고, 무엇보다 아이들에게 최고의 환경을 제공해 주고 싶다. 그래서 아이들이 마음껏 자기가 하고 싶은 일을 하고, 살고 싶은 방식으로, 행복하게, 풍요롭게 살게 해주는 것. 그것은 모든 부모들의 꿈일 것이다.

나도, 사랑이 전부, 하고 싶은 일을 하며 사는 게 진정한 행복, 세상과 타협하지 않는 정의로운 삶 같은 것들을 가슴에 품고 살던 때가 있었다. 아직 젊었을 때였을 것이다. 그러나 지금, 엄마가 되고 보니, 나의 아이들에게는 행복하고 고생 없는 삶을 살게 해 주고 싶다는 생각이 강하게 든다. 행복하고 고생 없는 삶이란 무엇인가. 결국 돈 때문에 걱정하지 않는 삶으로 결론이 난다.

예술가들과 일하는 게 힘들었나 보다. 예술가는 연예인과 다를 바 없어서, 명성을 날리는 주연급 배우는 겨우 몇 명에 불과하고, 나머지는 단역을 맡는, 다른 일로 돈을 벌어야만 하는 사람들이다. 미술을 하는 사람들도 마찬가지다. 그림만으로 먹고 사는 게 그리 쉽지 않다. 많은 화가들이 작품 판매만으로는 생활을 유지할 수가 없어서 학생들을 가르치거나 다른 일을 하고 있다. 그렇지 않고 버티는 작가들은, 생활이 아주 힘든 경우가 많다. 특히 중국 작가들은 더 그랬다. 기본적인 것만 소유한 채, 기본적인 것만 먹고 즐기며, 오로지 예술을 향한 집념으로 버티는 많은 작가들.

그래도 20대 땐 자기가 하고 싶은 일을 하며 사는 것이 행복이라고 생각했다. 그러나 이제 화가들과 몇 년을 일하고 나니, 첫아이가 세상에 나왔을 때 가장 먼저 든 생각이, 내 아이는 절대로 화가를 만들지 말아야겠다는 생각이었다. 화가는 너무나 힘들어. 그림 그리는 데 시간도 많이 걸리고, 남들과 잘 놀지도 못하고, 무엇보다 돈 만지기가 힘들잖아… 아이가 뱃속에 있던 내내 한 달이 멀다하고 전시를 올렸으면서, 미술 작품 속에 파묻혀 살았으면서, 배가 불룩해서도 마이크 들고 오프닝 멘트를 하고, 화가들을 소개하고 했으면서, 아트 페어 다닌다고 작품 들고 비행기 타고 했으면서, 아이가 태어나 집에 걸린 그림들을 손가락질 하며 알아채고 좋아하니 갑자기 순간 심장이 멎었다. 안 돼, 너는 아티스트가 되면 안 돼. 한 동안을 그런 생각으로 살았던 것 같다. 나의 아이들에겐 예술가가 되는 어려운 길을 소개해 주지 말자고. 그러다가 어느 날 생각이 바뀌었다. 영화 〈클라우드 아틀라스〉 홍보 차 한국을 방문한 워쇼스키(Wachowski) 남매 감독의 인터뷰를 보면서였다.

예술대학에 들어갔으나, 예술은 배워서 하는 게 아니라는 생각에 중퇴를 하고 나와 이 직업 저 직업을 전전하다 목수가 되었는데, 목수로서의 마지막 프로젝트였던 것이 부모님 집을 지어드리는 것이었다며 담담하게 자신들의 과거를 눈 마주쳐가며 이야기하던 남매. 그렇게 지어드린 부모님의 집은 아직도 건재하며, 집을 지어드리고서는, 돈을 벌어야겠다는 생각에 영화 대본을 쓰기 시작했다고 했다. 그리고 그들이 쓴 대본을 여기저기 영화사에 보냈는데, 그 중의 하나인 〈어쌔신〉이 유명 영화사와 감독에게 발탁되어 영화가 만들어졌고, 이후 그들은 그렇게 영화계에 발을 디디게 되었다. 그 후에 그들은 영화 〈바운드〉를 만들어 영화사에서 인정을 받게 되고, 그래서 〈매트릭스〉를 직접 만들게 되었다.

워쇼스키 감독은 〈매트릭스〉 3부작을 통해 극적 구상과 기발한 아이디어, 미래세계에 대한 화려한 시뮬레이션 등 21세기 스크린을 장식하는 천재 감독이란 평가를 받았다. 그들이 〈매트릭스〉를 만들 수 있었던 배경은 그들의 어린 시절을 보면 된다. 일본 애니메이션과 철학, 공상과학영화 및 소설, 심리학 책 등에 심취하며 자란 것이다. 그들은 〈매트릭스〉를 통해서 자신들이 상상해 왔던 기형적인 세상을 만들 수 있었다. 〈매트릭스〉 세계관의 묘미라고 한다면 잠재의식에 내포되어 있는 인간의 삶에 대한 의문점에 대해 현실을 가상, 가상을 현실로 만드는 기발한 아이디어로 영화, 예술, 그리고 철학과 종교개념까지에도 그들의 영역을 넓히는데 성공하게 된다. 1999년 개봉된 〈매트릭스〉는 새로운 SF영화라는 찬사를 얻으며 미국에서만 2억 7천만 달러, 세계적으로 4억 6천만 달러 이상의 흥행을 기록하고, 편집상, 음향상, 음향효과 편집상, 시각효과상 등 여러 부문에서 아카데미상을 수상했다.

새빨갛게 염색한 머리로, 남자에서 여자로 성을 바꾼 라나 워쇼스키가 강하게 인상에 남았다. 그리고 그러한 자신의 형을 이해해 주고 서포트 해 준, 덩치 크지만, 지금은 누나가 된 형에 대한 사랑으로 눈물이 글썽하던 동생. 그들의 예술적 감각과 서로에 대한 애정이 나를 강하게 흔들었다. 개성과 자유가 넘쳐나는 영혼을 가진 워쇼스키 남매. 지금 그들의 사무실엔 농구대도 있고, 자유로운 공간도 있다고 한다.

그들의 인터뷰를 보다가 나는 갑자기 깨달았다. 예술을 한다는 건 자신의 인생 자체를 즐길 수 있는 행운을 갖는 거라고. 예술가들이란 없는 것에서 새로운 것을 창조해 내는 위대한 역사가들이 아닌가 하고. 그리고 나의 아이들의 인생은 그 순간 바뀌었다. 혹시 나의 아이들이 미술을 공부하겠다고 하면, 그렇게 해 보라고, 자신이 하고 싶은 것을 공부해 보라고 힘껏 밀어주고 싶다는 생각이 든 것이다.

예술과 재물은 병행되어질 때 가장 행복하겠지만, 최소한 예술을 이해할 때 사람은 자기 자신에게 더 깊이 들어가고 충실해질 수 있는 것이다. 그래서 나는 재물을 생각하는 삶에서 예술을 생각하는 삶으로 아이들의 삶을 준비하려 한다.

미술을 사랑하는 당신

유명한 전시가 있으면 시간을 내서 가려고 하는가? 갤러리 윈도우에 걸린 작품을 보고 걸음을 멈추고 자세히 들여다 본 적이 있는가? 조각 공원을 걸으면 마음이 설레는가? 미술관에 가 본 적이 있는가? 아트 페어가 언제 열리는지 알고 있으며 가 본 적이 있는가? 있다면 당신은 미술을 사랑하는 사람이다. 그렇지만 아직 그림이나 조각을 구입해 본 적은 없는가? 그렇다. 작품은… 마음이 준비되어 있지 않으면 섣불리 구입하지 않을 일이다. 가격 때문이 아니라, 작품엔 성격이 있고, 나와 맞는 궁합이 있고, 혼자서도 유지되는 생명이 있기 때문이다. 작품을 구입하는 일에서 가장 중요한 것은 작품에 애정이 느껴져야 한다는 것인데, 애정을 느끼려면 미술에 가까워져야 할 것이고, 미술에 가까워지기 위해선 몇 가지 버려야 할 선입견이 있다. 예를 들자면 이런 것들이다.

미술은 돈 있는 사람들만 즐기는 것이라는 선입견. 그림을 감상하는 데는 돈이 들지 않는다. 쳐다보기만 하는 거니까. 굳이 구입을 할 수 있는 형편이 안 되더라도 작품을 감상하는 덴 조건이 없다. 작품 판매로 연결되는 갤러리가 부담스럽다면 미술관에 가면 된다. 한 작품 앞에 오래 서 있다고 작품의 내용이며 작품의 가격을 들추며 부담 주는 사람이 없으니. 행여 작품을 구입한다 하더라도 굳이 유명한 사람의 것을 구입하지 않아도 된다. 형편에 맞는 대로, 마음에 들어오는 작품을 사면 된다.

그림을 모른다는 선입견. 그림은 창작의 결과물이고, 창작에는 정답이 없다. 그러니 더 많이 알고 모르고 할 것도 없는 것이다. 마음의 눈으로 보고 느끼는 게 중요하다. 그림의 모양이 마음에 들어오는지, 어느 색깔이 가슴을 일렁이게 하는지, 혹은 작품의 메시지가 자신의 상황을 대변해 주는 것 같은지 등의 개인적인 연대감 같은 것 말이다. 아는 만큼 보이는 것이고, 보이는 만큼 감상하고 즐기면 된다.

예술가들은 괴짜라는 선입견. 흔히 예술가들은 고상하다던가, 일반인과 다르다거나, 어렵다거나, 자만심에 가득 찼다거나 하는 등의 선입견을 가지고 있으며, 그들이 생산해낸 것은 따라서 나와는 전혀 상관이 없다는 생각을 버린다. 예술가들은 창작 의욕이 가득하고, 그걸 실제로 풀어내는 꾸준하고 순수한 영혼의 이웃이라고 생각하면 된다. 이렇게만 생각을 바꾸어도 그림은 훨씬 친근해 보일 것이다.

그러면 구체적으로 미술 사랑을 어떻게 실천하면 좋을까? 미술을 어떻게 곁에 두고 살면 될까? 미술과 어떻게 함께 살 수 있을까? 약간의 방법만 안다면 같은 돈으로도 삶이 풍요로워진다.

본인도 즐겁고, 주변 사람들도 즐거워진다. 먼저 본인이 아티스트인 듯 즐기는 방법은 다음과 같다.

색깔을 즐긴다. 자신이 좋아하는 색이 무엇인가를 파악하고, 옷을 입을 때, 집안을 꾸밀 때, 그 색깔에 맞춰 입고 꾸민다. 그리고 그 색깔과 잘 맞는 다른 색깔을 함께 갖추어 꾸미면 된다. 색깔의 조합이 잘 들어맞을 때 세련됨과 따뜻함, 혹은 시크 함이 보는 이의 기분을 움직인다. 피해야 할 것은 너무 많은 색깔을 두서없이 진열하는 것이다. 오히려 촌스러워질 수 있으므로.

패턴을 즐긴다. 색깔에 더해져서, 패턴은 평면에 공간성을 준다. 그냥 밋밋한 평면보다는 뭔가 무늬가 있는, 그림이 있는, 패턴이 있는 평면이 훨씬 흥미로움을 준다. 추상적인 것도 좋고, 구상적인 것도 좋다.

사진을 많이 찍는다. 요즘은 스마트폰이 카메라 못지않게 사진이 잘 나오니, 기회가 닿는 대로 사진을 찍어보자. 화면 구성과 빛에 대한 감각이 길러진다.

인테리어는 본인이 직접 해본다. 과감하게. 요즘은 특히 셀프 인테리어가 유행인 만큼, 블로그들을 찾아가면서, 자신만의 분위기를 만들어 보자. 인테리어에 사용되는 여러 가지 색의 조화와 패턴, 가구의 분위기 등이 잠재해 있는 당신의 창작능력에 심심치 않은 자극이 될 것이다. 더불어 셀프 인테리어는 노동의 즐거움도 더불어 느껴볼 수 있는 신선한 활동이다.

세상에 단 하나뿐인 것에 대한 가치를 높게 산다. 우리 주변엔 대량생산된 것들이 너무나 많고, 그것들을 유행인양 트렌드인양 받아들여야 하는 부담감에 시달리고 있다. 마케팅 때문이다. 그러나 본인에게 가장 잘 맞고 가장 아름다운 것은 본인이 직접 만든 것, 혹은 예술가가 직접 만든, 세상에 하나뿐인 것에 높은 가치가 있다는 걸 깨달을 때 진정한 미술을 사랑하는 사람으로서의 삶을 즐길 수 있다.

그러면 예술 작품을 구입하는 컬렉터로서는 어떻게 시작하면 좋을까. 어렵게 생각하지 말자. 먼저, 빈 벽을 생각한다. 나의 공간을 둘러본다. 내 방의 벽, 혹은 우리 집 거실의 벽, 응접실의 벽, 사무실의 벽 등. 아무 것도 걸려 있지 않고 빈 벽이 넓게 드러나 있다면, 거기에 무엇을 걸 수 있을까 생각해 보자. 그림의 구입은 빈 벽을 생각하는 데서 시작한다.

둘째, 가까운 곳에서 시작한다. 멀리 있는 곳에서 생각하지 말고, 주위에 미술을 하는 친구나 친척이 있다면, 기꺼이 그들의 작품을 사주는 데서 컬렉터로서의 삶을 시작하자. 단순히 작품을 사는데 그치는 게 아니라 그 안에 담겨진 우정과 사랑, 배려와 관계의 힘이 더해져 작품은 더욱 살아난다.

셋째, 여행지에서 골라온다. 여행지에 가서 기념품을 사듯이, 그곳에서 유명한, 혹은 특이한 예술작품을 산다. 예를 들자면 호주에서는 원주민의 그림을 사고, 중동에서는 아라비아 풍의 그림을 사고, 알프스에 가면 산이 그려진 그림을 사고, 발리에 가면 지역 여인들을 그린 그림이나 승려를 그린 그림을 사는 것이다. 중국에서 한참이나 공산당 관련한 그림이 날개 돋힌듯 팔렸던 것처럼 말이다. 여행지에서 사는 그림은 여행지에서 들은 음악이나 먹은 음식, 추억과 함께 두고두고 마음을 풍요롭게 해주는 매개체가 될 것이다. 그러면 집안에서도 여행지에 가 있는 것 같은 기분을 늘 느낄 수 있다.

넷째, 작은 것부터 시작한다. 규모가 커지면 가격도 그렇지만 벽에 걸거나 어딘가에 놓기에 부담스러울 수 있다. 선뜻 질러지지 않는다면 작은 것부터 시작하면 된다. 마음이 편한 선에서 작품을 구매해야 행복한 컬렉터가 될 수 있다.

다섯째, 에디션이나 판화도 시작으로서는 좋다. 작가들은 인기 있는 작품이나 캐릭터에 에디션을 만들어 판매한다. 단 하나가 아닌 여러 장의 판화본이나 한정 판매 작품을 만드는 것이다. 물론 여기엔 총 몇 개의 작품이 만들어져 있는지 표시되어 있어야 진짜다. 비용은 절감되면서 작가의 예품을 가지고 있다는 데 대한 기분은 거의 그대로 느낄 수 있는 경제적인 방법이다.

여섯째, 작품의 내용이 마음을 울리면 구입한다. 미술 작품을 구입하는 데는 여러 가지 이유가 있다. 집안 장식을 위해서, 교양적인 차원에서, 투자의 목적으로, 그리고 미술을 좋아하기 때문에. 미술을 좋아한다는 건 작품에 깔린 모든 내용과 지식을 이해한다는 말이다. 시각적인 면에서든, 창의적인 면에서든, 의미적인 면에서든. 작품을 샀는데 아무 느낌도 없고 별로 애정도 가지 않는다면 그 작품을 사는 게 어떤 의미가 있겠는가. 어떤 이유로 작품을 사더라도, 자신의 마음을 울리는 것을 산다.

마지막으로, 새로운 재료의 것을 구입한다. 다양한 재료의 작품은 작품 수집을 흥미롭게 만든다. 수채화 그림을 구입했다면 다음엔 유화를, 그 다음엔 사진 작품을, 여러 가지 재료를 붙여서 만든 꼴라주나 나무로 된 조각 작품, 혹은 금속으로 된 작품, 돌이나 흙으로 만들어진 작품, 헝겊으로 만들어진 작품, 도예 작품 등을 두루 섭렵해 본다. 작품을 구입하는 재미도 쏠쏠하고, 디스플레이 했을 때 공간에 더해지는 풍요로움은 이루 말할 수 없을 것이다.

미술 작품을 갖는다는 것은, 집에 금붕어를 기르는 일과 같은 일이다. 돌보아주고 싶고, 바라보고 싶고, 혼자만의 대화를 나누고 싶은 것, 마주 앉아 있으면 마음이 따뜻함으로 흐뭇하게 올라차는 것, 답답할 때 숨 쉴 수 있는 분출구를 만들어 주고, 슬픔이 가득하면 인생을 돌아보게 해주며, 무언가가 그리울 때 마음을 위로해 주는 대상을 갖는 것이다. 그렇게 한 걸음씩, 미술 사랑을 실천해 보는 건 어떨까?

이별엔
굳은살이 없다

우리는 1년에 두 번 이별의 폭풍을 만난다. 겨울과 여름이면 주재원으로 상하이에 와 살았던 친구들이 고국으로, 혹은 다른 나라로 발령을 받아 떠나가는 것이다. 한동안 마음 열고 동고동락을 했는데 그들이 떠나갈 때는 가슴이 무너진다. 몇 명의 지인이 지난 겨울 상하이를 떠났고, 또 몇 명이 새로이 다가오는 계절에 떠나려 한다. 고향을 떠난 그 순간부터, 고향에 있는 이들에게 이별을 고하고 떠나온 이후부터 나는 근처에 있던 이들로부터 이별을 당하면서 산다. 10년 넘는 상하이 생활, 상하이는 내게 많은 것들을 남겨준 도시가 되었다. 여러 차례 친구들을 맞아들이고 보내고 한 것을 생각하자면 마치 20년은 산 것 같은 느낌도 든다. 언제나 가까이 지내는 이들이 떠날 때마다 느껴지는 건 허전함과 그리움… 많은 친구들을 보내고 남는 건 그들을 향한 아쉬움과 그리운 이를 향한 기다림이다.

첫 이별은 상하이 와서 처음으로 친하게 마음 열고 지내던 터키 화가 아리훼였다. 그녀와 다녔던 아티스트 작업실과 전시회 오프닝 등은 이루 헤아릴 수 없었다. 많은 시간을 함께 하고, 미술을 향한 열정을 함께 나누었는데, 그녀의 남편이 독일로 발령을 받아 돌아가는 바람에 졸지에 우리는 일상으로 나누어지던 우정에 마침표를 찍어야 했다. 그녀의 집에서 열렸던 바비큐 파티를 끝으로. 가슴 한 쪽이 텅 빈 듯 아쉽고 슬펐지만 그래도 그때 난 아직 젊었던 것 같다. 마침 시작했던 일도 나의 가슴을 허물어지게만 두지 않았다. 비슷한 시기에 함께 몰려다니던 친구의 하나인 나오꼬도 일본으로 돌아갔다.

그 후엔 일을 하며 알고 지내다, 비슷한 시기에 엄마가 되며 엄마로서 더 가까운 친구가 된 이본느. 베네룩스 상공회의 디렉터로 일하던 그녀와는 여러 프로젝트로 함께 일을 했으나 업무 이외로는 그다지 만나지 않았었다. 그런데 아이를 낳게 되면서 둘이 근처에 살고 있다는 사실도 알게 되었고, 첫 아이를 갖게 된 감격으로 나누었던 이야기와 감정들이 무수히 많았다. 서로의 집으로, 커피숍으로, 공원으로, 동물원으로, 일하면서는 꿈도 꾸지 않았을 곳들을 아직 아무 것도 모르는 아기들을 위해 얼마나 열심히 다녔었던지.

그러나 이본느의 식구는 역시 남편의 직장 때문에 네덜란드로 귀국했고, 나는 이후 리지라는 영국 여성과 친해지게 되었다. 아이들을 위한 음악 활동 때문이었는데, 처음엔 그저 몇 개월 된 아이들을 데리고 같은 목적으로 같은 공간에 있다는 공감대만 가지고 있다가, 정기적으로 얼굴을 대하고 옆에 앉게 되고 하면서 대화를 나누게 되었다. 그러면서 발견한 것이, 그녀는 나와 나이도 동갑이고, 과거에 했던 일도 비슷하고, 심지어는 성격이나 세상을 보는 눈도 비슷하다는 것이었다. 다른 점이 있다면 그녀는 운동을 엄청나게 열심히 했다는 것, 나는 운동과 담을 쌓고 살았다는 것 정도. 서로의 과거 이야기를 나누다 우리는 순간, 우리가 다른 나라에 쪼개져 태어난 동일 인물이 아닐까 하는 생각도 했을 정도였다. 신체적 쌍둥이가 아닌 운명의 쌍둥이 같은 것. 그러다보니 그녀와의 관계는 급속도로 진전되었다. 아이를 데리고 역시 서로의 집으로, 식물원과 동물원, 곤충원과 수족관으로, 커피숍으로 다니며 우리는 늦게 아이 엄마가 된 감격과 흥분을 서로 나누었다. 따뜻하고 배려심 넘치는 그녀의 성격은 늘 나를 편하게 해주었던 것 같다. 그녀에게 많은 것들을 의지했고, 물었고, 나누었다. 그녀와 함께 하던 시간들에서 나는 둘째를 가졌고, 둘째를 낳았고, 이사를 했고, 그리고 여전히 그 소용돌이 속에서 그녀와의 우정을 지속해 갔다.

그러나 그녀 역시, 남편의 직장을 따라 영국으로 돌아갈 때가 되었는데… 마지막 이별 파티를 하고 아이 둘을 데리고 집으로 돌아오던 차 안에서, 나는 마치 실연당한 사람처럼 울었다. 왜 눈물이 그처럼 주체할 수 없이 흘렀던지 스스로도 이해할 수 없었다. 아이들을 데리고 나누던 그 가까웠던 삶의 동반자가 떠나가는 것에 대한 슬픔이었을 것이다. 아이들과 함께 보내던 그 많은 나날들, 함께 나누었던 기쁨과 걱정과 해결책 같은 것들이 눈앞에서 필름처럼 지나가며, 다시는 이런 깊고 가깝고 아름답고 순수한 날들을 그녀와 함께 하지 못할 것이라는 생각에 많이 슬펐다. 이성보다는 몸이 더 깊숙이 알아차렸던 것 같다. 앞으로 다가 올 허전함과 아쉬움에 눈물이 그토록 많이 나왔던 걸 보면. 한참 동안 흘려보지 못했던 눈물이었다. 그녀는 현재 영국에서 중학교 교사가 되어 학생들을 가르치고 있다. 그리고 종종 보내는 이메일로 우리는 예전 같진 않지만 언젠가 다시 만나게 될지 모르는 운명의 시기를 기다리고 있다. 나는 그녀를 따라 영국으로 가고 싶었을 정도였다.

그녀가 떠나던 즈음 떠난 또 하나의 친구가 미아다. 미술 프로젝트를 함께 하고, 아이를 가지지 못하는 어려움을 함께 나누던 친구. 그녀는 독일로 갔다. 그리고 그 후엔 큰 아이의 한 반 친구인 엘라의 엄마, 요한나. 그녀와는 주로 서로의 집을 다니는 조용한 플레이 데이트로 친해졌다. 우리는 아이들을 놀게 하고 두 사람의 대화를 나누며 일을 하다 엄마가 된 사람들 특유의 반가운 육아의 기쁨과 잔잔한 행복을 즐겼다. 그녀도 그러나 2년 정도의 우정을 끝으로 고국인 스웨덴으로 돌아갔다.

일을 하면서 만난, 20대 한국 시절의 나로 돌아가게 해 준 친구가 있는데, 주재원인 남편과 함께 상하이에 와 일도 하고 작품 활동도 하던 한국인 화가 L이다. 그녀와는 일로 만났다가, 나중에 말을 트면서 서로가 같은 학번인 걸 알게 되었고, 술을 즐긴다는 것도 알게 되었다. 그러면서 같은 분야에서 일한다는 것 때문에 물 만난 물고기처럼 갑자기 펄떡이며 친해졌다. 그녀와는 정기적으로 만나 대학시절처럼 한 잔 하고, 수다 떨고, 옛날 얘기, 현실 얘기, 미래 얘기 등등으로 우정을 나누었다. 한국에서 같은 시기를 보낸 동기답게 할 얘기도 많고 통하는 것도 많았던 친구이다.

센스도 있고 작품도 좋지만 말을 맛나게 잘하고 화통한 성격을 가졌다는 게 내가 그녀를 부러워하고 좋아했던 이유의 하나다.

그녀와 있으면 늘 기분이 좋아졌다. 일을 하면서 만나는 사람들처럼 계산을 하거나, 나를 포장하거나 할 일이 없이, 이제야 만났는데 마치 20년지기 친구를 다시 만난 것처럼 허물이 없었다. 2011년에 몽트뢰에서 한국 특별전을 했을 때 그녀는 나와 상하이에서 비행기를 함께 타고 갔다. 마치 캠핑이라도 떠난듯 함께 장을 보고 밥을 해먹고 사진을 찍고 수다를 떨며 보낸 날들이 너무나 아름다웠다. 그러나 그녀도 온전한 '나'를 생각하게 해주던 고마운 우정을 뒤로 하고 한국으로 돌아가야 했다. 내게는 즐거움과 젊은 날을 돌려 준 작은 추억의 한국을 보내는 것과도 같은 아픔이었다.

그렇게 좋아하는 친구들을 보내면서 나의 마음은 늘 다짐한다. 앞으로, 떠날 사람은 절대로 사귀지 않을 거다! 그러면서도 나는 떠날 사람들에게 다시 마음을 열게 된다. 저절로… 내가 컨트롤 할 수 없는 것은 어쩔 수 없이 받아들여야 하는 건가. 고향을 떠나 살면서 어려운 것의 하나가 친구를 사귀는 문제다. 사람을 만나면, 서로 다른 배경 때문에 공통 관심사를 찾는데 시간이 걸리고, 종종 공통 관심사가 없기도 하고, 그렇다고 생활의 정보만 나누다 보면 허전해진다. 어쩌다 맘에 맞는 친구를 사귀게 되어 마음을 온통 쏟아내고 나면 이제 고향으로 돌아가야 할 때라고 짐을 싸가지고는 간단하게 떠난다. 그렇게 마음을 주고 정을 나눈 나는 어떡하라고.

그러나 나는 그렇게 뒤에 남아 빈자리의 허전함을 슬퍼하기만 한 피해자는 아니다. 상하이 오기 전엔 내가 그런 떠나는 사람이었으니까. 한국에서도, 네덜란드에서도, 영국에서도. 그 업을 이제 돌려받는 건가. 상하이에서 만난 사람들이 많았듯 비례적으로 떠난 사람들의 수도 헤아릴 수가 없다. 그들이 나의 가슴에 남긴 딱지들이 거북이 등처럼 단단하다. 그래도 어쩌랴. 꿋꿋하게 살아야지. 외지에서 만난 친구가 좋은 걸 뽑자면, 그들의 나라를 방문할 수 있다는 것, 친구들이 흩어져 있는 만큼 그들이 있는 곳이 경도와 위도가 되어 세계가 나의 손에 있는 듯 친근하다는 것, 그리고 비록 그들과 사귄 시간이 1,2년에 불과하더라도 해후를 했을 땐 갑자기 그들이 '오랜 친구'로 변한다는 것이다. 그래서 그들과의 우정이 갑자기 긴 역사를 만든다.

앞으로도 이별엔 굳은살 박힌듯 무던하지 못할 것 같다. 그러나 우리의 그런 인생을 긍정적으로 생각하며 받아들이는 삶이 중요할 것이다. 지금도 소중한 친구를 만들어 가고 있다는 사실을 상기하면서. 때로 반갑게 찾아갈 친구가 있고, 먼 하늘을 날아 찾아오는 친구들이 있으니. 한 번 심으면 절대로 죽지 않는 나무처럼 오랜 시간이 흘러도 잊히지 않는 친구, 어떤 상황에서도 서로를 알아보는 친구 말이다.

만남의 홍수 속 특별한 인연이

한 달에 한 번, 뒤죽박죽인 머리를 참빗으로 빗질하듯 달래며 원고를 쓴다. 이번엔 어떤 글을 써야할까 생각하면서, 거짓 같은 말, 속이 빈 이론을 무차별하게 발산하지 말자 생각하면서. 하루하루를 먹고 사는 일로 꽉 차 있는 나의 머리에서 좀처럼 탄탄하고 유익한 글은 나오지 않는다. 엉킨 생각들이 빗살에 걸린다. 그럼에도 불구하고 나를 내치지 않는 〈좋은 아침〉 독자들에게 나는 큰 절을 해야 한다. 내게는 너무나 소중한 인연들이 〈좋은 아침〉으로 인하여 비롯되기 때문이다.

글을 쓴다는 것은 아름답다. 아프고 괴롭지만, 특히 생각이 정리되지 않을 때, 똑 떨어진 문장이 만들어지지 않을 때, 알맞은 단어가 떠오르지 않을 때 글을 쓴다는 것은 부끄럽고 괴로운 일이 되지만, 직접 만나지 않고도 감정을 공유하는 인연을 갖게 된다는 것은 쉽게 떨쳐버릴 수 없는 매력이다.

나의 글을 읽었노라고, 어느 날 한 독자님이 전화를 하셨다.

그림을 사고 싶은데 어떤 걸 사야할지 모르겠다고, 상하이의 이곳저곳을 둘러봤는데 마땅히 이거다 싶은 게 없다고, 나라면 적당한 조언을 줄 수 있을 것 같다며 전화를 주신 것이다. 일단은 나의 스튜디오에서 만나기로 했고, 그분은 눈에 익지 않은 길을 더듬어 찾아 오셨다. 명쾌하고 깔끔한 분이었다. 색깔을 좋아하고 미술을 사랑하고, 창작의 길을 걷는 사람들을 존경하는 분이었다. 얘기를 나누었고, 내가 가지고 있는 화가들의 그림들을 보여 드렸고, 나름대로 조언도 드렸다. 그리고 부군과의 상의를 위해 일단 그날은 헤어졌다. 그러나 그분은 곧 한국으로 들어가셔야 했고, 이후 한 동안은 연락이 없었다. 여러 나라를 다니는 분이었다.

그러다가 갑자기 연락이 다시 되었다. 마침 내가 한국에 중국 작가 작품 몇 점을 소개하러 간 참이었는데, 그분과 한국에서 만나게 되었다. 이번엔 그분이 내게 한 한국 화가를 소개시켜 주고 싶다고 했다. 오래전 프랑스에서 공부를 하고 돌아와 지금은 경기도의 한 산자락에 자리를 잡고 작품 활동을 하는 분이었다. 빠듯한 일정에서 하루를 잡아 그곳에 가기로 했다. 마침 공동으로 시간이 나는 날이 토요일이다 보니 좋은 날씨로 꽉 막힌 교통에 한 시간 거리를 두 배가 넘는 시간을 들여 달려야 했다. 그러나 파란 하늘에 하얀 구름, 초록빛 첩첩산중에 역시 파랗게 흐르는 북한강이 정겨운 풍경화가 되어 가슴을 파고들어 난 시간이 가는 줄도 몰랐다. 오랫동안 잊고 있던 산야이지 않은가… 여느 명소의 산세처럼 화려하거나 높지는 않지만, 가슴의 기타 줄을 튕기는 뭔가가 있어 더 의미 있는 자연. 띠웅띠웅, 내 가슴의 기타 줄이 저음으로 추억의 노래를 연주한다.

양평과 팔당, 청평 등으로 엠티를 다니던 대학 시절. 밤을 새워 술을 마시다 어설프게 엎어져 자고 일어난 아침, 같은 과 친구와 나란히 앉아 쳐다보던 물고기들의 은빛 비늘. 환하고 단순하고 순수하던 청춘의 시절, 흰 도화지 같은 미래에 전율하며 솟구치는 열정에 이리저리 부딪치던 뜨거운 돌멩이 같던 시절. 그런데도 그때보다 희망 적고 방향도 정해지고, 느리고, 그러나 편안한 지금이 더 좋다하니, 그분 역시 내 나이보다 훨씬 많은 그녀의 나이가 좋다고 했다. 그럴지도 모르겠다는 생각이 들었다. 여전히 막막한 지금의 어떤 부분들이 그 나이쯤이면 정리되고 편안해지지 않을까… 그러나 인생의 과제는 점점 더 많아질 뿐이라고 그분은 얘기한다. 그렇다. 내 인생의 과제가 10대일 때보다 20대일 때 더 많이, 20대 때보다 30대 때 더 많이 생긴 것처럼, 앞으로도 책임감을 동반한 인생의 과제는 더욱더 많아질 것이다. 그래도 나이가 많은 것이 어린 시절보다 좋은 것은 무슨 이유일까.

이런저런 얘기를 나누며 두 시간을 달려 찾아간 산중턱의 화가에겐 더 많은 과제가 걸려 있을 터였지만, 막 아이들과 함께 감자를 캐고 왔다는 화가의 얼굴엔 자연과 조화를 이루는 편안한 안정이 있었다. 반갑게 인사를 나누고, 그림들을 보고, 산 속의 바람을 빰으로 음미하며 점심을 먹고 서울로 돌아왔다. 뿌듯하고도 아름다운 하루였다. 인연이 인연을, 더 나은 풍부함을 선사받은 날이었다.

그밖에도 〈좋은 아침〉을 통해 난 많은 사람들을 알게 되었다. 한국에서 전시를 기획하는 B, 화가 H, 그리고 여러 분야에 있으면서 무언으로 나를 응원해 주던 분들. 상하이에서 사업을 하는 여류사업가 K 님과 점심을 먹으며 스튜디오를 운영하면서 겪는 사업에 대한 부담감을 이야기 하니, 오랫동안 사업을 성공적으로 이끌어온 K 님은 대번에 명쾌한 목소리로 말했다.

"사업은 종합예술이에요."

그 말을 듣고 어딘지 모르게 답답하던 나의 가슴이 펑 뚫렸다. 한참 사업 운영이라는 생활 모드에 적응되지 않아 잠 못 이루던 날들이 많던 때, K 님의 말은 큰 위로가 되었다. 한 가지 일을 달성하기 위해서 얼마나 많은 것들이 어우러져야 하는가. 그것을 모두 조화롭게 지휘하는 것이 사업가인 것이다. 구멍가게를 해도 자기 사업을 하는 사람은 종합예술을 하는 것이다. 책임감이 어깨를 내리 눌러도 인생은 도전하는 자에게 문을 열어 주고, 열심히 사는 사람에게 결실을 맺게 해주지 않겠는가. K님과의 만남은 그분의 사업가 특유의 탄탄함과 열정을 신선한 산소처럼 접하는 계기가 되었다.

사실 〈좋은 아침〉 뿐만이 아니다. 나의 상하이 생활을 풍요롭게 해 준 모임들은 여럿 있다. 일과 관련해서는 한국상회, 여성경제인회 등이 있고, 문화 관련해서는 '국경 없는 문화공동체'가 있었다. 물론 뚜렷한 이유와 목적 없는, 그러나 정기적으로 만나던 한 무리의 사람들도 있었다.

'한국상회'는 오랜만에 한국 사회에 다시 발을 들여놓게 해 준 모임이다. 원래는 내가 기획했던 전시에 한국 작가들이 여러 명 참가하게 됨에 따라, 그들을 위한 예의의 표시로 주상하이 한국 영사관과 한국상회에 연락을 했다가 연결이 된 것이다. 한국상회에서 관심을 표해 주었고, 전시회 오프닝 땐 와서 축하도 해 주었다. 그것을 계기로 나는 한국상회에서 활동을 하게 된 것이다. 오랜만에 다시 경험하는 한국사회 분위기가 너무 반가웠다. 여러 사람이 모이는 데 잘 익숙하지 않고 어색해 하는 성격 때문에 절대로 내게는 어울리지 않는 일이었음에도 불구하고, 한국상회 분들은 내게 참 잘 해 주셨고, 그런 만큼 나를 많이 성장하게 했다.

'여성경제인회'는 상하이에서 일을 하고 있는 한국 여성들의 모임이었다. 여성들의 모임답게, 만나면 일 이야기도 하지만, 개인적 관심사나 서로를 배려해 주는 세심함이 있어 좋았다. 여자들끼리니 더 밀어주고 끌어주는 분위기도 있었다. 담배를 피우지 않는 것도 좋았고, 지나친 야망이 뒤에 깔려 있는 것도 없어 순수하고 좋았다. 일자리를 잃은 이에게는 어떻게 일자릴 소개시켜 줄 수 있을까 함께 고민했고, 잘나가는 사람들에게는 존경과 부러움을 숨기지 않고 표현할 수 있었다. 숫자는 많지 않았지만 모임 이외의 자잘한 것들을 챙기는 임원들과 회원들 하며, 각 분야의 전문가들을 초빙해 듣던 세미나도 값진 활동들이었다. 일하는 사람으로서가 아닌, 인간으로서의 나를 드러내고 응원 받았던 모임이라고나 할까. 중국에서는 최초로 생긴 한인 여성 경제인회였으니 상하이는 그러고 보면 여성들의 기가 세긴 센 모양이다.

'국경 없는 문화공동체'는 당시 상하이 주재 부총영사로 계시던 분이 문화에 대한 개인적인 관심을 발판으로 삼아 만들어진 모임이었다. 여러 나라를 돌며 유명한 사람들과 교제하는 분이라, 그 모임엔 내놔라 하는 이름의 많은 사람들이 일본과 한국에서 날아와 상하이에 모였다. 물론 중국의 문화인들도 참석했다. 그 자리에 있는 나 자신이 자랑스러울 정도로 화려한 명단이었다. 여러 나라 사람들이 모이다 보니 언어 때문에 어색한 부분이 없지 않았지만, 모임의 이름답게 선입견이나 치우침 없이 여러 가지 행사를 만들어 나갔다. 그 모임을 통해 나는 자기의 길에 충실한 문화인들에 대한 존경심을 새록새록 느꼈던 것 같다. 후에 개인적인 일로 자주 참석하지는 못했지만, 힘 있는 자리에 있는 한 사람의 행동이 얼마나 큰 영향을 끼칠 수 있는가를 다시 한 번 생각할 수 있었다.

특별한 명칭 없이 모였던, 문화를 사랑하는 한 무리 사람들의 모임도 있었다. 적건 많건 모여, 주로 먹고 마시고 웃고 서로의 존재감을 즐겼던 모임이다. 물론 회원 각자 특이한 자리에 있다는 것만으로도 흥미롭고 재미있었다. 그런데 아무도 모임에서 자기 일과 관련한 이야기를 하지 않고 그냥 친구처럼 대화를 나누었다는 게 오히려 신선했다. 모두 일에 치여서, 사회적인 기대감이나 책임감에 눌려 지내다 그 자리에서 그냥 자기 자신일 수 있었다는 데에 행복감을 느꼈던 것 같다. 여러 곳들을 옮겨 다니며 만났고, 어떤 땐 고상하게, 어떤 땐 누추하지만 실속 있게 시간들을 즐겼고, 노래를 부르거나 시를 읊거나 요리도 하고, 그냥 농담을 하며 온 저녁을 보낸 적도 있었다. 그러나 멤버들의 주류가 거의 비슷한 시기에 상하이를 떠나게 됨으로써 우리는 깨끗하게 모임에 안녕을 고했다. 그런데도 그 모임이 기억에 남는 건, 너무나 다른 성격과 업종의 사람들이 만나 이유를 묻지 않고 시간을 함께 했다는 데 있었을 것이다. 그 모임은 우리 모두에게 다시 청춘을 생각하게 해 주었는지 모르겠다.

사람이 동물과 다른 게 있다면, 사람은 동물이지만 '사회적 동물'이라는 성격이다. 정말로, 어디에 가든지 사람들은 모임을 만들어 다른 사람들과 관계를 형성하며 살게 된다. 그리고 그 안에서 즐기고, 웃고, 슬퍼하고, 행동한다. 상하이에 살면서 마주했던 이 모임들은 모두 나의 상하이 생활을 풍요롭게 해 주고, 나로 하여금 상하이에 잘 적응하게 해주고, 나를 성장시켜 주었다. 각종 모임을 통해서 만났던 그들이 늘 행복하기를, 오늘도 어디에선가 열심히 살고 있기를 기원해 본다.

타국에서
행복하게 살기

런던의 그 하늘을 아직도 기억한다. 까칠하게 소름 돋는 쌀쌀한 바람 맞으며 하늘을 보면, 구름이 둥실둥실 떠 있는 하늘에 길게 그어져 있던 비행기 자국. 이곳에서 저곳으로, 저곳에서 이곳으로 자유로이 나는 비행기 꼬리가 남긴 그 하늘을 보고 있으면 떠나온 한국이 너무나 그리웠다. 떠나온 지 얼마 되지 않았고, 언제 다시 돌아갈지 모르는, 돌아가고 싶은 이유마저 눌러야 했던 시절이었는데. 여행으로 다닐 때는 그저 낭만인 듯 꿈인 듯 아름답고 부럽기만 하던 이국의 하늘이, 막상 보따리를 싸가지고 가 정착하고 보니 쓸쓸하고 외롭게 느껴졌다. 친구와, 가족과 문학과 음악 같은 것들을 향한 그리움이 아무 것도 보장되지 않은 미래를 향한 암담함과 버무려져 무거운 돌을 만들었던 날들이었다. 모르던 것을 배우고, 생소한 것에 익숙해져 가는 즐거움도 있었지만, 가슴으로 기억하는 것들을 그냥 가 닿을 수 없는 추억으로만 묻고 지내는 건 힘든 일이었다.

처음으로 소개 받은 곳은 브릭스톤에 있는 집이었는데, 전철을 타고 가다가 마지막 역인 브릭스톤 역에 가까워 오면서 하얀 사람들은 전부 내리고 검은 사람들만 남는데 좀 주눅이 들었었다. 그렇게 많은 흑인들 사이에 처음으로 있어보는 것이기에. 마침 폭발 사고도 있었던 터라 우리 집이 브릭스톤이라 하면 모두 '그런 위험한 곳에?' 하는 표정을 지었다. 그래서 나왔다. 한 흑인으로부터 공짜로 트래블 카드를 얻는 횡재도 있었지만, 거긴 너무 멀고, 선입견이 심했다.

다음에 구한 방은 킬번에 있는 파키스탄인의 집이었다. 한국 유학생이 쓰다가 이사를 가면서 소개해 준 방인데, 가격도 저렴하고 교통편도 나쁘지 않았지만, 세 들어 사는 사람이 전부 남자여서 나는 매일 욕실 청소를 해야 했다. 누가 시켜서가 아니라, 그러지 않고서는 도저히 샤워를 할 수가 없었기에. 욕실 청소는 해도 해도 끝이 없었다. 어떻게 그렇게 욕조에 끊임없이 때가 끼는 것인지… 결국 거기서도 몇 달 버티지 못하고 나왔다.

그 다음에 얻은 곳은 좋은 동네였는데, 방이 엄청 작았고, 80세 노모의 집에 이혼하고 돌아와 얹혀사는 아들의 스트레스가 너무 심해 역시 몇 달을 있지 못했다. 그리고 얻은 방은 윔블던의, 여러 젊은이가 함께 살던 집. 여러 나라 친구들을 알게 된다는 이점이 있었지만, 창문이 열리지 않고, 라디에이터가 없다는 게 단점이었다. 적은 돈으로 얻는 집은 절대로 만족스러울 수 없었다.

그래도 마음 깊은 곳에서부터 위로가 되는 건 한국 친구들이었다. 영어로 살아야 해서 기가 죽는데, 한국 친구들을 만나면 뜸들이지 않고, 생각하지 않고, 통역하지 않고 즉각 말할 수 있지 않은가. 영어를 배워야 한다고, 현지화 돼야 한다고 한국 친구들과 어울리는 걸 자제했는데, 한국 친구들을 만나는 건 사실 마음의 건강을 지켜 주는 귀중한 시간이었다. 그때 나는 막 외국 생활을 시작한 새내기였으니 모두들 나에게 해주고 싶은 이야기와 경험담이 있었을 것이다. 당시 내게 하늘같은 선배로 보이던, 이미 영국에서 박사학위를 따고 버젓이 직장 얻어 일하고 있던 한 선배가 말했다.

"여기 사람들은 돼지 머리, 발, 이런 걸 안 먹잖아. 내가 우리 집 근처 정육점 주인이랑 친해지게 됐거든. 그래서 찾아가면 그 사람은 늘 나에게 그런 부위들을 준다. 자기야 버리려고 놔두었던 거니 친구에게 나누어 주는 게 아깝지 않았을 거야. 그래서 난 종종 친구들 불러 공짜 족발 해먹는다."

나도 가끔씩 한국 음식점에 가서 김치와 불고기와 육개장 같은 것들을 먹어줘야 속이 편안해지며 행복해진다. 사우나에 가서 땀을 쭉 빼고 난 것처럼, 전신 구석구석 마사지라도 받은 것처럼. 삶에 대한 설움이 몽땅 날아간다고나 할까. 그러고 보면 한국 사람에게 음식은 굉장히 중요한가 보다. 타국 생활을 행복하게 하려면 자신의 몸에 익숙한 음식을 소홀히 하지 말아야 할 일이다. 어디에 가서 살든지 한국 음식점이 어디에 있는지, 한국 식품점은 어디에 있는지 파악해, 우울증에 빠지지 않도록 조심해야 한다. 이후 네덜란드와 상하이에 살면서 각각 다른 어려움과 생소함에 적응 기간이 필요했다. 모두 다른 이유로 호기심과 도전의

식을 가지고 살아야 했지만, 대체적으로 타국에서 행복하게 살려면 어떻게 하는 게 좋을지 요약해 봤다.

첫째, 그 나라의 언어를 배운다. 주변에서 어떤 일이 일어나고 있는지 파악하지 못하면 생활이 단절되는 불행일 수밖에 없다. 길거리에서 일어나는 대화들도, 이웃과의 만남도, 모두 인연으로 이어가고 싶다면 거기 언어를 사용할 줄 알아야 한다. 아는 만큼 보이고, 들리는 만큼 수월해 진다.

둘째, 친구를 만든다. 현지 친구도 좋고, 외국인 친구도 좋다. 현지 친구라면 모르는 게 있을 때 물으면 되고, 어려움에 처해도 도와줄 수 있다. 그 나라에 대한 모든 의문점은 친구를 통해 해결되고, 문화에 대한 것도, 역사나 지리, 정치, 유행에 관한 것도 모두 친구에게서 배울 수 있으니, 우정도 만들고 현지 사정에도 밝아지는 두 마리의 토끼다. 외국인 친구는 낯선 나라에서 사는 외로움과 고민을 함께 나눌 수 있어 또 다른 면에서 좋은 관계이다.

셋째, 텔레비전 보기. 현지 텔레비전을 보는 것은 그 나라를 이해하는 데 많은 도움이 된다. 특히 뉴스와 드라마를 추천할 만하고, 언어 능력이 된다면 토크쇼를 보는 것도 좋다.

넷째, 사람들의 얼굴을 읽는 능력을 키운다. 눈치라고 해야 할까? 언어로 해결이 안 되는 것은 눈치로 때려잡으면 된다. 타고나지 않았다면 쉽게 익혀지지 않는 기술이지만, 주의를 기울여 연습하다보면 터득할 수 있는, 외국생활에선 매우 중요한 기술이다.

다섯 째, 긍정의 힘을 무시하지 말자. 말이 많고 과장을 잘하는 미국인들을 두고 과대포장의 천재라고 한다. 그들의 이력서는 그래서 늘 문장이 길다. 심지어는 실업자인 때도 뭔가를 연구하며 지냈다거나, 무슨 컨설팅 일을 했다거나 하는 문장으로, 그것도 조목조목 채우는 걸 보면 그들에게는 아무 것도 아닌 것을 크게 포장하는 재주가 있고, 그만큼 좋은 영향을 주기도 한다. 그런 미국인들에게서 배울 것이 하나 있는데, 긍정의 힘이다. 미국인들은 별로 절망을 하지 않는다. 그들에게는 늘 아직도 남아 있는 반잔의 물이 있고, 언제나 뒤집을 수 있는 카드가 있다. 하나님이 그들 편에 있기도 하고, 언제 만날지 모를 행운이 기다리고 있기도 하다. 그래서 오늘의 어려움은 내일의 희망이 되는, 그런 긍정의 힘. 어쩌면 그것은 미지의 땅을 개척해 살아낸 그들의 역사에서 비롯된 특성인지도 모르는데, 외국에서 살고 있는 사람들에게 크게 배울 점이기도 하다. 긍정의 힘은 무엇이라도 바꿀 수 있다. 외국에 살면서도 씩씩하게 하루하루를 보낼 수 있는 중요한 에너지다.

여섯 째, 일기를 쓰거나 블로그를 운영한다. 자신의 이야기를 글로 정리하다보면 세심한 눈으로 삶을 바라볼 수 있고, 그냥 살았을 때보다 자신의 삶에 더욱 의미를 부여할 수 있다. 반성할 것도 생기고, 지나칠 뻔 했던 기쁨도 발견하고, 새로운 목표나 계획이 생기기도 한다. 한마디로 자신의 삶이 정리된다. 블로그를 사람들이 많이 읽어 준다면 더욱 자신의 글에 책임감도 느끼고, 그러다가 파워 블로거가 되어 많은 사람들에게 좋은 향기를 전하며 살 수도 있을 것이다. 지극히 개인적인 삶을 공적인 삶으로 바꾸는 순간이기도 하다. 그리고 사람들과 소통하다 보면 외로움도 훨씬 덜하다.

일곱 째, 종교 생활하기. 종교에 적을 두고 모이는 모임은 늘 따뜻하다. 사람들을 격려해 주고, 걱정해 주고, 함께 기도해 준다. 새로 이사온 사람에게는 그곳에 정착할 수 있는 큰 도움이 된다. 여러 가지 정보들을 얻을 수 있기 때문이다. 종교를 통한 마음의 안정도 크지만 한 집단에 속하는 소속감은 자칫 물 위에 뜬 기름처럼 부유할 수도 있는 생활을 뿌리 깊게 잡아 준다.

여덟 째, 현지 여행하기. 살고 있는 나라를 더 잘 알게 되는 방법으로 여행만큼 좋은 것도 없을 것이다. 현재 살고 있는 나라의 구석구석을 다녀 보자. 처음엔 유명한 곳부터, 그리고 가까운 곳부터 시작하고, 점차 그 범위를 넓혀서 여행을 하다보면 그 나라와의 추억이 생기고, 그만큼 그 나라에 대한 이해가 더 깊어지면, 나중에 그리워 할 거리도 많아진다. 내가 살고 있는 곳을 많이 아는 것은 그만큼 더 깊이 있는 삶을 살 수 있다는 뜻이기도 하다.

이러한 것들을 염두에 두고, 나는 오늘도 조용한 이곳에서, 며칠간의 연휴로 행복한 한국에 전화를 넣는다. 어떻게 지내시고 계시냐고, 송편도, 식구들과의 저녁상도 없지만 우리는 건강하게 잘 지내고 있다고. 20년의 타국 생활이 아직도 내겐 행복한 일상인 것을 감사하면서.

PART 5
그림과 사람

맨홀 옆에 앉아 봐 – 랄프 브랑카치오(Ralph Brancaccio)

반바지에 슬리퍼를 신은 랄프가 손을 흔든다. 웬일인지 그는 오늘 안경을 끼지 않았다. 다른 나라에서만 만났던 랄프, 그래서인지 홈 타운에서의 캐주얼한 그는 내게 어색하다. 멋들어진 안경은 어디에 갔는가? 반듯한 코의 구두는, 말쑥한 그의 와이셔츠는?

"우리 옷차림이 너무 캐주얼할까봐 걱정했더니 그럴 필요 없겠다."

옆에서 꼰요가 안도감이 담긴 목소리로 말한다. 우리의 옷차림은 청바지에, 간단한 셔츠, 운동화다. 게다가 지도와 안내 책과 카메라가 든 가방에 먼지가 가득 묻어 꾀죄죄해 보이기까지 한다.

암스테르담에서 기차를 타고 파리에 왔고, 호텔에 체크인을 하고는 그대로 하루 종일 돌아다닌 참이었다. 몽마르트에 올랐고, 라데팡스에 들렀고, 샹젤리제를 걸었다. 랄프와의 전화 통화를 한 후 호텔에 돌아가 옷도 말쑥하게 갈아입고, 선물도 사고하려 했으나 시간에 쫓겨 결국은 그럴 수 없게 되었다. 그냥 만나서 간단한 커피나 마시려나 했는데 집으로 저녁을 먹으러 오란다. 상대방의 제의를 쉽게 거절하지 못하는 건 나의 병이다. 빨리 만나고 싶은 마음에 그날 저녁에 당장 만나자는 것을 좋다고 말해버렸다. 대답도 앞뒤를 재어보고 해야 하는 건데… 마침 그날은 노동절이라 아무 선물도 살 수 없었다. 꽃이나 와인, 케이크 같은 거라도 사가지고 가야 하는 거 아닌가?

그러나 랄프는 우리의 옷차림이나 우리가 빈손인 것에 개의치 않았다. 다리털을 숭숭 보이고 있는 그 역시도 특별히 챙겨 입은 차림새가 아니니 오히려 멋들어진 매치가 되었다. 반가운 키스를 나눈 후에, 랄프가 성큼성큼 앞장서서 걷는다. 그의 뒷꼭지에서 자신이 사랑에 빠진 파리에 대한 자부심이 새털처럼 팔랑인다. 파리의 초여름 해가 하늘 한복판에서 빛나고, 저녁 시간에 맞춰 루브르 박물관을 나서는 관광객들이 거리를 메우고 우리 곁을 지난다. 한 무리의 모자를 눌러쓴 한국인 관광객들도 있다. 한국인 관광객들이 가득한 곳, 그렇다, 우리는 유럽의 명소 파리에 와 있는 것이다. 흥분된 우리의 그림자가 거리의 돌 위를 흐르고, 벽을 더듬고, 맨홀 커버 위를 덮는다.

커다란 동상 앞 건물의 꼭대기에 위치한 랄프의 집에선 그의 20년 지기 파트너 패트리스가 우리를 맞았다. 지도를 만드는 사람이란다. 맨홀 커버를 주제로 작품 활동을 하는 예술가와 지도를 만드는 사람, 어쩐지 두 사람은 태초부터 인연이 된 것이 아닐까 싶었다. 랄프가 싱글일 거라는 생각은 하지 않았으나 지금껏 결혼이라든가 파트너에 관한 이야기를 나눈 적이 없기에 나는 그동안 내가 가지고 있었던 그의 자리에 한 사람의 공간을 더 만들어야 했다. 눈이 자꾸 새로 만난 그의 파트너에게로 간다.

테이블을 전망이 좋은 곳에 놓고, 랄프는 요리를 시작한다. 파스타를 만들까, 밥을 만들까? 그의 물음에 나는 당연 밥!을 외친다. 벽장에서 보물처럼 꺼내어진 쌀이 이태리 피를 물려받은 랄프의 손을 통해 만들어진 건 리소또다. 야채를 손질하는 솜씨도 장난이 아니다. 어설프게 도마질을 하는 나와는 달리 일정하게 빠른 속도로 야채를 다듬는다. 음… 요리를 잘하는 사람과 사는 건 행복한 일임에 틀림없다… 소파에 앉아 꼰요와 입양에 관련한 이야기로 열을 올리고 있는 패트리스를 바라보며 생각한다.

내가 파리에 도착하고 하루를 넘기지 못하고 숨 가쁘게 찾아가 만난 랄프(Ralph Brancaccio)는 뉴욕에서 태어나고 자란 이태리계 미국인 예술가이다. 그림을 그리고, 설치 미술과 조형 미술을 하고, 퍼포먼스를 하고, 프린트 작업을 하는 사람. 그러나 25년 전 파리를 방문한 이후 파리의 매력에 푹 빠져 그대로 눌러 앉았다. 그가 관심을 가지고 있는 분야는 사회에서 소외당하거나 무시당하는 존재에 대한 표현이다. 그의 프로젝트엔 '왜?'라는 물음을 가지고 편견에 젖어있는 사회에 의문을 제시하는 'Y' 프로젝트와, 현 미국 사회의 무책임함을 비난하는 전쟁 시리즈, 그리고 발 아래 짓밟히지만 더러운 것으로부터 아름다운 세상을 보호해 주는 맨홀 커버를 소재로 한 프린트 시리즈 등이 있다.

맨홀 커버 작업중인 랄프 브랑카치오

지나가던 아저씨들도 발걸음을 멈추고

현지 소년이 랄프 옆에 앉았다

랄프 브랑카치오의 작품은 이렇게 해서 완성

그는 전 세계를 여행하며 각 지역의 발 아래를 쳐다보고, 맨홀 커버에 묻어 있는 문화를 발견하고, 거기에서 자신과의 결합점을 찾아내며, 그래서 자신만의 작품을 만들어 낸다. 랄프의 맨홀 커

버 프린트는 그냥 단순히 맨홀 커버에 물감을 묻히고 종이에 찍어내는 데에 있는 것이 아니라, 전체 맨홀 커버에서 자신만의 소재를 찾아내 색을 선정하고 선별적으로 프린트하는 데 있다. 거기에서 그는 넬슨 만델라의 이야기도 만들어냈고, 평화를 호소하는 블루 트럭 시리즈도 만들어 냈다.

몇 년 전, 상하이에 왔을 때, 그는 당연 상하이의 맨홀 커버를 작품으로 만들기로 했다. 하루는 그가 묵은 호텔 근처, 난징동루의 거리에 주저앉아 열심히 물감 칠을 하고 있는데, 경찰이 호루라기를 불었다.

"당신 여기서 뭐하고 있는 거요?"
"음… 이걸 보세요…"

그가 손가락으로 가리키는 곳엔, '이 사람은 프랑스에서 온 예술가이며 맨홀 커버를 소재로 작업을 하는 순수 예술가입니다'라고 중국어로 적혀 있는 종이가 있었다. 그러나 경찰은 완강했다. 절대로, 그곳에서 작업을 할 수 없다는 것이다. 결국 랄프는 완성되지 않은 프린트를 접고 일어서야 했다.

도대체 얼마나 잘못을 저질렀기에 상하이 경찰은 순수 예술가라는 사람의 행위를 막았을까? 궁금해 하는 우리에게 랄프가 펼쳐 보인 상하이 맨홀 커버 프린트엔 '공안 00'라고 적혀 있었다. 하하… 우리는 모두 웃었다. 뭔가 경찰과 관련된 단어가 적혀 있으니 상하이 경찰이 온몸으로 랄프의 '의심스런 행위'를 제지했던 것이다. 중국어를 읽지 못해 일어난 에피소드였다. 감히, 경찰에 저항하지 못한 랄프는 결국 상하이에선 하나의 작품도 만들지 못했다.

파리에 사는 그가 파리 구석구석의 맨홀 커버를 작품으로 만든 것은 물론이다. 파리시 정부에서는 그의 예술작품을 높게 사, 그의 파리 맨홀 커버 프린트로 파리시 신년 카드를 만들기도 했다. 작품이 대중의 사랑을 받을 때 예술가는 행복해진다.

"저것 좀 봐! 파리의 신명물이다."

이제 파리지앵이 다 된 랄프가 웃으며 소리친다. 그들의 창밖 멀리에 있는 에펠탑이 불꽃놀이처럼 어지러이 움직이는 조명에 둘러싸여 번쩍인다. 하루에 10분씩은 그렇게 번쩍인단다. 새로이 만들어진 조명이라나.

패트리스는 꼰요와 함께 나누던 입양에 관한 이야기를 다시 나누기 시작한다. 꼰요는 한국에서 네덜란드로 입양된 입양아이고, 현재 그녀 역시도 입양할 생각을 하고 있다. 패트리스 역시 입양에 관해 관심을 가지고 있으나 합법적인 입양부모로서의 조건에 맞지 않는 그들의 처지를 안타까워하고 있었다.

한국인이지만 외국인과 결혼해 조국의 밖을 떠도는 나와, 역시 한국인으로 태어났으나 다른 나라 가정에서 자라난 꼰요, 이태리의 피를 받고 미국에서 태어나 파리에 자리를 잡은 랄프와, 조국에 살고 있으나 남자 파트너와의 생활로 사회의 이방인이 된 패트리스, 우리는 모두 비주류인으로서의 처지를 공유하고 있었다.

랄프가 만든 리소또가 바닥나고, 지중해식 샐러드도 거의 마무리될 무렵, 우리는 케이크와 함께 디저트용 와인을 나누어 마시며 파리에서의 마이너들의 밤을 축하했다. 어쩐지 인생은 외롭고 우리는 모두 혼자인 듯하다. 그리고 그 혼자라는 느낌에 우리는 친구를 만들고, 그룹을 만들고, 이상을 만들어 소속되고 싶어한다. 여자들의 그룹에, 남자들의 그룹에, 예술가의 그룹에, 이방인의 그룹에, 세상을 사랑하는 사람들의 그룹에… 세상을 바라보면서, 까만 하늘에 흩어져 있는 별무리처럼… 이토록 근사한 저녁을 함께 먹고 각자의 나라로 뿔뿔이 흩어진 후에 우리는 언제 어디에서 다시 만나게 될까, 잔을 부딪치며 생각했다.

이후 랄프는 전시 차 상하이를 다시 찾았고, 경찰의 눈을 피해 맨홀 커버 프린트를 몇 개 만드는데 성공했다.

상하이에 옮겨온 지중해의 태양 – 제프리 헤씽(Jeffrey Hessing)

그를 만난 건 2000년대 초 상하이에서 있었던 한 아트 페어에서였다. 그는 당시 모나코에서 날아온 미국인 매니저와 함께 부스를 지키고 있었다. 상하이라고 그려진 그의 화면의 새빨간 태양과 그 아래 와이탄이 너무 강렬해서, 그 화면에 그려져 있는 상하이가 내가 평소 알고 있던 상하이 모습과는 너무 달라서, 나는 그의 부스 앞에 멈추어 섰다. 니스에서 사는 그에게 프랑스 남부는 너무나도 당연스런 자연의 모습이었고, 인상파 스타일의 그의 그림엔 빛과 색이 현란하게 존재했다. 이국적인 자연의 풍경에 많은 상하이 관람객들이 그의 그림에 관심을 가졌다. 아트 페어는 그러나 역시 좋은 소식은 좋은 소식대로, 나쁜 소식은 나쁜 소식대로 푸념 삼아 공유하고 정보를 주고받는 축제이다. 서로의 부스를 들락거리며 이야기를 나누다 보니 안면이 트여 복도에서 마수쳐도 반가운 존재가 되었다. 초조하지만 그래도 아티스트로서의 자세가 온몸에 배어 있는 제프리와, 저돌적으로 판매에 목숨거는 그의 매니저를 보는 건 재미있는 일이기도 했다. 결국 그들과는 좋은 친구가 되어 함께 일하게 되었는데…

제프리는 이후 아트 페어를 즈음해서 상하이에 종종 왔고, 올 때마다 가장 상하이다운 곳에서 그림 그리는 데 몰두했다. 날이 더우면 더운 대로, 추우면 추운 대로 그는 몇 시간씩 정한 자리에 앉아 그림을 그렸다. 현장에서 그림을 그리는 그의 스타일을 보고, 그를 사무실이나 아파트, 혹은 별장으로 초대하는 이들이 생겼다. 그러면 제프리는 며칠씩 그곳에 가서 숙박을 하며 그림을 그렸다. 그런 날들에서 멋진 상하이 인민광장과, 상하이 주변의 아름다운 호수와, 윈난의 천혜의 자연이 그림으로 거듭났다. 그동안 보랏빛 붉은빛이었던 야자수와 언덕과 지중해식 집 투성이던 그의 화면이 가장 동양적인 것으로 바꾸어지고 있었다.

진마오 빌딩 Art Floorz 3/4 의 전시를 통해 그의 그림이 네 점이나 팔렸을 때의 기쁨을 뭐라 표현할 수 있을까. 여러 여건 상 복도식 공간을 받아 운영을 부탁받은 진마오 빌딩에서는 전시를 올리고 개막식을 하고나면 상주 직원을 보낼 수가 없었다. 그래서 작품엔 캡션과 함께 우리의 연락처와 웹사이트가 적혀 있었다. 그런데 그걸 보고 누군가 전화를 해 온 것이다. 사실 옆에서 친절하게 설명을 해주며 부추겨 주는 직원이 없을 때 사람들은 쉽게 구매를 하지 않는다. 웬만큼 강렬한 인상을 받지 않고서는.

그런데 어느 날 전화가 왔다. 중국말로. 여기 진마오 빌딩에 걸려 있는 그림을 사고 싶다고. 보통은 오프닝 때나 오프닝이 있기 전 판매가 이루어지는 편이라, 직원도 없는 전시장에서 전화가 온 것에 깜짝 놀랐다. 더듬더듬 중국어로 이야기하다 행여 무슨 실수라도 할까, 얼른 중국인 직원에게 넘겨주었다. 직원이 들

상하이의 석양-제프리 헤씽

은 얘기도 역시 그림을 사고 싶다는 것. 이후 그들은 내 스튜디오에 더 가지고 있었던 제프리의 다른 그림들도 보러 왔다. 그리고 그의 그림 네 점을 구입했다. 상하이 출생의 젊은 부부였는데, 두 사람은 프랑스 회사의 상하이 지사에서 일하고 있었다. 그래서 프랑스풍 그림에 마음이 뺏겼고, 거기에다 그림의 소재가 자신들이 태어나고 자란 상하이라는데 더 매력을 느꼈다. 자신들이 어릴 때 살던 동네도 그림에 있고, 또 제프리의 그림은 시시각각 변하는 상하이의 상황이 고스란히 담겨 있기도 해서, 그들은 그의 그림을 너무나 마음에 들어 했다. 이후 그들은 제프리를 초대해 그들의 사무실에서 보이는 상하이 풍경을 그려달라고 청하기도 했다.

상하이에 오면 그림 작업도 하지만, 제프리는 니스로 돌아가면 한 재즈 바에 정기적으로 출연하는 가수가 된다. 물론 스튜디오에선 끊임없이 그림 작업을 하고, 많은 친구들이나 여행자들이 그를 찾기도 하며, 심지어 한 여행 채널에서는 그의 스튜디오를 찾아가 촬영하기도 했다.

그의 작품엔 뉴욕 태생 유대인의 피와, 지중해의 빨간 태양과, 밤새도록 멈추지 않고 연주되는 재즈로 가득한 열정이 담겨 있다. 절대로 일반인으로서는 살 수도, 이해할 수도 없는 특별한 열정이. 최근에는 상하이의 밤 시리즈로 작품을 했고, 윈난성을 돌고 완성된 샹그릴라 시리즈의 그림들이 있으며, 프랑스의 샤모니에 머물면서 더해진 알프스 시리즈가 있다. 현재 주쟈쟈오에 스튜디오를 얻어 더욱 아시아에서의 작품 활동에 집중하는 그에게서 무엇이 더 나올지 궁금하다.

들소를 가슴에 품고 – 마리호세 왈호프(Marie-Jose Walhof)

지난 세월 동안 난 늘 혼자 일을 해왔지. 하지만 앞으론 다른 사람들과 함께 일을 할 거야. 혼자 일하는 게 너무 외로웠으니까, 다른 사람들과 함께 일하는 게 너무 재미있으니까.

네덜란드 화가 마리호세(Marie-Jose Walhof)가 들소를 그리며 말한다. 그녀의 손에서 살아난 들소가 까만 눈을 씰룩이며 그녀를 쳐다본다. 그녀의 가슴엔 들소가 가득하고, 그녀의 들소가 그려지는 하얀 천 위엔 끝이 보이지 않는 푸른 들판이 펼쳐진다. 그 푸른 들판 위로 맑게 갠 상하이의 하늘이 떨어진다. 상하이의 가을은 아름답다. 누군가와 함께 일한다는 것도 아름다운 일이다.

순수미술을 하던 손을 모아 아트 상품을 개발하는 중이다. 마리호세는 남편 셰프와 함께 한 달 간 상하이를 방문 중이다. 모든 일이 일어나고 있는 도시 상하이에서 좀 더 많은 것들을 진행시키기 위해서다. 순수화가인 마리호세와 미술전시회만 기획하던 나는 전에 하지 않던 새로운 일을 시도하고 있는데, 그녀의 그림을 이용한 생활용품을 만드는 것이다. 상품을 만드는 일에, 전시회를 기획하고 그림을 그리는 일에서 경험하지 못한 새삼스런 어려움이 있다.

말하자면 이런 거다. 도자기에 페인트를 입히려니 생각과 다르게 페인트가 붙어 있질 않는다. 이렇게 구워도 저렇게 구워도 우리가 예상한 효과가 나오지 않는 것이다. 페인트가 고정되지 않는다면 아무리 아름다운 그릇을 만든다 해도 소용이 없을 것이다. 네덜란드에서부터 들고 온 많은 양의 페인트가 야속하게 스튜디오의 한 구석을 차지하고 있다. 온도를 다르게 해서도 구워보고, 시간을 다르게 해서도 구워보고, 다른 그릇을 이용해서도 구워 보았으나… 결과는 마찬가지다. 어딘가 허술한 곳에서부터 페인트가 긁혀 나간다. 그릇을 만지는 손에 땀이 흐른다. 손가락으로 문질러 보면 단단하게 붙어 있어야할 페인트가 주욱 긁혀 나간다. 우리들의 가슴에도 덩달아 상처가 그어진다. 우리는 서로를 바라보고 한숨을 쉰다. 하기야 한평생을 자기 굽는 일에만 몰두하는 사람들도 있는데, 간단한 몇 번의 시도로 원하는 결과를 얻을 수 있다면, 도자기 예술가를 모욕하는 일이 아니겠는가. 위로를 얻고자 걸어본 전화 반대편에서 늘 결론으로 들려오는 충고이다.

며칠 동안의 실패 끝에 도자기에 그림을 입히는 일에서 눈을 돌려, 다른 프로젝트의 하나인 가방을 제작하기 시작한다. 색깔을 정하고, 만드는 방법을 정하고, 겉을 장식할 방법을 생각한다. 시행착오를 줄이기 위해 컴퓨터 작업은 기본이다. 한참을 씨름한 후에 기본 틀이 나온다. 하얀 천을 사서 들소들을 띄우고, 들소들 옆으로는 가방끈이 둘러질 것이다. 하얀색과 검은색과 붉은색이 만들어내는 강렬한 조화. 마리호세의 손에서 태어나는 들소들이 하얀 천 위를 뛰논다. 물감을 말리기 위해 들소들을 빨랫줄에 잔뜩 걸쳐놓고 우리는 그 앞에 앉아 커피를 마신다. 며칠 동안의 고뇌를 뚫고 즐기는 오랜만의 휴식. 위층 이웃에서 기르는 새 한마리가 새장 안에서 파닥거린다. 아래층 마당에 사람이 나타나면 제 집 안을 뛰어다니며 부산을 떠는 것이, 마당 빨랫줄에 널린 들소들의 행진에 더욱 신이 났다.

마리호세를 알게 된 지 얼마 되지 않은 어느 저녁, 각 코스별로 와인을 곁들인 특별한 저녁을 먹으며 그녀의 이태리에 대한 사랑 이야기를 들었었다. 그녀가 예술가라는 것을 절실히 느낀 건 그날 저녁이었다. 이태리와의 사랑 편력이 온 저녁 내내 우리의 대화를 물들였던 그날, 나는 와인 잔을 기울이며 한참을 웃어야 했다. 내 가슴에 그녀의 '이태리와의 사랑'이 문신처럼 남았다. 내게는 그저 이해할 수 없는 언어가 사용되는 나라에, 소매치기가 득시글한 곳으로 기억되고 있는 이태리에 대한 새로운 시각을 갖게 된 저녁이었다.

그녀는 남편인 셰프에게도 이태리인의 피가 흐른다고 믿는다. 그의 어떤 면들이 이태리적인 기질을 가지고 있다는 것이다. 아닌 게 아니라 시간이 나면 그들은 이태리로 날아가 휴가를 즐기고, 마리호세의 옷장에는 지중해 빛 푸른 옷들이 가득하다. 젊은 시절 예술이 인생의 모든 것이었던 마리호세는 차세대 히피 집단인 자유공동체에서 생활했고, 지금의 남편도 그곳에서 만났는데, 암스테르담에서 주택문제가 한참이던 때 빈집을 차지하고 스트라이크를 벌이는 크락커이기도 했다. 그녀는 젊었던 그때 미친 듯이 그림을 그리고, 미친 듯이 작품을 만들고, 미친 듯이 옷을 만들고, 미친 듯이 사랑을 했다. 당시 그녀의 교통수단은 히치하이크. 혼자 히치하이크를 하다 보니 위험한 순간도 종종 만났는데 그때마다 부드러운 화술로 위험에서 벗어날 수 있었다. 그녀에게는 위태로운 인생을 즐길 수 있는 특별한 능력이 있다. 이러한 위험천만하고 아슬아슬한 열정은 후에 작품에 몰두하는 열정으로, 들소를 따라다니는 열정으로 전환되었고, 그래서 그녀의 작품엔 그녀의 가슴에 들어차 있는 열정이 고스란히 드러난다.

한 번도 작품 활동에서 손을 놓은 적이 없던 그녀가 2년간 작품 활동을 할 수 없던 때가 있었는데, 그것은 그녀가 라임병에 걸렸을 때이다. 라임병은 나무에 살고 있는 진드기로부터 옮는 것으로, 그녀는 그 병으로 거의 사망 직전까지 갔었다. 병원에 몇 달을 입원해 있다가 나오면서 그녀는 거의 모든 기억을 잃었다. 이후 차츰 회복되면서 기억도 점차 돌아왔지만, 그녀는 이제 약한 기억력으로 고생하고 있다. 종종 약속을 잊기도 하고, 과거에 만났던 사람을 전혀 기억하지 못하기도 한다. 이름을 잘 외우지 못하는 건 기본이고, 자기는 모르는 사람인데, 전에 우리 저녁 함께 먹은 적 있잖아요, 하고 상대방이 말하면 그녀의 당혹감은 하늘을 찌른다.

컨디션이 많이 좋아진 지금, 그녀의 열정에 다시 불이 붙었다.

그녀는 붓을 놀릴 때는 대범하고, 상품을 완성할 때는 자잘한 디테일에까지 신경을 쓴다. 여러 가지 모양을 만들고자 하니 모든 것들을 샘플을 만들어 비교하고, 각각의 것들에 조화되는 것과 그렇지 못한 것을 꼬집어 낸다. 대충 넘어가는 법이 없다. 계산이 안 되어 포기하고 싶고, 머리가 아파서 그만 뒤로 밀어두고 싶은 일들을 그녀는 꼼꼼하게 짚고 넘어간다. 그것도 여러 가지 방법과 생각들을 고루 거쳐 가면서, 각 아이디어에 대한 논의와 이론, 장단점에 대한 대화에 대화를 반복하면서. 예술가는 대충의 아이디어만 창조해내면 그만인 쉬운 직업이 아닐까 하는 선입견을 간단하게 물리치는 여인이다.

상하이에서의 제한된 시간에 점심 먹는 시간을 빼앗기는 것도 아깝다고 그녀는 아침마다 빵을 들고 스튜디오에 나타난다. 오전 일을 마치고 나란히 앉아 빵을 나누어 먹는 시간은 잠시 일에서의 스트레스를 잊고 평화를 즐길 수 있는 시간이면서, 동시에 그녀의 자유와 포용, 인생의 여유를 배울 수 있는 때이기도 하다.

국경일을 다른 곳에서 쉬지 못하고 안타까움과 고단함 속에 일만 하며 보내게 되었지만, 조금씩 진행되어가는 작품들을 보니 마음 한편이 뭉클해진다. 하루 종일 함께 일하고 막 헤어진 저녁에 그녀에게서 전화가 온다.

"내일 시장에서 말야, 붉은색 속감도 사야 한다는 거 잊지 마. 내가 몇 장을 사야 한다고 했더라…? 맞다. 그거. 잊으면 안 돼. 나도 적어놓긴 했지만 혹시 잊어버릴까봐 말해두는 거야."

트랙터에 앉아 들소를 그리는 마리호세

마리호세 왈호프의 들소

마리호세의 당부. 자신의 기억력을 신뢰할 수 없을 때 그녀는 함께 일하는 사람에게 그녀를 대신해 기억해 줄 것을 당부하고 당부한다. 한계를 시인하고 매사에 조심스런 발걸음을 떼는 마리호세. 신중함을 배우는 것도 마리호세와 함께 일하는 중에 얻는 소득이다.

스튜디오 생활 초기, 마리호세와 아트 상품을 만들던 때의 이야기다. 그때 그녀와 만든 그릇을 대량생산 하고 싶었으나, 공장들을 알아보니 생산단위가 천 장으로 넘어가서 도저히 감당할 수 없었다. 그릇 한 세트를 만들려면 그릇 하나 당 천 장씩 찍어야 한다는 건데, 그러면 그게 모두 합쳐 몇 천 장이 된다는 말인가? 판매 채널이 따로 있는 것도 아닌데, 그렇게 많은 그릇을 찍으면 보관도 문제일 뿐더러 그 비용을 어디서 충당하겠는가. 따로 투자자를 뒤에 두고 있는 것도 아닌데.

결국 우리는 소심하게 우리 손으로 직접 몇 세트를 찍고, 그리고 그걸 우리 그림들을 걸고 있던 이태리 가구점에 놓고 팔았다. 이태리 가구를 사러 오는 사람들은 그만큼 눈도 높고 돈도 있는 사람들이어서, 우리의 그릇은 갖다 놓은 지 얼마 되지 않아 전부 판매되었다. 그러나 마리호세가 이미 유럽으로 떠났기도 했고, 우리의 수고와 작품성에 비해 너무나 적게 떨어지는 수익 때문에 그것을 끝으로 생산을 멈췄다. 아트 상품은, 아무리 작가의 손이 직접 가서 작품이나 마찬가지라 할지라도 사람들이 그걸 상품으로 보지 작품으로 보지는 않는다는 데 문제가 있었다. 역시 판매량이 많지 않더라도 작품을 판매하는 게 상품을 판매하는 것보다

이윤이 더 크다는 걸 배우게 된 몇 달이었다.

마리호세는 이후 네덜란드의 멋진 집을 팔고 이태리 북부 한 호숫가 옆에 자리를 잡았다. 거대한 저택 두 채를 하나로 묶어 살고 있는 그녀에게 지금은 사는 것 자체가 작품의 연장이다.

슬픈 완벽주의자 – 테오 스케이픈스(Theo Schepens)

오늘도 암스테르담은 축축하고 어두운, 전형적인 겨울 날씨를 하고 있다. 차라리 눈이라도 내린다면 상쾌한 기분이라도 들 텐데 상황은 그렇지 않다. 전화벨 소리에 그는 자리에서 일어나며 침대가 놓인 반대편 벽에 붙어 있는 콘센트에 연결되어 있는 핸드폰을 노려본다. 지난밤엔 잠을 잘 자지 못했다. 허리가 많이 아팠기 때문이다. 이제 고질병이 되어버린 허리 통증은 가끔씩 그의 침대를 땀으로 젖게 했다. 그러나 어떤 경우에도 그는 전화를 놓치는 법이 없다. 그런 그를 두고, 당신은 완벽주의자라서 싫다고, 그럼에도 불구하고 부자가 아니라서 싫다고 그녀가 말했었다.

그녀에게 그가 줄 수 있는 건 별로 없었다. 다만 욕조가 없는 게 불만이라는 그녀를 위해 창고처럼 뻥 뚫린 커다란 그의 원 룸 공간에 욕조를 사다가 침대 옆에 설치했을 뿐이었다. 생각보다 손이 많이 가는 일이었음에도 불구하고 그녀는 하얀 욕조가 놓인 후에도 그다지 행복해 보이는 눈치가 아니었다. 처음엔 그가 조각가라는 사실 하나만으로, 네덜란드의 여기저기에 놓인 그의 작품만 보아도 가슴을 참새처럼 부풀리고 재잘거리던 그녀였다. 그러나 그의 사무실 겸 보금자리인 집을 한 번 방문한 이후론 태도가 변했다. 그에게 얹혀 있던 무게 중심이 그녀에게로 옮겨가, 귀족 출신인 자신이 얼마나 중요한 존재인가를 강조할 뿐, 좀처럼 그와 눈을 마주치려고도 하지 않았다. 근본적으로 뭔가가 잘못되고 있었다.… 집과 공간, 부와 사회적 지위로 이어지는 여러 가지 인과관계가 복잡하게 두 사람 사이를 얽히게 하고 있었다.

"네, 테오 스케이픈스입니다."

그는 감정을 싣지 않고 전화를 받는다. 핸드폰 안에서 흘러나오는 목소리는 상하이 엑스포의 네덜란드 관 예술분야를 맡은 디렉터이다. 오래전부터 엑스포에 작품을 전시할 수 없을까 플로포잘을 넣고 기다리던 중이라 그는 긴장한다. 핸드폰 너머의 목소리는 상하이 엑스포 네덜란드 관 앞에 그의 작품을 설치하게 되었노라는 소식을 전한다.

이야! 그는 속으로 환호의 소리를 친다. 중국과의 인연 몇 년 중 가장 기쁜 소식일 수도 있었다. 그러면 다음 중국행은 언제로 잡아야 하나, 빠른 눈짓으로 달력을 쳐다본다. 엑스포라면 이제 몇 달 남지 않았다. 작품은 벌써 광조우에서 진행이 되고 있으니 색을 칠하고 상하이로 운송만 하면 될 일이었다. 여차하면 상하이에 있는 작품을 사용할 수도 있다.

그는 중국에 1년에 두 번 온다. 생전 처음 중국이란 땅을 밟은 이후 1년에 세 번을 간 적도 있고, 거의 6개월 이상을 그곳에서 보낸 적도 있지만, 이제는 1년에 두 번으로 그 횟수가 줄어들었고, 그나마 한 번 가면 한 달 이상 넘기지 않으려 노력한다. 중국은 그에게 푸른 멍이며, 늪이며, 외로움이다. 그러나 동시에 기회의 땅이며 삶 그 자체이기도 하니 그는 여전히 중국을 외면할 수 없다.

중국과 그가 인연이 된 것은 그녀를 만나면서부터였다. 그녀는 흑단 같은 머리를 길게 늘어뜨리고 힘차게 자전거를 타는, 일반적인 동양소녀의 이미지와는 거리가 먼 씩씩한 여인이었다. 고향인 중국을 떠나 미국의 최고 대학에서 공부를 했고, 이후 네덜란드로 보금자리를 옮겼다. 네덜란드에 정착하기까지의 네덜란드 식 이민교육을 받은 외국인으로서의 경험을 비디오화한 다큐멘터리가 한 방송국에서 상을 받으면서 그녀는 유망한 다큐멘터리 작가로 조명을 받고 있었다. 막 남자와 헤어진 똑똑하고 강하고 독립적인 그녀는, 어쩐 일인지 농부 집안 출신의 조각가인 그를 사랑하게 된 것 같았다. 그녀에게 보란 듯이 중국으로 작품을 만들러 가는 건 그에게 아주 우쭐한 일이었다. 날로 높아져가는 유럽의 임금 때문에 그는 중국 공장으로 작업을 하러 날아갔다.

처음에 그는 상하이의 한 공장을 찾아가 작업을 했다. 그러나 작품의 질이 기대치에 미치지 못하면서 몇 번의 시도 끝에 광조우의 한 공장을 다시 찾아 일을 하게 되었다. 상하이로 오면서 인연이 된 갤러리와 미술관, 지인들과도 이제는 만날 수가 없게 되었고, 광조우 공장은 도심에서 한참 떨어져 있어 완전히 고립된

테오 스케이픈스의 작품

생활을 몇 주씩이나 해야 되지만, 그에게 완성도 높은 작품을 만드는 일은 무엇보다도 중요한 목표였기에, 그는 불만을 품을 수 없었다.

어떤 작품을 엑스포관에 전시할까… 그는 광조우에서 진행되고 있는 작품 몇 개를 머릿속에 그려본다. 단순 부호형의 작품에서 리얼리티로 넘어가는 방향의 중간에 놓인 여러 개의 작품들이 떠오른다.

건물에 설치된 테오 스케이픈스의 작품

나만의 방-테오 스케이픈스 작품

세상의 모든 것에 불만이었던 시절, 그는 사람들의 소비와 허영과 사치에 반감이 들었고, 대책 없이 오염되는 지구 환경에 불안했다. 모든 것에 반대하고 싶던 그 몇 년의 시절을 그는 텐트에서 생활했고, 그럼에도 그에게 산다는 것 자체는 지구에 대한 오염처럼만 느껴졌었다. 조각에 손을 대지 못하던 시절이었다. 조각이라는 건 사람들에게 피해만 주고, 골치 덩어리를 안기고, 불필요한 것들에 쓰레기를 더하는 작업인 것처럼 느껴진 것이다. 농부의 아들로서의 미래를 버리고 예술이라는 것에 손을 댄 자신이 저주를 받은 사람인 것 같았던 때이기도 했다.

그러나 그는 몇 년의 방황을 통해 새로운 사실에 눈을 떴다. 지구를 오염시키지 않고서도 조각을 만들 수 있다는 사실, 모든 에너지는 순환한다는 사실, 예술은 사람들의 삶을 풍요롭게 한다는 사실. 그의 작품은 그래서 지구를 생각하는 것들이 많다. 형태는 단순화되어 있고, 재료는 순환을 전제로 사용한다. 그의 작품들은 네덜란드의 여러 공공장소를 빛내고 있다. 아이들의 놀이터에서 시작해, 한 도시의 시청 앞에, 커다란 종합병원 앞에, 시립도서관 앞에, 그리고 북해가 푸르게 펼쳐져 있는 바닷가의 기차역 앞에 그의 작품들이 놓여 있다.

상하이에서도 그의 작품을 볼 수 있는데, 신티엔디를 개발한 슈에이온 그룹이 시작하고 있는 또 하나의 커다란 프로젝트 촹즈티엔디(KIC 센터) 광장에 가면 그의 3미터짜리 작품이 마치 분신이라도 되는 듯 작은 사람들을 몸에 짊어지고 어디론가 향해 걸음을 떼고 있는 게 보인다. 슬픔과 기쁨과 분노, 고통과 희열과 사랑 같은, 삶에서 일어날 수 있는 모든 감정을 온몸으로 견디며.

엑스포 전시 준비를 위해 곧 상하이로 가기로 약속을 하고 핸드폰을 내려놓는 그의 얼굴에 미소가 떠오른다. 이제 그녀는 그의 방을 찾아오지 않지만, 그의 방에 그녀를 위해 설치한 욕조만 덩그러니 그녀와의 역사를 증명하듯 남겨져 있지만, 그녀와의 우연한 만남이 남긴 사랑과 상처와 열정이 그대로 뭉쳐져 작품으로 승화되고 있었기에.

한 땀 한 땀 세월을 엮이다 – 아넬리스 슬라빙크(Annelies Slabynck)

그녀의 세계는 독특하다. 그녀를 만나는 사람은 그녀가 만화 캔디에서 튀어나왔거나, 알프스 소녀 영화의 어디쯤에서 보았던 게 아닐까 생각할 것이다. 그만큼 그녀는 외모부터 독특하다. 자신의 예술이 그녀의 몸에, 머리에, 입고 있는 옷에 묻어 있다. 그래서 그녀가 일반인이 아닌, 아티스트라는 걸 눈치 채는 건 그다지 어렵지 않다. 개성과 특이함으로 똘똘 뭉친 여인이기 때문이다. 그녀는 늘 오래된 옷과 사진과 인형, 책, 혹은 보석함이나 엑스레이 사진들을 모은다. 그녀의 스튜디오는 그래서 오래된 것들로 가득 차 있다. 그녀가 그 재료로 뭔가 새로운 걸 만들지 않는다면 그녀는 골동품 수집가 정도로 보일 것이다. 그러나 아넬리스는 오래된 것들을 수집하는 데 그치지 않고, 그 재료를 통해서, 그리고 그 재료들을 이용해서 자기가 표현하고자 하는 메시지를 전달하는 작품을 만들어 낸다.

그녀의 작품엔 엑스레이 필름으로 만들어진 옷이나, 링거 호스를 이용한 작품, 아기의 엉덩이를 석고로 떠서 만들어낸 작품이며, 엑스레이 사진이 프린트 된 의자들, 사연이 있는 여러 옷감들을 엮어 직접 만들어 낸 드레스 등이 있다. 어디에선가 버려졌거나 중고품 가게에서 건져 올린 작은 철제 상자에 오래된 사람들의 빛바랜 사진들을 붙여서 만들어낸 작품도 있다.

그녀와의 만남이 어떻게 이루어졌는지 지금은 분명치 않다. 그러고 보니 내가 너무 성의 없게 그녀를 만난 게 아닐까 싶은데, 그건 아니다. 당시 나는 아이 하나를 출산하고 또 한 명의 아이를 임신하고 있었으며, 그 와중에 많은 사람들을 새로 만나고, 직원들이 떠나고 들어오고, 그러면서 여기저기 걸려 있는 프로젝트를 수행하고 있었다. 내 옆에 갑자기 생긴, 온전히 내게 기대어 살아가는 하나의 생명을 건사하는 것도 버거웠는데, 거기에다 몸 안에 또 하나의 생명을 품어 온몸과 머리와 마음과 기억력이 거기에만 온전히 신경 쏟던 때였으니, 어쩌면 이미 엄마가 되었고, 또 엄마가 될 거라는 생물학적 여건이 내 주변의 모든 일들을 기억할 수 없게 만든 것 같다.

그녀와 어떻게 연결이 되었는지는 모르겠지만, 처음 만나던 날은 분명히 기억한다. 우리 스튜디오 근처의 커피숍에서 만나기로 했고, 비가 조금 내리던 그 날, 그녀를 전혀 닮지 않은 딸과 함께 왔다. 닮은 게 있다면 짧게 자른 머리 모양 정도. 아이를 갖지 못하던 몇 년의 세월을 보내며 맘속으로 입양도 생각했던 나였기에 닮지 않은 엄마와 아이를 보면 무조건의 동병상련이 느껴졌다. 마침 그때는 초등학생인 딸아이의 방학이었고, 그래서 엄마는 딸과 동행해 온 것이었다. 어쩐지 세상과는 동떨어져 사는 것 같은 외모에, 찰리 채플린의 애인 같은 분위기를 가진 여인, 특히 그것은 그녀가 들고 온 우산과 함께, 나에게 영화의 한 장면처럼 각인되었다. 얘기를 하다 보니 나와 나이도 같고, 상하이에 살고 있는 햇수도 비슷했던 그녀. 외국에 살고 있는 중년 여인으로서의 동병상련 역시 우리의 마음을 꽉 잡았다. 그녀의 작품이야 미리 받아보고 알고 있던 터였지만, 그 만남으로 우리는 작가와 갤러리의 관계를 떠나 여인 대 여인, 사람 대 사람으로서 친구가 되었다. 엄마 옆에서 얌전하게 두 중년 여인의 대화를 삼키고 있던 그녀의 딸에게는 핫 초컬릿을 선사했다. 아이의 얼굴이 금세 해맑아졌다. 아이들은 잠 잘 때 제일 예쁘고, 먹을 때 제일 행복해 보인다.

아빠와 엄마는 둘 다 벨기에 사람이었지만, 딸아이는 중국에서 태어난 중국인이었다. 처음 입양 왔을 때 많이 울었으나 이제는 엄마 아빠와 벨기에어로 능통하게 대화를 나눌 수 있고, 겉모양만 중국인이었지 마음은 완전히 벨기에인인, 벨기에인인 게 자랑스러운 그런 아이였다. 그 딸은 엄마의 딸이지만 엄마와 수다를 떠는 친구이기도 하고, 함께 작품을 만드는 동료이기도 하고, 엄마의 작품을 기꺼이 걸치고 사진 찍혀주는 모델이기도 하다. 엄마와 똑같은 단발머리를 하고, 역시 독특한 분위기를 풍풍 풍기는 아이.

두 모녀는 그렇게 해서 나의 친구가 되었고, 이후 전시가 있을 때마다 함께 일하는 동료가 되기도 했다. 아트 페어를 할 때마다 아넬리스와 함께 했던 건, 그녀의 작품이 잘 팔리는 작품에서라

여자 대 여자–아넬리스 슬라빙크

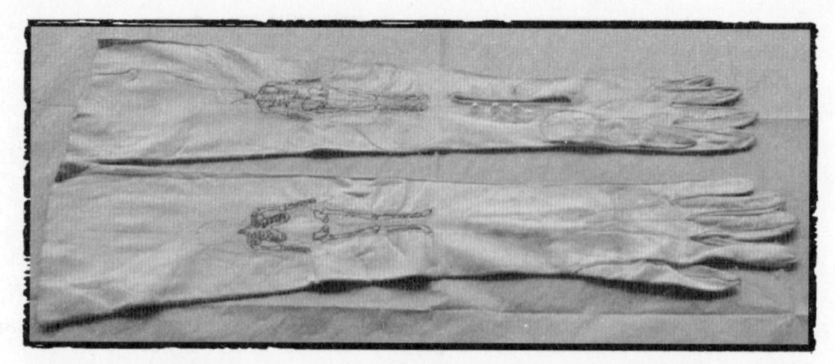

완벽한 팔

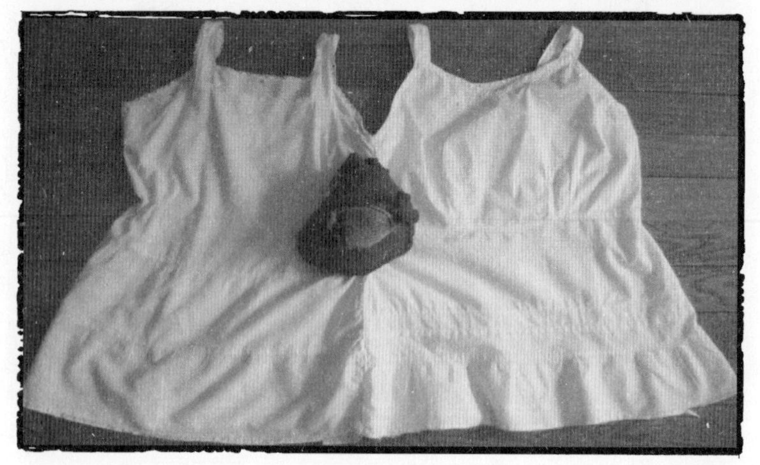

쌍둥이 드레스

민통선 예술제에 걸린 아넬리스 슬라빙크의 작품

기보다는 그녀의 작품이 너무나 특이해서다. 사람들에게 미술 작품이 이런 장르로 만들어질 수도 있다는 걸 보여주고 싶었다. 그녀의 작품을 걸고 있는 우리의 부스는 당연 특이한 빛으로 감싸인다. 사람들은 우리 부스에 들어와 그녀의 작품들을 감상한다. 기이한 모양으로 길게 늘어진 하얀 드레스가 천정으로부터 늘어져 바람에 나부끼는가 하면, 치아 엑스레이가 거대하게 찍혀진 의자들이 부스의 한 가운데를 가르고 있거나, 엑스레이로 만들어진 제복, 동그랗게 말고 잠을 자는 아이의 엉덩이 모양을 뜬 석고 작품 같은 것들이 있으니 어찌 그냥 지나칠 수 있으랴.

그녀의 작업실은 프랑스 조계에 위치한 오래된 아파트에 있다. 살림과 작업을 동시에 하고 있으니 집에는 온갖 물건들이 공존한다. 침대 방 곁에 붙어 있는 작업실. 그 동안 모은 골동품과 천과 옷, 엑스레이 같은 것들이 저마다 제 역사를 부르짖으며 선반 위에, 가방 속에, 재봉틀 옆에 쌓여 있다. 거실 옆쪽으로는 도자기 공방이 있어, 주말이면 아이들을 상대로 도자기 수업을 한다. 가족을 건사하고, 고양이 두 마리를 돌보며 아이들을 가르치고, 자신의 작품 활동도 활발히 하는 그녀에게는 도대체 어떤 힘이 흐르는 걸까. 일하는 여성으로, 그건 나에게 아직도 의문이다. 특히 아이들이 생긴 이후로 분산되는 집중력과 퇴보하는 추진력, 아이바라기 하고 있는 나의 마음을 생각하자면 그렇게 일과 가정을 꽉 찬 스케줄로 소화해 내고 있는 이들이 한없이 존경스럽기만 하다.

올 겨울에도 우리는 함께 아트 페어에 참가할 예정이다. 오랜

만에 함께 하는 프로젝트, 좋은 일이 있을 것이다. 그리고 그건 햇볕이 따스한 늦은 오후, 창가에 앉아 재봉질에 열심일 그녀의 일상을 상상해 보는 것만큼이나 나를 행복하게 만든다.

시가 되어 떠오르는 그림들 – 류샤오원(吕晓文)

커튼이 닫힌 작업실은 캄캄하다. 어둠 속에서 축축한 먼지 냄새가 유화 물감 냄새, 나무 냄새와 섞여 콧속으로 들어온다. 여전히 많은 공장들이 가동되고 있는 이곳 양수푸루 예술촌엔 각 공장과 창고에서 불어나오는 먼지와, 도로를 뒤집어엎은 공사장에서부터 날아오는 먼지로 콧속이 늘 매캐하다. 특히 이렇게 비가 내리는 날은 모든 먼지가 박쥐처럼 실내에 몸에 몸을 섞고 뒤덮여 있어 작업실이 갑갑하다. 지붕이라도 뚫을 듯 요란한 빗소리. 그의 마음은 편치 못하다.

그의 손엔 찻잔이 쥐어져 있다. 오늘은 작업실에 나와 오전 내내 차만 마시고 있다. 단단한 어둠을 파헤치고 들어오는 막연한 불안감, 공포, 그리고 슬픔이 가슴에 먹물처럼 차오른다. 머리와 어깨에 떨어지던 벽돌과 돌 부스러기들 때문에 며칠 동안 잠도 자지 못하고 공포에 떨었다는 딸아이의 사과 같은 얼굴이 떠오른다. 성급히 기차를 타고 내려온 아빠의 허리를 꽉 잡고 그 애는 영원히 아빠를 놓치지 않겠다는 듯 얼굴을 파묻었다. 그 애를 그렇게 두고 오는 게 아닌데.

그림이 그려지지 않을 때, 그는 불을 끄고 죽은 듯이 공기의 세포를 센다. 조용히 차를 마시고, 마음을 비우다보면 다시 어떤 그림을 그려야 할지 아이디어가 떠오르기 때문이다. 그것은 그 동안 화가로서의 삶을 살며 그가 터득해 온 방법으로, 침체의 시간은 몇 시간이 될 수도 있고 며칠이 될 수도 있다. 어떤 땐 습관처럼 작업실에 나와 계획 없이 물감들의 색을 섞고 있자면 갑자기 번개처럼 아이디어가 떠오를 때도 있다. 요즘은 도통 그림을 그리기가 힘들다. 그의 가슴 한가운데 딸의 얼굴이 어른거리기 때문이다. 그를 그토록 괴롭히는 건 여진처럼 남아 있는 고향의 지진이다. 수많은 사상자를 낸 쓰촨의 지진, 다행히 그의 가족들은 약간의 상처만 입었을 뿐 큰 피해를 보진 않았지만 집의 한 쪽이 허물어져 한동안 대피소에서 생활을 해야 했다. 한참 동안 집 없는 생활을 한 후, 그도 초조한 마음으로 여러 번 고향과 상하이를 오간 후에야 겨우 집을 얻을 수 있었다. 본인은 상하이에서 편하게 생활하고 있는데 가족들이 집 없이 떠도는 게 마음에 걸렸다. 그리고 이제 모든 것이 정상으로 돌아오긴 했지만 여전히 가슴에 앙금처럼 남아있는 자신의 핏줄, 딸의 모습.

지진이 난 후의 고향은 피 냄새와 땀 냄새와 피로와 원망의 냄새가 뒤범벅되어 황폐한 모습으로 변해 있었다. 그곳은 도저히 어린 시절 고기를 잡다가 바지를 적셔 몰래 집에 숨어들어오던 초록색 물과 초록색 숲이 가득한 그런 곳이 아니었다. 집 밖에만 나서면 볼 수 있던 온갖 동물과 새들도 이미 콘크리트 잔해들을 피해 어디론가 달아나고 없어진 상태였다. 여전히 고향에 산은 있지만 그것은 이미 풍부하고 거칠 것 없던 옛날의 것과 다른 모습이 되었다.

어린 시절 그는 '꼬마 화가'라는 별명으로 불릴 정도로 그림 그리는 걸 좋아했다. 밥을 먹고 나면 무조건 연필이며 돌이며 붓이며 들고 여기저기에 그림을 그렸다. 종이 위이기도 했고, 흙바닥이기도 했고, 부엌 바닥이나 벽이기도 했으며, 심지어는 나무나 바위 위이기도 했다. 손을 움직이면 마음에 있는 추상적인 꿈이 형상이 되어 나타났다. 늘 무언가를 만드시던 엄마의 자수 헝겊 위에 배경을 그려드리기도 했다. 일곱 살짜리 어린애의 손을 통해 나타나는 형상들은 어른들이 보기에도 감탄이 나올 정도였다. 그의 아버지는 그림 애호가였다. 취미로 그림을 그리는 아버지를 보며 그는 커서 화가가 되겠노라고 결심을 했고, 가족들은 그런 그를 적극적으로 밀어 주었다.

어린 시절의 추억, 사람들과의 만남, 자연과의 감성교류, 그러한 모든 것들은 그에게 추억이 되어 남았고, 그의 내면에서 늘 영화처럼 반복된다. 그러한 애틋한 영화의 한 장면을 잡아 그는 그림을 그린다. 그래서 그의 그림들엔 그의 어린 시절과 그의 사람에 대한 애정이 담겨 있다. 그는 자신의 그림 속에서 추억을 읽고 시를 읽고 사랑을 읽는다. 어떤 땐 이게 나의 손에서 살아난 그림인가 싶게 감탄이 나올 때도 있다. 화가가 된 것이 자랑스러울 때이다. 스스로 보아도 감탄이 나온다니… 그 정도면 행복한 화가이다. 그러나 언제나 그릴 것이 떠오르고, 언제나 자신의 그림에

류샤오원의 작품

감탄이 나오는 건 아니다. 화가가 된 것을 후회하는 때가 바로 이런 때이다. 그림이 그려지지 않을 때, 머릿속에서 세속의 것이 마음을 흩뜨릴 때, 가족들에게 좀 더 탄탄한 기둥이 되어주지 못하는 게 한이 될 때. 예술인으로 사는 것은 즐겁고 명쾌한 것들과 담을 쌓아야 하는 것이라고나 할까. 그에게 화가로 사는 것은 꿈이고, 아버지로 사는 것은 임무이며, 남편으로 사는 것은 운명, 그리고 아들로 사는 것은 신의 섭리이다. 그 어떤 것도 소홀히 할 수 없다. 다만 최선을 다해 이 모든 역할을 공평하게 이루어내도록 노력할 뿐이다.

상하이는 세련되고 다이나믹하지만 사람들은 모두 돈에 이끌려 살아간다. 돈이 있는 사람과 없는 사람, 돈을 만드는 사람과 소비하는 사람, 돈을 벌 수 있는 사람과 그렇지 못한 사람들이 존재할 뿐이다. 그는 이런 삶에 회의를 느낀다. 모든 것이 하나의 잣대로 판단되는 도시의 생활. 그러나 그도 본인의 의지와는 다르게, 어찌하다보니 상하이에 와서 자리를 잡게 되었다. 거기엔 직장에서 힘겹게 일하며 남편을 뒷바라지하는 아내의 수고도 함께 있다. 고향의 맛을 그대로 담은 그녀의 음식이 유일한 위로라면 위로이다. 하루에 한 번, 아내의 밥을 먹을 때마다 고향으로 돌아가는 그. 실제로는 영원히 돌아갈 수 없을 것 같은 고향이 그는 많이 그립다.

어느새 빗소리가 잦아들었다 싶더니 먼 나라에서 들려오는 발자국처럼 노크 소리가 들린다. 그는 이미 식어버린 찻잔을 내려놓고 일어나 작업실 문을 연다. 양수푸루 예술촌의 다른 골목에 자리를 잡은 동료 화가이다. 밥 먹으러 가자고 동료가 말한다. 그는 오늘 멋들어진 그림 하나 그렸는지 뿌듯한 얼굴이다. 벌써 점심시간이 되었느냐고 시계를 들여다보며 류샤오원은 양푼과 숟가락을 챙긴다. 두 사람이 나서자 옆 작업실 화가도 문을 열고 나와 합세한다. 각각의 양푼과 숟가락을 손에 든 세 화가가 길 건너 공장 건물로 밥을 먹으러 간다. 예술촌 문 앞에선 행상들이 펼쳐놓은 닭이며 오리들이 아직 마르지 않은 바닥에서 푸드덕거리며 그들을 아는 척하고, 류샤오원의 머리엔 갑자기 어린 시절 우산을 들고 나란히 학교에 가던 친구들의 모습이 떠오른다. 볼 통통한 소년 화가는 그날도 공책의 여기저기에 산수 문제를 푸는 대신 그림을 그려댈 판이었다. 앞으로 정신 집중과 고된 예술의 경지에 다다르기 위해 노력을 아끼지 않아야 할 화가의 행복한 추억으로 남아 있는, 한 폭의 그림 같은 그날… 밥을 먹고 돌아오면, 그날 우산을 쓰고 가던 등교 길의 친구들을 화폭에 옮기겠노라고, 류샤오원은 조용히 다짐한다. 어느새 그가 그리려는 아이들의 얼굴에 눈에 넣어도 아프지 않을, 끝없이 보호해도 더 보호해야만 할 것 같은 딸의 얼굴이 필름처럼 겹친다.

류샤오원의 그림은 과거를 추억하는 아련한 그리움으로 시작된다. 그리고 가족과 삶과 사랑과 유년 시절을 둘러싼 행복을 작품으로 만들어내는 그는, 화려하지 않고 수다스럽지 않으며 기교를 부리지 않는다. 그의 순박함은 작품 안에, 오로지 작품으로서 진주처럼 빛난다.

예술과 발명이 만나면 - 차이궈창(蔡國强)

이제 집이 철거될 예정이니 앞으로 어떻게 하면 좋겠느냐고 걱정을 하던 게 벌써 몇 년 전인가. 아마 7년도 더 되는 것 같다. 상하이 생활의 나의 구세주인 상하이 토박이 쟝 아줌마의 집은 베이징루 근처 와이탄에 있는 영국식 건물이다. 그녀의 부모 때로부터 살아왔으니 거기는 아줌마의 고향이자 집이자 휴식처이다. 그녀는 그곳에서 자랐고, 그곳에서 결혼했고, 지금까지 그곳에서 살고 있으며, 그녀의 아들 역시 그곳에서 나고 자라 이제는 어엿한 직장인이 되었다. 몇 세대에 걸쳐 터전을 잡고 있는 이곳에, 어느 날 정부로부터의 공고문이 붙었다. 언제 언제까지 집을 비우라는.

1층에 상점들과 레스토랑이 있는 커다란 영국식 건물의 2층에 살고 있는 10가구 주민들은 모두 한숨을 쉬며 가슴을 쓸어 내렸다. 여기밖에 모르는데, 여기를 떠나면 어디로 가야한단 말인가… 그들이 받게 될 보상금이 새 보금자리를 잡기에 턱없이 작아서인지, 정말로 어디로 가야할지 몰라서인지, 아무도 그 공고를 보고 이사를 나가지 않았다. 그리고 몇 년이 지난 지금, 그들은 아직도 그곳에 살고 있고, 이제는 집값이 너무 올라 그들에게 지불해야할 보상금도 엄청나서 아무도 손을 댈 수 없다는 소문이다. 원래는 미국의 록카펠라 회사에 의해 와이탄의 북쪽이 완전히 개발될 거라는 소식도 있었으나…

그런 쟝 아줌마네 집 바로 옆길에 새 미술관이 생겼다. 1900년대 초에 '상하이 박물관'이라 불리던 건물이 꽃단장을 하고 '와이탄 미술관'이 되어 살아난 것이다. 베이징 올림픽 때 불꽃놀이의 예술 감독을 맡았던 차이궈창의 전시가 미술관의 오프닝전이니 새 건물 구경만이 아니라 전시를 보기 위해서라도 꼭 가봐야할 일이었다. 다행히 5월에 시작된 전시는 6월을 뚫고 7월 말까지 계속되고 있었다.

와이탄 미술관에 들어서니 벌써 마당에서부터 여러 개의 비행기와 우주선이 관람객을 맞는다. 새 단장을 하고 있는 주위의 오래되었으면서도 새로운 건물들과 함께 마치 다른 세계에 들어선 듯 묘한 분위기이다. '농민 다빈치'라 쓰인 커다란 돌도 묘한 분위기에 한 수 더한다. 표를 사고 2층 전시실에 들어서니 다른 세계가 펼쳐진다. 에이리언 집단을 보는 듯한, 미래 공상과학 영화에 등장하는 로봇들이 군집하고 있는 듯한… 길게 휘어 뻗어있는 지지대로부터 연들이 공중을 날고 있고, 그 연에는 비행기와 잠수함들을 발명한 농민 다빈치들의 얼굴, 작업과정 등이 영화로 상영되고 있다. 날기를 꿈꾸거나 바다 속을 잠수하고픈 농민들의 꿈이 연에 실려 하늘을 날고 있다. 기가 막힌 설치작업이면서, 이

번 전시에서 유일하게 순수한 차이궈창의 작품이라 할 수 있는 설치작업이다.

3층은 로봇들의 세계이다. 베이징 외곽에 사는 우웰루의 작품들이다. 리어커를 끌고 다니는 고철장수 로봇도 있고, 스위치를 켜면 껑충껑충 뛰는 쥐 로봇도 있으며, 데미안 허스트의 이름으로 점점이 그림을 그리는 로봇, 잭슨 폴락의 이름으로 페인트를 캔버스에 쏟아 붓는 로봇도 있다. 거대한 로봇들은 탈것에 아이들을 태우고 전시장을 한 바퀴 돌기도 한다. 어설픈듯하면서 앞으로 뒤로 움직이는 탈것 위에서 까르르 웃음을 터뜨리는 아이들. 미술관이 아니라 놀이공원에라도 온 것 같다. 웃음이 저절로 터져 나오니, 이게 뭘까, 이해하려고 노력하는 보통 미술전시와는 또 다른 맛이 있다. 4층부터 6층까지는 공간을 초월하는 파라다이스가 만들어져 있다. 타오샹리, 리위밍, 숑티엔화, 왕창, 쒸빈, 우슈자이 등에 의해 만들어진 헬리콥터, 비행기, 잠수함 등이 공중에 매달려 있고, 바닥에 깔린 잔디 위로는 새들이 날아다니고 있다.

식민시대의 귀족주의를 지향한 홍콩의 페닌술라 호텔 옆에 있어서인지, 깔끔하고 세련된 외관 때문인지, 이름에서 풍기는 자본주의적인 냄새 때문인지, 와이탄 미술관이 이런 농민들의 꿈으로 채워져 있나는 게 아이러니하게 느껴졌으나, 어찌 보면 이번 전시는 상하이의 와이탄에서 있을만한, 인민들의 행복을 우선으로 치는 공산국가 중국에서 가장 그럴듯한 전시이다. 문화혁명을 통해 교육의 기회를 잃고 가난하게 살고 있지만, 농민들은 사실 중국의 가장 밑바탕이 되는 계급이며, 오늘의 현대 중국, 엑스포를 치르는 상하이가 만들어지기까지 그들의 노고가 있었음을 무시할 수 없다. 그러한 농민들의 수고를 부각하기 위하여, 그리고 그들의 꿈을 보여주기 위하여 차이궈창은 엑스포에 즈음하여 와이탄 미술관의 개관 전시로 '농민 다빈치'를 기획한 것이다.

푸지엔성 촨조우에서 태어난 차이궈창은 서예가인 아버지 밑에서 자랐다. 전통을 중시하는 집안 분위기에 반항하던 그는 상하이 드라마 학교에서 무대 디자인을 전공한 후, 1986년 중국을 떠나 1995년까지 일본에서 생활하며 여러 미디어를 통해 작품 활동을 했다. 외국에서의 활동은 그의 작업에 전기를 마련했다. 제약이 많은 중국에서와 달리, 일본에서는 화약 등을 이용한 새로운 작업을 자유로이 진행할 수 있었고, 1995년 활동의 거점을 뉴욕으로 옮기며 더욱 다양한 작품 활동을 했다. 1999년 베니스 비엔날레에서 황금사자상을 수상했고, 2005년 베니스 비엔날레에서는 첫 중국관 전시를 기획했다.

황용핑, 장샤오강 등과 함께 중국 현대미술의 모태인 '85 뉴웨이브 운동에 참여했던 주요 1세대 작가로 알려졌으나, 실제로 그의 대표작이 무엇인가 생각하면 고개가 갸우뚱거려진다. 거대한 공간예술이나 불꽃놀이가 그의 대표작들이기 때문이다. 미술관과 미디어에서 그는 작품들로 거대한 판을 벌인다. 화약과 친한 사람, 또는 화약을 가지고 작품을 하는 사람 정도로 수식어를 붙일 수 있을까. 그는 화약을 이용한 그림과 대규모 폭파작업, 정교한 조각 작품, 어마어마한 설치미술 등을 통해 현 사회의 다양한 이슈에 물음을 던진다. 밑그림에 화약을 뿌리고 그림을 완성하는 퍼포먼스로 폭파를 시행하거나, 수십 미터에 이르는 대작을 천정에 걸고 전시장 바닥에 올리브 오일로 연못을 만들어 그림이 반사되도록 하거나, 일본의 바닷가에 버려진 15미터의 어선을 가져와 깨어진 도자기들로 가득 채우거나 99마리의 인공늑대를 공중에 정렬시키는 등. 소형 비행기를 천정에 매달아 전시하고 있는 이번 '농민 다빈치전'도 그 규모에서 많이 벗어나지 않는다.

그가 중국의 대표작가로서 유명할 수밖에 없는 것은, 중국의 발명품인 화약을 이용한다는 점, 그리고 폭파 퍼포먼스로 남긴 작품이 마치 수묵화와도 같다는 점이다. 그의 폭파 퍼포먼스는 장엄하다. 흰색 연기로 공중에 버섯구름을 만들거나, 폭포처럼 쏟아지는 불꽃으로 미술관을 둘러싸고, 검은 연기로 원하는 형상을 만들기도 하며, 일곱 색깔 무지개로 폭발하는 불꽃놀이를 연출하기도 한다.

차이궈창은 2008년 베이징 올림픽 시각특수예술 총감독으로 선정돼 개폐막식의 특수효과를 담당했는데, 올림픽 준비 시점에 그는 이미 세계적인 명성을 획득한 상태였지만, 올림픽 개폐막식 운영자 모집에 지원했다. 베이징 올림픽의 예술적 격을 높여 국제적이고 현대적인 행사로 만들고 싶은 그의 의지 때문이었다. 400대 1의 경쟁률을 뚫고 선정된 차이궈창은 자신의 대규모 화약 작업으로 중국 하늘을 수놓았고, 세계인은 텔레비전으로 그의 작품을 감상했다. 예술은 곧 발명이요, 발명은 곧 예술이라는 명제를 세계에 각인시킨 몇 안 되는 예술가의 하나이다.

예술가는 혁명가? – 아이웨이웨이(艾未未)

예술가의 의무 중에 한 가지가 세상을 움직이는 것, 혹은 사회에 영향력을 미치는 거라면, 중국의 아이웨이웨이처럼 영향력 있고 커다란 파장을 일으키는 작가도 없을 것이다. "나의 관심사는 사회와 개인의 상관관계를 어떻게 예술적으로 표현해 낼 것인가이다. 어떻게 하면 지금, 여기 일어나고 있는 변화들을 가장 일반적인 상황으로, 그리고 보통 사람들이 쉽게 접할 수 있는 문제들을 가장 평이한 언어로 새롭게 만들어 낼 수 있을까 하는 것" 이라고 그는 말한다. 그는 중국 밖에서, 예술가라는 타이틀 아닌 행동가라는 타이틀로 더 주목받고 있는 작가이다. 어쩌면 사고와 해프닝에 주목하는 뉴스의 세계에서 가장 유명한 중국 작가일지도 모른다.

1957년 베이징에서 태어난 아이웨이웨이는, 예술가이면서 큐레이터, 건축 디자이너, 문화와 사회평론가이면서 운동가이다. 그는 문화혁명 기간에 신장의 노동 캠프로 보내진 중국 시인 아이칭의 아들이다. 아이웨이웨이 역시 그곳에서 5년을 보냈는데,

그의 아버지는 신장에서 노동을 하면서도 종종 예전에 파리에 있었을 때의 이야기, 그리고 그가 좋아하던 페인팅이나 예술작품 같은 이야기를 자녀들에게 들려주었다. 현실과는 너무 동떨어졌던, 기쁨으로 가득한 이야기들을. 보통 그는 노동으로 지쳐서 집에 돌아오면 쓰러져 잠을 잤지만, 컨디션이 좋을 땐 아이들을 위해 스케치하기도 했는데, 몇 개의 간단한 선으로 화면을 묘사하는 그의 능력은 아이웨이웨이의 상상력을 자극했다. 그러나 그는 자식들에게 예술가가 되라고 권하지 않았다. 당시 수 백, 수 천 명의 작가와 예술가들이 심하게 처벌을 받았기 때문이다.

하지만 그들을 아는 주위 사람이, 문화대혁명이 끝난 1978년, 아이웨이웨이에게 베이징 영화학교에 들어갈 것을 권유했다. 많은 학생들이 다시 열린 문을 통해 몰려들었고, 장이모 감독과 천카이거도 그중에 있었다. 많은 이들에게 이 시기는 창조성을 포용하고 서양 문화를 탐험할 수 있는 영감적인 시기였다.

20대 때, 그는 뉴욕으로 갔다. 그리고 뉴욕의 에너지와 속도, 그리고 온갖 실험적인 것들을 사랑했고, 순간순간 두려움도 느꼈으며, 그러나 여전히 시각적으로 지적으로 느껴지는 그 열기에 빠져 들었다. 그러나 12년이 지난 후, 아버지의 병세로 그는 베이징으로 돌아왔다. 그는 스스로 미국 생활을 통해 "부자가 되거나 사회적 명예를 얻었거나 하는 아메리칸 드림의 어떤 것도 이루지 못했다"고 토로했다. 그는 미국 시민권을 얻거나 학위를 취득하지도 않았다. 그가 돌아왔을 때, 그는 결혼도 하지 않았고, 운전면허도 없었으며, 번듯한 직업도 없었다. 아버지는 그의 귀향을 그다지 반기지 않았다. 그러면서 너무 예의바를 필요 없다고, 나라를 집으로 생각하라고, 그리고 하고 싶은 것을 마음껏 하라고 말했다. 아이웨이웨이는 여전히 그 말을 감사하며 가슴에 새기고 있다.

아버지의 경험은 그에게 어떤 의무감을 남겨 주었다. 세대를 대변하는 것, 세대들을 위해, 그리고 말할 기회가 없었던 이들을 위해. 그리고 그는 말하기를 두려워하는, 혹은 희망을 포기한 주위 사람들을 대신해 말을 해야 한다고 생각한다. 그래서 예를 만들고 싶다고, 당신도 이렇게 말하면 된다고. 그리고 물론 그의 아트가 있다.

2000년 아이웨이웨이는 상하이에서 'Fuck Off' 라는 전시를 공동 큐레이팅했다. 같은 해, 그는 베이징의 차오창디로 이사했고, 그의 스튜디오 'REAL/FAKE' 를 열었다. 2006년 그는 HHF 건축사무소와 함께 뉴욕에 컬렉터와 아트 딜러인 크리스토프 마오를 위한 아트 농장 전시공간과, 크리스토퍼 차이와 안드레 스톡캄프를 위해 개인 저택을 디자인했다. 아이웨이웨이는 스위스 건축사무소인 Herzog & de Meuron과 협력하여 2008년 베이징 올림픽 스타디움의 디자인 감수를 했다. 그는 올림픽에 대해 부정적인 견해를 가지고 있는데, 올림픽 게임을 정치적 프로파간다로 이용하는 것에 대한 거부감이었다. 그럼 왜 올림픽 스타디움 디자인에 참여했는가 하는 질문에, 자신은 단지 디자인 하는 걸 좋아하기 때문이라고 했다. 그는 독재가 아닌 자유를 보여주고 싶었고, 새둥지는 올림픽 정신인 '공평한 겨룸' 을 보여주는 것으로, 사람들에게 자유가 가능하지만 공평함과 용기, 힘이 필요하다는 것을 보여주는 것이라고. 같은 맥락으로, 그는 올림픽 개막식에서부터 멀리할 것이라고 했다. 왜냐하면 선택의 자유도 자유이기 때문에. 이후 그는 여러 가지 민감한 문제들의 한가운데 있게 되었다.

2008년 12월, 아이웨이웨이는 그해 있었던 쓰촨성 지진 학생 사고에 대한 조사를 시작했다. 이 조사는 2009년 5월 12일 지진 1주기 때 지진으로 사망한 학생들의 명단을 기록하기 위함이었다. 2009년 4월 14일, 명단에는 5,385명의 이름이 수록되었다. 아이웨이웨이는 수집된 이름뿐만 아니라 자신의 블로그에 그 조사를 문서화하는 많은 기사를 올렸다. 그는 부실공사로 인해 많은 아이들이 희생자가 되었다는 것을 함께 조사한 탄쭈오런의 진술을 듣기 위해 간 청두에서 경찰들에게 구타당한 후, 두통으로 작업을 더 이상 집중할 수가 없다고 호소했다.

2009년 9월 14일, 그는 뮌헨의 병원에서 뇌출혈을 진단받고 즉각 응급수술을 받았다. 이 뇌출혈은 경찰의 구타와 관련이 있는 것으로 보인다. 파이낸셜 타임즈에 따르면, 아이웨이웨이를 강제로 중국에서 떠나게 하기 위해, 아이웨이웨이의 두 개의 은행구좌가 해킹되었는데, '의심되는 범죄'를 조사하기 위해 중국 정부에서 벌인 소행이었다.

이후 그는 쓰촨성 지진에서 희생된 학생들의 죽음을 상기시키는 작업으로 9천 개의 아이들 가방을 설치한 작품을 선보였다. 제목은 '정말 미안해'였다. 아이웨이웨이는 '한나라의 항아리를

영원–아이웨이웨이

지도–아이웨이웨이

테이블–아이웨이웨이

떨어뜨리며'라는 제목 아래 한나라의 항아리를 깨뜨리기도 했고, 다른 가치 있는 골동품들을 공업용 페인트에 담그기도 했고, 자전거와 고가구를 이용해 조각을 만들었다. 2008년 독일 카셀에서 있었던 도큐멘타 페스티발에서는 1001명의 중국인을 데리고 조용한 독일의 거리에 중국 고가구 의자를 뿌렸다.

2012년 10월, 그는 유튜브에서 '강남 스타일' 패러디 퍼포먼스를 선보인다. 그것은 그러나 차단되고 만다. 그 영상물의 제목은 '차오니마 스타일'인데, 이는 중국정부의 인터넷 통제를 비판하는 은어인 것이다. 이후 아이웨이웨이는, 그가 끊임없이 감시받고 있고, 별로 해가 되지 않는 행동조차 검열된다며 강남 스타일의 패러디 차단을 언급했다. 동영상은, 그를 지지하는 예술가들과 그가 말춤을 추는 것과, 오른손에 쥐어진 수갑을 휘두르는 것이다. 이 패러디 영상은 후에 아니쉬 카푸어가 지지하기도 했다. 이후 아이웨이웨이는 중국의 정치범 구금 및 감시를 패러디한 뮤직비디오를 유튜브에 공개했다. '멍청이(Dumbass)'라는 헤비메탈 뮤직비디오로, 구금된 상태의 아이웨이웨이가 등장했다. 노래를 부른 이유에 대해서 그는 "엘튼 존의 영향이 컸다. 그가 중국에서 콘서트를 할 때, 공연 전에 아이웨이웨이를 위해 자신의 노래를 바친다고 발언한 것에서 영감을 얻었다"고 했다.

아이웨이웨이의 작품은 대체적으로 대륙의 기질이 여실히 드러나는 큰 스케일로, 전통적이거나 중국의 현 상황을 반영하는 소재를 선택, 설치, 디자인, 건축, 영상, 사진 등 다양한 장르로 표현하고, 관객 참여 프로젝트나 SNS와 언론 매체를 이용하여 끊임없이 소통을 추구한다. 그는 테이트 모던 갤러리 전시에 앞서, "나는 두려워하는 사람들을 대신해서 말해야 한다"라고 했다. 아이웨이웨이가 아직도 예술가로서 명성을 떨치는 이유, 많은 중국인들의 영웅인 이유는 아마도 그가 두려워하는 사람들을 대신해서 말하는 작품을 만들기 때문이 아닐까.

PART 6

상하이와 미술

미술관의 도시 상하이

2010년 엑스포는 상하이를 완전히 바꾸어 놓았다. 베이징의 새 얼굴이 올림픽을 계기로 시작되었다면 상하이에겐 엑스포였다. 엑스포 이전에 전 도시가 뒤집어져 새 단장을 해야 했다. 마치 엑스포 이후의 생은 없을 것처럼. 상하이 정부는 그때 상하이를 박물관과 미술관의 도시로 만들기로 했다. 그래서 상하이는 2010년 이전부터 존재한 미술관과 2010년 이후에 생긴 미술관으로 구분할 수 있다. 내게 상하이의 미술관은 큰 의미가 있다. 처음으로 전시기획을 했던 것이 미술관에서였기 때문이었다. 그때는 현대미술을 전시하는 미술관이 그곳 하나밖에 없는 줄 알았는데, 점차 야금야금 생기기 시작한 미술관들은 이제 야심찬 프로그램과 인테리어를 걸고 상하이 전체에 퍼져 있다.

뚜오룬미술관

上海多伦现代美术馆, Shanghai Duolun Museum Of Modern Art

원래 여섯 명의 상하이 주재 외국인 작가들의 그룹전을 기획하고 진행하고 있던 프랑스 큐레이터가 건강상의 이유로 프로젝트에서 하차를 하며 고국으로 돌아가는 바람에 곁에서 맴돌던 내가 졸지에 그 전시를 맡아 진행하게 되며 인연이 된 미술관이다. 당시 상하이엔 단 두개의 현대미술관이 있었다. 상하이미술관과 뚜오룬미술관. 당시 뚜오룬미술관은 지어진 지 얼마 되지 않았고, 멋진 디자인과 야심찬 출발을 했으나 전형적인 정부 미술관이었다. 여러 가지 문제가 있었고, 이슈가 있었지만 무사히 행사를 치렀고, 덕분에 미술관 인사들과 가까워졌으며, 그들은 신선하게 들어온 한국인을 반가워하는 눈치였다. 그것을 발판으로 많은 전시를 할 수 있었고, 미술관 인사를 안다는 것은 늘 나에게 큰 힘이 되었다.

뚜오룬미술관은 현대미술 위주로 전시를 하고 있고, 여전히 정부 운영 분위기가 존재하고 있다. 뚜오룬 문화거리에 위치해 있으며, 중국 현대미술의 발전과 세계화를 위해 정부에서 세운 미술관인데, 세계 여러 나라 여러 작가들과의 교류의 장을 마련하고 있다. 뚜오룬 문화거리에는 여러 음식점과 문화 관련 건물도 있고, 영화 카페도 있어 주말 하루 시간을 보내기에 적합하다.

주 소 : 뚜오룬루 27호(虹口区 多伦路 27号 近四川北路)

웹사이트 : www.duolunmoma.org

전 화 : 021-6587-6901

개관시간 : 화~일 오전 10시부터 오후 6시

상하이당대예술관

上海当代艺术馆, Museum of Contemporary Art, MOCA

상하이 시내 중심지 한가운데, 인민공원에 어느 날 유리로 만들어진 건물이 하나 생겼다. 그러더니 그 건물은 당대예술관이라는 이름을 내걸고 문을 열었다. 시민들을 위한 문화와 여가시설이 모여 있는 상하이 중심지 한가운데에 당당하게 문을 연 이 미술관은 정부 차원의 미술관이 아니라 개인이 만든 미술관이다. 사립 미술관답게 전시도 혁신적이다. 젊은 작가들의 작품을 전시하는가 하면, 만화를 전시하기도 하고, 다양한 분야의 다양한 작품을 선보인다. 아이들을 위한 미술 체험공간도 있고, 아트 상품을 판매하는 코너도 있다. 유리로 되어 있는 벽이 많아 작품이 알몸으로 전시된 듯 빛에 너무 노출된다는 게 흠이라면 흠일까. 햇빛이 쨍쨍하던 어느 날 전시에 갔다가, 햇빛 때문에 고유의 색깔을 발하지 못하는 작품들에 안타까워했던 기억이 있다.

2005년 가을 개관 이래, MOCA는 전세계의 다양한 형태의 현대미술 전시를 기획했으며, 각국의 작가와 현대미술의 흐름을 소개하는 등 많은 나라와의 교류전을 통하여 상하이에서 쉽게 세계 현대미술의 조류를 알 수 있게 하였다. '픽사 25주년기념전시회(皮克斯25周年展)', '현대미술과디자인전(当代艺术和设计展)'과 '살바토레 페라가모 80주년기념전', '아르마니패션전' 등과 같은 전시는 남녀노소를 불문하고 많은 관람객에게 문턱을 낮추어 손쉽게 미술관을 찾도록 했다. 온갖 계층의 사람들이 모이는 인민공원의 한가운데 있어 지하철 1호선 인민광장역 9번 출구로 나와

제2회 8 Faces 전시회 오프닝

인민공원으로 들어가면 바로 미술관을 찾을 수 있다. 미술관 관람을 마치고 꼭대기 층에 있는 레스토랑에서 식사를 하는 것도 상하이를 즐기는 방법 중의 하나이다.

주 소 : 난징시루 231호(南京西路 231号) 인민공원내

전 화 : 021-6327-9900

이메일 : info@mocashanghai.org

웹사이트 : www.mocashanghai.org

개관시간 : 월~일 오전 10시~오후 6시, 매주 수요일은 밤 10시까지 연장개관

관람료 : 성인 20위안, 학생 10위안

와이탄 미술관 입구

와이탄미술관

外灘美术馆, Rockbund Art Museum

1932년에 지어져 19, 20세기 중서 학술문화 교류의 역사적 현장이라 할 수 있는 아주문회빌딩(亚洲文会大楼)에 위치한 와이탄 미술관은 로카펠라 집단이 대대적으로 개발하고 있는 와이탄의 북쪽, 옛 영국 조계의 한가운데에 위치해 있다. 영국 조계 시절의 분위기를 현대적으로 재창조한 페닌슐라 호텔 바로 옆에 있는 이 미술관은 작품을 소장하지 않고 초대전만 하는 곳이다.

아주문회빌딩은 19세기 중기 이래 공공 문화학술교류 센터였다. 1874년 조계정부 지지 하에 영국로얄아주문회(Royal Asiatic Society of Great Britian and Ireland, RAS) 북중국지회가 기금을 모금하여 이 건물을 짓고, 내부에 도서관, 박물원, 강의실을 설치했다. 그중 박물원은 '상하이박물원'이라 불렀는데, 중국에서 가장 먼저 세워진 미술관의 하나이다. 당시 박물원은 이미 세계 주요 박물관과 소장품 교류 및 업무 협조관계를 맺고 있었다고 한다. 2007년 영국의 유명한 건축가이자 미술관 복원의 대가인 데이비드 치퍼필드(David Chipperfield)가 리모델링 설계를 하여 와이탄미술관으로 재탄생하게 되었다. '인문적 관조 예술적 퇴광(人文的关照 艺术的推广)'이라는 신조에 따라 현대 시각예술의 연구, 교류 및 보급에 중점을 두며, 다양한 전시와 교육활동을 통해 문화와 사회에 대하여 이야기한다.

이곳은 늘 거대한 규모의 전시로 관람객을 놀라게 한다. 전시실의 한 층 한 층을 하나의 캔버스인 듯 작품을 배치하는 와이탄미술관의 전시는 아이들을 데리고 가도 지루하지 않다. 거대한 폭포수처럼 다양한 컬러와 향기의 액체가 떨어지던 전시물, 일련의 곰 가죽을 늘어놓아 마치 곰 나라에 온 것 같았던 전시, 거대한 매듭을 천장에 가득 매달아 구름 아래 서 있는 듯 환상의 분위기를 만들어 냈던 전시, 공자의 얼굴을 로빈슨 크루소의 거인처럼 만들어 놓았던 설치물, 비행기와 로봇들로 가득했던 전시 등, 미술계의 디즈니랜드 같다.

총 6개 층으로 이루어진 와이탄미술관은, 1층에선 의류와 서

와이탄 미술관의 전시

적, 머그컵 등 다양한 아트 상품들을 판매하고 있고, 2~5층은 전시장소로, 6층엔 상하이의 풍경을 관람할 수 있는 테라스와 카페가 있어 관람객들에게 편안한 휴식공간을 제공한다. 미술관 입장권이 있으면 음료수 한 잔은 무료.

주 소 : 黃浦区 虎丘路 20号

전 화 : 021-3310-9985

이메일 : info@rockbundartmuseum.org

웹사이트 : www.rockbundartmuseum.org

개관시간 : 화~일 오전 10시~오후 6시

주치잔미술관

朱屺瞻艺术馆

주치잔미술관은 화가 주치잔을 기념하기 위하여 만들어진 미술관으로, 주로 고화 위주로 전시를 하다가 몇 년 전부터는 현대 작품들도 전시하고 있다. 우리에게는 윤봉길기념관으로 유명한 뤼쑨공원(홍코우공원) 내에 위치해 있어, 미술 전시를 구경하러 갔다가 공원을 거닐고, 덩달아 한국 현대사를 다시 한번 되새겨 보는 시간을 가질 수 있다.

주치잔미술관은, 중국화와 서화의 대가인 주치잔을 기념하여 1995년에 세워졌다. 작은 크기의 미술관으로 주치잔의 작품을 연구하고 보관하고 전시하는데 주력했으나, 후에 대대적인 리모델링을 해 현대적 공간으로 거듭나면서, 세계 미술과 중국 미술을 교환하는 플랫폼으로서의 역할을 동시에 하고 있다. 전통화의 연구, 전시와 함께 현대 미술에도 문을 열어놓고 있는 주치잔미술관은, 뚜오룬미술관과 함께 상하이의 모던 아트 센터로서 자리매김하고 있다.

주 소 : 오양루 580호(歐阳路 580号)

전 화 : 021-6587-2530

웹사이트 : www.zhuqizhan.org

개관시간 : 매일 오전 10시 ~ 오후 6시, 월요일 휴무

관람료 : 일반 10위안, 학생 5위안

료하이수미술관

刘海粟美术馆

홍챠오에 있는 미술관이다. 고가도로를 타고 가다보면 홍챠오 입구에 커다란 꽃나무 조각이 눈에 띄는데, 그 꽃나무 조각 근처에 있다. 그리고 그 옆엔 무용학교가 자리해 있어 황량한 대로와 달리 주변 분위기가 은근히 예술적이다.

료하이수미술관은, 중국의 새로운 미술운동을 벌인 료하이수의 이름을 따서 지어졌다. 1995년에 설립되었고, 료하이수의 그림 260점과 200점 이상의 서화, 그리고 생전에 료하이수가 수집한 당, 송, 명, 청나라의 작품들도 소장하고 있다. 미술 교육과 학술 연구, 국제적인 문화교류를 수행하고 있다.

주 소 : 홍챠오루 1660(虹桥路 1660号)

전 화 : 021-6270-1018

이메일 : lhs-arts@vip.citiz.net

웹사이트 : www.lhs-arts.org

개관시간 : 매일 오전 9시에서 오후 4시까지, 일요일 휴무

중화예술궁

中华艺术宫

2012년 10월 1일 제9회 상하이 비엔날레가 세계적인 주목을

받을 때 상하이 중화예술궁도 문을 열었다. 2010년 상하이 월드 엑스포 중국관을 고쳐 만든 중화예술궁은 난징루의 상해예술관이 옮겨 오면서 중국의 근현대 작가들의 작품을 모아 전시하는데, 총 27개 전시실로 중국 최대 규모를 자랑한다. 또한 1만여 점의 소장품을 보유하고 있어 현 중국 미술 발전에 큰 기여를 하고 있다. 소장품을 전시하는 상설전시는 관람료를 받지 않지만, 특별전시는 20위안의 관람료를 받는다.

주 소 : 상하이 푸동신취 상난루 205(上海市 浦东新区 上南路 205号)

교통편 : 지하철 8호선 중화예술궁역 도보 5분 거리

전 화 : 400-921-9021

개관시간 : 오전 9시부터 오후 5시, 월요일은 휴관

당대예술박물관

当代艺术博物馆, Power Station of Art

2012년 10월 1일 상하이 정부 12차 5개년계획에 포함된 문화 프로젝트로 지어진 상하이 당대예술박물관은, 1897년 상하이에 전기를 공급했던 4만 2천 평방미터 면적의 남시발전소 부지에 세워졌다. 또한 이곳은 2010년 상하이 엑스포의 도시미래관으로 쓰여, 상하이의 과거와 현재, 그리고 미래를 보여주는 곳이라고도 할 수 있다. 지하철 4호선과 8호선의 환승역이자 인민광장에서도 4킬로미터밖에 떨어져 있지 않은, 상하이의 중심부에 위치한 곳이라 손쉽게 찾을 수 있다.

당대예술박물관의 첫 전시는 '重新发电(재발전)- Reactivation' 였는데, 총 12개의 전시관을 모두 사용했다. 이 미술관은 2012년에는 '상하이 비엔날레'의 메인홀로 사용되었다. 미술관의 6층 꼭대기에는 커피숍이 있는데, 이곳에서 푸동의 모습을 바라볼 수 있다. 황푸 강을 마주하고 느껴지는 상하이의 역동성과 열정, 그리고 상하이의 문화적 힘을 새삼 느낄 수 있다. 2013년에는 7월 28일까지 앤디 워홀의 전시가 있었는데, 여러 볼거리와 즐길 거리를 마련해 관람객이 직접 보고 느끼며 시도해보는 전시 부대시설이 있어 다양한 연령층의 관람객이 재밌게 즐길 수 있었다.

주 소 : 상하이 황푸취 화유엔강루 200(上海市 黃浦区 花园港路 200号)

전 화 : 021-3127-8531

웹사이트 : www.powerstationofart.org

개관시간 : 화~일 오전 9시부터 오후 5시까지

관람료 : 무료(특별전은 제외), 연휴기간에는 입장제한 있음

이밖에도 민생은행에서 설립한 상하이민생현대미술관(上海民生现代美术馆, Shanghai Minsheng Art Museum, www.minshengart.com), 중국인 컬렉터 부부에 의해 설립된 롱미술관(龙美术馆, Long Museum, www.thelongmuseum.org), 중국계 인도네시아인인 Budi Tek에 의해 설립된 유즈미술관(YuZ Museum, www.yuzmshanghai.org) 등이 있어, 상하이는 미술관의 도시로 거듭나고 있다.

갤러리가 모여 있는 예술 거리들

우노, 도스, 트레스, 꽈트로… 아이가 손가락을 하나씩 펴며 웃는다. 엄지부터 펴진 손가락은 마지막 새끼손가락 차례가 될 때까지 하나씩 허공을 찌른다. 넷까지 세고나자 새끼손가락만이 혼자 손바닥에 남아 있다.

엄마가 만들어준 감자 오믈렛을 포크로 찍어 먹으며 아이는 연신 동양에서 온 수상한 이방인들의 얼굴을 쳐다보며 숫자세기를 했다. 이 사람들은 왜 스페인어를 못하는 거지? 할 줄 알면 내가 놀아줄 텐데… 하는 아쉬움이 아이의 얼굴에 묻어 있다. 막 익힌 숫자세기를 자랑처럼 반복하는 아이의 동그란 머리를 보며 아빠와 엄마는 마냥 행복하다. 런던에서 시간을 함께 보낸 옛 친구를 찾아간 스페인의 갈리씨아. 한국인 친구들이 왔다며 직장 동료 및 친구들을 모두 불러 모아 파티를 열었던 우리들의 인연. 어른들의 숫자만큼 아이들도 많았던 저녁이었다. 마당에서 쵸리소를 구워 먹고, 레몬과 커피알과 설탕을 넣은 아구아디엔떼 께이마다와 함께 했던 눈물 나게 아름다운 날이었다.

스페인은 내게 사랑의 나라이면서 동시에 슬픔의 나라이다. 내 20대의 한 뭉텅이를 빨갛게 물들인 나라. 에스프레소를 마시며 카페 콘레체를 운운하던, 우리들의 늘어나지 않는 영어 실력을 한탄하던, 고국에 돌아가면 무엇을 할 것인가를 이야기하던, 사랑과 우정의 경계에서 아직 저물지 않은 우리들의 청춘을 런던에서 함께 보내던 친구들의 나라.

상하이의 한복판에서 스페인을 만났다. 거대한 거미처럼 도시의 한 복판을 가르던 세고비아의 아쿠아덱토와, 플라멩코를 잘 추던 친구와, 갈리씨아에서의 쵸리소와, 은행직원 같은 웨이터가 서빙을 하는 말라가의 레스토랑, 공중으로부터 멋지게 씨다를 따르던 친구의 친구를 모두 생각나게 하는 작은 공간이 비밀처럼 숨어 있는 곳이었다. 레스토랑 'El Willy'가 있고 'ART in Capitals' 갤러리가 있는 동후루의 한 골목이다. 스페인 작가의 전시를 한다고 해서 왔는데, 놀랍게도 작은 스페인이 패키지로 한데 묶여 거기에 있었다.

전시 테마는 '호라씨오, 너를 사랑해'. 아들의 이름을 건, 아들에게 사랑을 전하는 한 부모의 전시회이다. 자식에게 사랑을 표현하는 방법이 여러 가지 있겠으나, 이렇게 전시로 사랑을 보여줄 수 있는 사람들은 얼마나 행복한가. 갑자기 예술가들에 대한 경의심이 솟아난다. 레스토랑과 반 층을 두고 걸쳐 진 듯 한 작은 2층의 공간은 온통 빨간색으로 덮여 있다. 빨간 바탕의 캔버스가 온 벽을 두르고 있기 때문이다. 그리고 그 빨간 바탕의 캔버스에 사람의 상반신이 하나씩 초상화처럼 떠 있다. 어린 소녀의 모습도 있고, 미소년의 얼굴도 있다. 머리도 옷도 모자도 온통 빨간색이고, 맨살만이 피부색으로 구름처럼 떠 있다. 그들의 삶과 시간이 녹아 있으며, 과거와 미래가 현재라는 틀에 갇혀 멈춰 있다. 그네들이 생각하고 있는 것은 무엇일까, 그네들의 눈동자에 담겨 있는 것은 무엇일까, 소녀에게 들려진 가방 속에는 무엇이 있을까, 청년이 들고 있는 편지가 불에 타는 이유는… 여인의 뒤에서 날개를 펼치고 있는 새는 어디에서 어디로 가고 있는 중인지… 최소한의 색만을 담고 정지되어 있는 그림들 속에서 그 그림을 바라보는 사람의 두뇌는 바쁘게 움직인다.

예술이 예술인 것은, 한 가지를 보여주지만 그 안에 많은 것을 담고 있기 때문이고, 한 가지를 만들었지만 많은 것이 그 안에 녹아있기 때문이다. 단순히 눈으로 보이는 것이 아닌 철학과 삶과 시간과 인연과 땀과 감성이 응축되어 있기 때문이다. 그리고 그것을 보는 사람들은 그 작품을 통해서 자기만의 역사와 관계를 새로 만들게 된다. 붉은 바탕에 떠 있는 초상화를 보며 내가 그 안에서 나의 지나간 사랑과 청춘과 여행과 사람들을 떠올리듯이, 그리고 비오는 상하이 한복판에서 은밀한 스페인 여행을 거짓말처럼 혼자 즐기고 있듯이, 아이들을 향한 부모의 사랑을 또 하나의 부모로서 긍정하고 있듯이, 감기로 콜록거리는 집에 두고 온 아이들의 빨간 볼을 떠올리며 빨리 발길을 재촉하고 싶듯이, 그리고 이 모든 생각들이 훗날 오늘 이 작가들의 작품과 얽힌 하나의 추억으로 뭉뚱그려지듯이…

남편 Salustiano의 작품 곁에는 아내 Angela Lergo의 작품이 있다. 바닥을 헤엄쳐서 '닿을 수 있는 곳까지' 가고 있는 두 사람의 형상이 담긴 조각이다. 나에게는 바닥인 그곳을 헤엄쳐서 그들은 어디로 가고 있는 것일까. 죽음의 강을 건너야만이 살아날 수 있는 전쟁 포로들의 절박함과, 정글을 헤매고 있는 여행자의 호기심, 용감하게 인생을 헤쳐 나가는 투쟁인의 모습이 모두 거기에 있다. 결국은 삶을 사는 우리들의 모습인 것이 아닐까. 비록 도록에서였지만, 육체와 영혼의 작품은 내 곁에 살고 있는 나의 영혼을 보고 있는 것 같아 더욱 경건한 마음이 되었다. 내가 지나쳐 온 시간과 저질러온 일들이 앞으로의 삶과 미래에 모든 책임을 다 할 수 있도록 살아가야 하지 않을까 하는 반성과 의지의 마음도 생긴다. 착한 마음으로 여는 봄날에, 날개 달린 영혼이 마치 나의 옆에서 가만히 기도를 하고 있기라도 한 것처럼.

'호라씨오, 너를 사랑해(Horacio, We love you)' 전이 열렸던 스페인 화랑 Art in Capitals에 대한 이야기이다. 상하이는 나에게 상하이로서만이 아니라, 전 세계를 옮겨 놓은 듯 한 미니 월드의 느낌도 갖게 한다. 예전에 담아뒀던 어떤 나라에 대한 추억들이 종종 상하이에서 맞닥뜨려지곤 하니까. 그것은 바로 상하이에 불쑥불쑥 생겨나는 갤러리들 덕분이 아닐까 싶다.

요즘은 옛날 프랑스 조계 지역에서 외국인이 운영하는 갤러리들이 작지만 실속 있는 전시와 규모로 드문드문 문을 열고 있다. ART In Capitals(陕西北路 729号), Art Labor Gallery(永嘉路 570号, 岳阳路 부근), 모든 도시에는 아름다운 면과 어두운 면이 있다는 디킨스의 개념에서 이름이 지어진 Two Cities Gallery(绍兴路

20号, 瑞金二路 부근), 4층짜리 영국식 건물에 들어서 있는 Ifa Gallery(常德路 621号, 武定路), 푸싱루의 고상하고 아름다운 3층짜리 건물에서 다양한 장르를 넘나들며 수준 높은 외국작가들의 전시들을 올리고 있는 Elisabeth de Brabant Art Center(复兴西路 299号, 华山路 부근), 뉴욕과 상하이에 각각 공간을 가지고 있는 James Cohan Gallery(岳阳路 170 弄1号 弄1号楼 1楼, 建国西路 부근) 등이 있고, 그밖에도 상하이의 사진작가 겸 큐레이터 레오쒸에 의해 운영되는 Leo Xu Projests(复兴西路 49号 3号楼, 永福路 부근), 우캉루의 트렌디한 퍼거슨레인에 자리한 Leo Gallery(武康路 376号, 泰安路 부근) 등이 모두 프랑스 조계 지역의 갤러리들이다.

M50

상하이에서 가장 큰 예술단지이다. 현재 M50이 공식 명칭이 된 이곳은 원래 모간산루(莫干山路) 50번지에 있어서 모간산루로 불리다 쉽게 불리기 위해 M50이라는 알파벳 약자를 쓰기 시작했다. 한때 많은 친구들이 있던 곳, 친구들의 공동주택을 찾아가듯 상하이를 찾는 사람들과 불쑥불쑥 들렀던 곳, 내 집처럼 들어가도 맘 편하고 설레던 곳이다.

처음 신문에서 그곳에 대한 기사를 읽고 상하이에도 이런 쿨한 곳이 있었구나, 라는 생각에 그곳을 찾았다. 택시기사도 고개를 갸우뚱 하긴 했지만, 택시가 들어갈수록 이상한 분위기의 시골스러운 장소. 그날따라 유난히 밝은 색으로 옷을 입고 귀고리며 목걸이 등등을 하고 있는 게 쑥스러웠다. 택시기사가 모간산루가 시작되는 곳에 내려주어 그 길을 따라 쭈욱 걷게 되었는데, 아무래도 분위기가 예술과는 너무 동떨어지게 느껴졌다. 골목에서 빨래를 하거나 밥을 하거나 손을 씻거나, 아이들을 안고 나와 있는 사람들의 눈치를 보며 걷다가 M50 예술단지 입구에 다다랐을 때는 남의 회사 공장에 온 듯 해 경비실이 있는 입구에서 기웃기웃하다 그냥 발걸음을 돌렸던 기억이 있다. 여전히 가동되고 있는 공장 분위기에 입구에 경비도 있고, 그래서 무슨 그림 구경을 좀 해볼까 하던 생각이 쏘옥 들어갔던 것이다.

그것도 그럴 것이 당시엔 아직 일반인들이 찾아오던 때도 아니었고, 단지 안쪽 몇 건물은 예술인들이 차지했겠지만 여전히 많은 건물이 공장으로 가동되고 있었고, 노동자들이 기거하는 기숙사도 있었기 때문이었다. 그러나 후에 화가 친구 몇 명과 그곳을 찾고, 푸동에 있던 화가촌이 문을 닫으며 대거 화가들이 모간산루로 이사하게 되면서 한때 모간산루는 나의 친구네 집처럼 친근했었다. 여러 행사가 열렸고, 그다지 세련되지 않은 예술촌에서 세계 예술인들이 모여 우정을 나누고 축제를 즐겼다. 폐쇄될 위기에도 처했지만, 많은 관광객이 찾는 상하이의 명소가 된 탓에 상하이 정부는 결국 그곳을 그대로 유지하기로 결정했다.

지금 M50에는 커피숍도 있고, 상업 갤러리들도 많다. 안내인이 없어도, 아는 사람이 없어도 혼자서 구석구석 찾아다니기 좋도록 표지판도 포스터도 화살표도 군데군데 붙어 있다. 어느 집이든 문을 열고 들어가 그냥 구경하면 된다. 상하이의 대표적 화랑인

상아트(www. shanghart.com)와, LED와 비디오를 이용한 위트 있는 네온 아트 작품들을 만들어 내는 Island 6(www.island6.org), 오랜 세월 중국 작가들의 든든한 지지자가 되고 있는 동랑(East Link) 등이 있다. 작가들이 직접 운영하는 스튜디오 겸 갤러리도 더러 있다. 푸토취 모간산루 50호(普陀区 莫干山路 50号, 澳门路 부근).

홍방(红坊, Red Town)

M50 지역의 포화로 개발된 홍방은 1956년에서 1989년까지 철강을 생산하던 공장 터였는데 2006년 초부터 예술가들이 하나 둘 모여들면서 예술단지로 탈바꿈한 곳이다. 갤러리 뿐만 아니라 사무실, 바, 카페 등이 많이 생겨났으며, 지금도 공사 중인 곳이 더러 있다. 새롭게 지어진 건물도 있고, 기존의 공장을 리모델링한 갤러리도 있다. 상업적 성격과 예술적 성격이 조화롭게 이루어져 있어 갤러리나 예술인, 미술을 잘 모르는 일반인에게도 친근한 분위기를 준다. 홍방의 중앙에는 많은 조각 예술품들이 전시되어 있어 사람들의 눈을 사로잡는다. 2만 평의 넓은 직사각형 대지 위에 외각 테두리 쪽으로 건물이 늘어서서 감싸고 있는 구조인데, 갤러리 뿐만 아니라 공연장, 비달사순 헤어&메이크업 아카데미와, 명품 브랜드 의류들을 모아 놓은 숍이 있고, 카페와 음식점도 있다. 상하이 미술계에 독특한 공헌을 하고 있는 민생 미술관도 이곳에 문을 열었다. 화이하이루 570호(上海市 淮海西路 570号).

티엔즈팡(田子坊)

타이깡루로도 알려져 있는 이곳은, 한국으로 치면 인사동과 홍대 앞을 절묘하게 섞어놓은 곳 같다. 상하이의 골목 농탕(弄堂) 사이사이로 예술과 디자인이 넘쳐흐르는데, 오래된 상하이의 건물들이 그 자체로 이곳의 역사와 흔적을 고스란히 보여주고 있어 더욱 운치가 있다. 예술단지인 M50과 다른 점이라면, 티엔즈팡은 순수미술 뿐만 아니라 상업적인 색채를 가진 사진작품들과 디자이너들의 수공예품, 의류, 액세서리 등 다양한 형태의 크레이티브 상품이 공존하고 있다는 것이다.

원래 이곳은 정부에서 예술의 거리라는 이름을 붙이고 계획적으로 밀어붙이려고 했다. 작가들에게 작업실을 제공하고 예술 분위기가 넘치기를 원했다. 그러나 이상스레 순수 작가들보다는 표구점과 장식용 그림들이 바깥 거리에 가득했고, 작가들은 뒤쪽 작은 규모로 들어왔다. 그러다가 디자인 숍이 하나 문을 여는가 싶더니, 더불어 또 다른 디자인 숍, 그리고 또 하나의 현지 디자이너의 숍이 들어서면서 티엔즈팡은 명실 공히 디자인의 거리로 활기를 얻었다. 현지 디자이너들에 의해 만들어진 창의적인 상품들을 보고자 사람들이 몰리기 시작했고, 그러면서 작가들의 작업실과 갤러리들도 활기를 띠었으며, 모여드는 사람들의 허기와 휴식을 위해 카페와 레스토랑이 생겨났다.

원래 하나의 골목이었던 티엔즈팡은 그렇게 해서 커다란 구역의 골목과 골목으로 연결된 하나의 창의단지가 되었다. 작은 골목에 이런저런 것들이 빽빽하게 들어서다보니 마치 벼룩시장에 들어선 듯, 배낭여행의 중심지에 들어선 듯 활기와 열정이 넘치는 상하이의 명소로 자리 잡았다. 르완취 타이깡루 210농(卢湾区泰康路 210弄) / 지하철 9호선 따푸차오(打浦桥)역 하차.

와이탄(外滩)

황푸강을 따라 늘어선 오랜 건물들의 이국적인 와이탄. 이곳에도 몇 개의 화랑이 자리 잡고 있다. 와이탄 3호에 있는 갤러리 오브 아트(Shanghai Gallery of Art, 外滩 三号 卢甲画廊), 와이탄 18호에 대안공간으로 문을 연 와이탄 18호 예술공간, 여러 가지 미술 관련 용품들을 살 수 있는 푸조루에 있는 스튜디오 루즈, 그리고 홍콩의 재벌 2세이자 유명한 컬렉터인 펄 람이 연 펄 람 갤러리 등이 있다.

Michael Graves가 설계한 와이탄 3호 건물에 있는 와이탄 3호 갤러리는 2004년에 문을 열었다. 1천 평방미터의 전시공간, 높은 천정과 브러쉬 마감 벽으로 산업적인 분위기를 띠고 있는 이 화랑은, 유명 작가들의 전시로 상하이에 새로운 전시문화를 도입했다. 영국 작가 애니쉬 카푸어(Anish Kapoor)나 리차드 윌슨(Richard Wilson) 등의 전시를 했고, 네덜란드 건축가의 전시도 했다. 중국의 유명 삭곡가의 전시도 했다. SGA 갤러리는 중국의 유명 컨템퍼러리 작가들의 전시를 통해 중국의 풍부한 미술사를 세계에 알리고자 하며, 사립 갤러리 중 가장 영향력 있는 갤러리가 되고자 노력하고 있다. 구더씬, 천지에, 린일린, 정리, 료지엔화 등의 전시를 했으며, 작곡 노트와 악기, 영화 관련한 자료들이 전시되었던 작곡가 탄둔(譚盾)의 전시도 흥미로웠다. 쫑샨동이루 3호 3층(黃浦区中山东一路3号3楼, 广东路 부근) / 전화번호 021-6321 5757 / 웹사이트 www.shanghaigalleryofart.com.

와이탄 18호 갤러리는 Bund 18 Temporary Art Space, 창의 공간(Creative Center), 또는 18갤러리라고도 불린다. 번드 18의 자리는 1920년대 스텐다드 차터스 은행이 있었던 곳으로, 와이탄에서 인상 깊은 건물의 하나이다. 번드 18 창의 공간은, 복합 문화공간으로, 아시아 작가들의 페인팅, 비디오, 조각, 디자인 작품 등을 전시했다. 쫑샨동이루 18호 4층 (中山东一路 18号 4楼, 南京东路 부근)/ 전화 021-6323-7066 / 웹사이트 www.bund18.cn.

호주인에 의해 문을 연 스튜디오 루즈(Studio Rouge)는 푸조루 17호(福州路 17号)에 있다. 공간은 크지 않지만 컬렉션하기 좋으면서도 실력 있는 중국 작가들의 작품을 전시한다. M50에도 공간을 가지고 있고, 홍콩에도 문을 열었다. 전화번호 021-6323 0833 / 이메일 george@studiorouge / 웹사이트 www.studiorouge.com.

매스컴에도 종종 등장하는 셀러브리티 갤러리어인 펄 람의 갤러리(Pearl Lam Gallery)는 자본의 중요성과 영향력을 여실히 보여주는 갤러리이기도 하다. 순수미술 뿐만 아니라 디자인에도 많은 관심을 갖고 투자하고 있다. 쟝씨종루 181호(江西中路 181号) / 전화 021-6323-1989 / 이메일 info@pearllamgalleries.com / 웹사이트 www.pearllam.com.

번드1919(半岛1919)

와이탄으로부터 북쪽으로 올라가면 만나게 되는 문화예술 구역이다. 다섯 개의 건물을 개조해 2008년에 대대적인 나라별 디자인 프로젝트를 실행하며 문을 열었다. 대표적인 건물은 예전에 도축장으로 쓰였던 곳인데, 특이한 건물구조와 분위기가 디자인의 힘을 입어 개성적으로 태어났다. 8만여 평방미터의 크기를 자랑하는 이곳은 디자인과 순수미술의 플랫폼으로 만들어진 예술구인데, M50과 같은 부동산개발업체에 의해 개발되어 비슷한 분위기를 가지고 있다. 그러나 커다란 공간임에도 불구하고 몇 년이 지난 지금까지도 일부만이 이용되고 있다. 디자인 회사와 광고회사, 가구점들이 문을 열고 있어 창의적인 분위기는 가득하지만 순수미술 활동은 아직 부족한 감이 있다. 저렴한 임대료와 넓은 공간으로 예술가들이 입주해 올지는 아직도 미지수다. Roots Gallery라는 가구 갤러리는 예쁜 소품과 가구들을 전시하고 있지만, 다양한 예술가들이 모여 토론하기도 하는 또 다른 형태의 모임 장소로 이용되고 있다. 예술구 안엔 커피공장도 있는데, 이태리 MERA 커피수출입회사라고 한다. 커피숍을 함께 운영하며, 직접 로스팅한 커피와 커피콩, 그리고 커피머신까지 판매한다. 송씽시루 258호(淞兴西路 258号).

예술을 사랑하는 사람들의 파티 '아트 페어'

카트가 바쁘게 굴러다니고, 사람들은 소리를 지르거나 서로를 부르고, 엘리베이터는 연신 꽉 찬 채로 풀가동 되고 있다. 그런데도 그 앞에선 순서를 기다리는 무수한 사람들과 그림들과 조각들의 수가 좀처럼 줄어들지 않는다. 전시대와 브로셔 상자들까지 합하자면 완벽한 아수라장이다. 이렇게 많은 사람들이 움직이고, 많은 미술작품들이 옮겨지고 있는 건, 앞으로 있을 5일간의 아트 페어를 위해서다. 아트 페어는 미술을 빌미로, 미술에 빠져 있는 사람들, 미술을 사랑하는 사람들, 미술을 사랑하고 싶은 사람들이 함께 만나는 축제다.

아름다운 미술작품, 새로운 미술작품들을 한꺼번에 보는 즐거움도 무시할 수 없지만, 지인들을 만나고 새로운 사람들을 알게 되는 것도 대단한 즐거움이다. 아닌 게 아니라 몇 년 전 베이징 쑹좡 화가촌을 방문했을 때 마지막으로 보고 보지 못했던 유에링을 다시 만나게 되었다. 그 어수룩한 미소와 어정쩡한 자세, 상대방을 행복하게 만드는 표정이 여전하다. 어! 하고 서로를 손가락질 하며 웃음을 터뜨린 건 너무나 반가웠기 때문이다. 몇 년이 지났는데도 그런 순수한 표정을 간직할 수 있는 건 대체 어떤 비결에서란 말인가? 기념으로 함께 사진도 찍는다. 이제 다큐멘터리와 사진에 손을 대기 시작해서 아트 페어가 끝난 후엔 수조로 촬영을 간단다. 끊임없이 일을 하는 열정이 새삼스럽다. 내가 아티스트들을 존경하는 이유 중의 하나가 그들의 열정과, 그 열정을 현실로 창조해 만들어내는 끈기인데, 내가 아티스트가 되지 못한 이유도 바로 그 때문이다. 열정과 끈기의 부족이라고나 할까, 아니면 어질러짐에 대한 결벽증 같은 거.

또 하나의 오래된 친구인 이태리 화랑 주인 로잔나는 올해도 여전히 아트 페어 장을 서성거린다. 이전엔 그녀가 늘 부스를 가지고 있고 나는 들러리였는데, 지난 몇 년 간은 그녀의 부스는 찾을 길 없고 오히려 내가 부스를 지키고 앉아 있다. 이번엔 이태리 조각가 한 명을 이끌고 나타났다. 상하이에 있는 한 화가촌에 들어가기로 하고 보증금도 내고 이제 이사를 들어가야 하는데 화가촌 측에서 약속을 지키지 않는다는 것이다. 로잔나의 이야기를 들으며 그의 얼굴을 살피는데, 그의 눈에 눈물이 글썽글썽하다. 몇 년 작업을 하다 가겠다고 들떠서 상하이 땅을 밟았는데 처음부터 일이 순조롭게 풀리지 않으니 실망과 절망과 답답함이 그의 마음을 내리치는 탓이다. 남자의 눈물을 보자니 또 지병인 정의감이 울컥 솟는다. 이리저리 수소문을 해 일을 처리해 줄 사람을 찾아 연결해 준다. 나중에 일이야 어떻게 마무리되건 간에 어쨌든 그는 그날 웃으며 아트 페어 장을 나섰다.

상하이 아트 페어

중국 방송국과의 인터뷰

기침을 콜록거리며 작품을 디스플레이 하고 간 벨기에 작가는 아트 페어 기간 내내 잠깐 전시장에 들렀을 뿐 자리를 지키지 못했다. 나중에 작품을 가지러 왔을 땐 폐렴으로 병원에 입원한 남편의 소식을 전해왔다. 독일 조각가는 정성으로 조각한 대리석 작품을 소중하게 들고 왔다가 다시 소중하게 담요에 싸서 상자에 넣어 가지고 갔다. 한국에서 온 여러 화랑들, 화랑 관장님들, 그리고 작품을 가지고 상하이를 찾은 작가 분들. 처음 상하이를 찾은 분도, 여러 번 상하이에 온 적이 있어 이제는 상하이에 대해 나보다도 더 많은 것들을 알고 계시는 분도 있다. 낯이 익은 분들과는 반가운 미소가, 처음 만나는 분들과는 탐색과 수줍음의 미소가 교환된다. 그래도 아트 페어가 끝나는 마지막 날엔 와인 잔을 돌리며 만남의 인연을 기념한다.

명실 공히 아시아에서 가장 오랜 역사를 가진 아트 페어의 하나인 상하이 아트 페어(上海艺术博览会)는 2014년에 18회째를 맞는다. 지난 17년간 50여 나라 천 여 갤러리가 아트 페어를 참여하기 위해 상하이를 찾았고, 특히 2000년에는 로댕의 〈생각하는 사람〉이 100만 달러로 거래되면서 중국 미술시장의 저력을 보여주기도 했다. 중국 미술과 함께 성장한 이 아트 페어에 많은 한국 갤러리도 매년 참가를 한다. 매년 11월 중순에 개최된다. 얀안씨루 2299호, 상하이마트(延安西路 2299号 靠近古北路. 上海世贸商城) / 웹사이트 www.sartfair.com.

상하이의 또 다른 아트 페어로는 SH Contemporary가 있다. 매년 9월에 열리는 이 아트 페어는 다양한 나라의 컨템포러리 작품들이 주를 이루는데, 상하이 아트 페어보다 굵직한 갤러리들이 참가하고 상하이 미술계의 많은 인사들이 참석해 화려한 출발을 했다. 이 아트 페어의 프리뷰 행사 때는 상하이의 VIP들이 다 모인다고 해도 과언이 아닐 정도로 국내외적으로 유명한 기업가들과 컬렉터들이 온다. 세계적 관심이 홍콩의 아트 페어로 옮겨 가면서 열기가 약간 식은 감이 없지 않아 있지만, 상하이 중심에 위치해 있는 역사적이고도 아름다운 전시관의 분위기에 힘입어 여전히 중요한 아트 페어로 인식되고 있다. 상하이전람중심, 얀안종루 1000호(上海展览中心, 上海延安中路 1000号).

2013년에 최초로, 상하이에서 호텔 아트 페어가 개최되었다. 상하이 호텔 아트 페어(上海城市艺术博览会酒店型博览会, Citizen Art Shanghai Hotel Art Fair)는 2013년 5월 31일부터 6월 3일까지 예원 르네상스호텔에서 열렸는데, '상하이 시민들의 예술과 생활의 대화'가 주제였다. 그래서인지 다양한 페인팅 작품도 있었지만, 일상생활에서 사용하는 찻잔이나 이불, 가구에 예술을 입힌 일종의 아트 상품들이 많이 보였다. 허난난루 159호, 상하이 예원 르네상스호텔(黃浦区 河南南路 159号, 上海豫园万丽酒店) / 웹사이트 www.citizenartshanghai.com.

2014년엔 서안예술설계박람회(西岸艺术设计博览会, West Bund Art and Design)도 새로 생겨 상하이의 아트 페어 이벤트에 또 하나의 색을 더하고 있다. 龙腾大道 2567, 西岸艺术中心.

돈이 있어 풍요로운 상업적 아트 공간

일률적이고 돈 벌기에 급급한 '삭막 상하이'에 반가운 문화공간이 생겼다고 한다면, 상업적 공간에 문화적 공간을 공존시키고 있는 K11 아트센터와 히말라야 아트센터를 들 수 있다. 전혀 문화와는 상관없을 것 같은 공간에, 소비자들의 심리를 한 단계 발전한 차원에서 파악하고 건드리는, 쇼핑몰의 문화공간들이다. 유명한 명품이 있는 곳에 삶의 질을 풍요롭게 해주는 문화도 함께 공존한다는 것을 소비자들에게 잘 보여주고 있는 곳들이다. 전문인들을 초빙하고 좋은 예술가들을 초대하여 전시 수준도, 공간 배치도, 대중을 위한 프로그램도 수준 높다.

K11 아트센터

홍콩 침사쵸이에 이어 상하이에서 두 번째 문을 연 K11은 홍콩 자본으로 지어져, 상하이에 새로운 라이프 스타일을 제시하는 공간이다. 상하이인의 삶에 쇼핑과 문화예술을 덧입혀 감각적이고 예술적인 삶을 제시한다. 지하 1층의 K11 아트 파운데이션은

K11 입구

갤러리 공간으로 다양한 미디어 작품과 조각, 페인팅 작품들을 전시할 수 있는 공간이다. 특히 중국의 신진작가 발굴에 힘써 새롭고 신선하며, 작가들에게 자본에 얽매이지 않는 파격적인 작품을 할 수 있게끔 한다. 관람객에게는 훨씬 재미있고 흥미로운 전시를 선보이므로 작가와 관람객 모두에게 즐거운 공간을 마련한 셈이다. 그래서 K11 개관전으로는 다양한 형태, 다양한 주제의 작품들이 모였다. 하루 구매액이 1000위안을 넘으면 K11회원카드를 발급받을 수 있는데, 이 카드를 이용해 한 달간 문화센터의 다양한 프로그램을 배울 수 있다. K11 ART MAP을 보면 쇼핑몰 전체에 걸쳐서 예술작품들이 곳곳에 숨어 있어, 쇼핑을 하는 도중 작품과 맞닥뜨리게 되거나, 숨어 있는 작품을 일부러 찾아가 보는 묘미가 있다. 화이하이루 300호(卢湾区 淮海路 300号, 黃皮南路 부근) / 전화 021-2310-3188 / 웹사이트 www.shanghaik11.com.

히말라야미술관(喜玛拉雅美术馆, Himalaya Museum)

최근 상하이에는 다양한 나라와 지역에서 온 거대 자본가들에 의해, 혹은 유명 컬렉터를 중심으로 개인 미술관이 많이 지어지고 있다. 지난 몇 년간 중국 미술이 베이징을 중심으로 성장했다면, 최근에 아시아 미술 산업의 메카로 떠오르는 곳은 상하이라고 할 수 있다. 그도 그럴 것이 중국의 수도인 베이징이 다소 이념적이고 정치적인 색채가 강하다면, 상하이에는 포춘 500대 기업이 모두 들어와 있으니 훨씬 자유롭고 모던하며 유연한 소비 패턴과 생활이 가능한 곳이기 때문이다.

푸동에 위치한 히말라야미술관은 개인이 세운 미술관이다. 이곳은 중국 부동산개발 쩡다 그룹(证大集团)에서 세운 복합쇼핑센터이자 미술관이다. 입구가 다소 복잡한 게 흠이지만, 미술관을 통하는 에스컬레이터를 타고 들어가면 마치 동화 속에 들어온 것 같은 기분이 된다. 건물을 지탱하고 있는 큰 기둥들은 요정이 살고 있을 것만 같은 거대한 나무 몸통 같고, 엄청난 높이의 전시공간은 그 자체만으로도 감탄을 자아낸다. 어린이들이 다양한 미술체험을 할 수 있는 공간과 프로그램도 많다. 평소엔 입장료가 50위안이지만, 수요일엔 무료다. 上海 浦东新区 樱花路 869号 A区3楼(证大喜玛拉雅中心内) / 전화 021-5033-9801 / 웹사이트 www.himalayasart.cn / 개관시간 오전 10시~오후 6시(월요일 휴관, 토요일은 저녁 9시 30분까지 연장)

라오마토(老码头, The Cool Docks)

신티엔디가 상하이의 명물로 성공하면서 그와 비슷한 모토로 태어난 곳이 쿨 독스이다. 오래된 건물의 분위기를 살리면서 모던하게 태어난 곳, 레스토랑과 바와 더불어 문화 활동을 동시에 제공하고자 한다. 애매한 교통편과 주위의 개발 지연으로 몇 년 동안 별다른 주목을 받지 못하다가 최근에 들어서서 햇빛을 보고 있다. 상하이는 국제도시로 많은 나라 사람들이 함께 살아가는 도시이자, 중국 연해도시로 서쪽의 가난한 농민공들이 상하이 드림을 위해 모여드는 도시이다. 그래서 최고의 부와 극심한 가난이 공존한다.

쿨 독스 주위의 분위기가 바로 그러했다. 와이탄 개발과 함께 쿨 독스 부근도 개발에 들어가도록 계획이 되어 있었는데, 개발이 진행되기까지 시간이 많이 걸렸다. 높은 빌딩과 허물어져 가는 집이 동시에 공존한 것이다. 그래서 쿨 독스는 마치 사막의 오아시스처럼 주위 환경과 전혀 어울리지 않게 홀로 먼지 구덩이에 우뚝 서 있었다. 그 안엔 유명한 스틸러 독일 레스토랑도 있고, 그리스, 일본, 태국 음식점과 한국 음식점도 있어 사람들의 발길을 이끌었다. 그러다가 쿨 독스 옆에 오래된 워터 하우스를 개조해 만든 부티끄 호텔이 들어서면서 멋과 트랜드를 추구하는 사람들의 발길이 잦아지게 되었다. 원래 유지공장이 있었으며, 16개의 포구를 가진 항구로 상하이의 무역을 책임지던 공간인 라오마토는, 2천 년대 들어 창의예술구로써 상하이 문화예술의 흐름을 선도하게 되었다.

쿨 독스 일대의 예쁜 풍광 때문에 여러 나라에서 광고나 드라마 촬영지로 쓰이고 있는데, 삼성 갤럭시1의 광고 촬영지였고, 현재에도 많은 중국 드라마들이 이곳에서 촬영되고 있다. 원래 박물관과 미술관이었던 곳이 현재 레스토랑으로 개조되었지만, 아직도 쿨 독스는 문화 중심지로서의 꿈을 버리지 않았다. 뮤직 페스티벌과 맥주 축제, 영화제 행사 등이 열린다. 날씨가 좋은 날, 쿨 독스의 분위기가 어떻게 변해 가고 있는지 찾아가 보는 것도 좋을 듯 하다. 종산난루 505농(中山南路 505弄).

언제나 현재형인 진산 농민화 마을

중국은 내게 정적인 나라였다. 굉장한 탐험 이야기도 없고, 야생 동물과 관련한 흥분감도 없다. 중국 고대 산수화에 존재하는 그런 구름에 휩싸인 조용한 명상의 자연이 오래 전부터 중국의 자연이라고 각인되어 왔기 때문인지도 모른다.

구오칭지에(国庆节)를 낀 두 번의 중국 내 휴가 이후 나는 중국을 여행하지 않는 편이다. 배를 타기 위해 몰려들었던 믿을 수 없이 많았던 인파와 대중교통을 이용하면서 겪어내야 했던 고생, 음식으로 인한 불편함 등 나의 혈관에서 여행자의 피를 모두 뽑아가기에 충분했던 그 두 번의 여행은, 사막과 낙타만이 존재한다는 신장도, 지구상의 마지막 파라다이스라는 몽골도, 색다른 문화로 이국적이라는 윈난도, 애국가에 등장하는 꿈속의 백두산도 그냥 매스컴을 통해서만 즐기게 만들었다.

그런 내가 창장싼샤(长江三峡)에 가게 된 것은 한국에서 부모님이 오셨기 때문이었다. 창장싼샤는 아버지의 꿈의 여행지였다.

두 분을 모시고 창장싼샤 유람선에 올랐다. 하루 세끼 밥이나 먹고 세상일 잊고 갑판에서 낮잠을 자거나 한가로이 책이나 읽어야지, 하던 나의 계획은 그러나 배에 올라 일정표를 받으며 산산이 무너졌다. 새벽같이 일어나 마침 지나치게 되는 장관을 놓치지 않으려면 갑판에 올라 눈을 부지런히 굴려야 했고, 밥을 먹고 나면 밖으로 나가 배가 정박한 부근의 명승지를 둘러보아야 했다.

하루는 투자족의 마을에 들렀다. 작은 배에 십여 명 씩 나누어 올랐고, 배 한 척을 여섯 명의 투자족 사공이 노를 잡았다. 원래는 나체로 배를 저었다는 투자족 사공들은 이제는 반바지를 걸치고 있었다. 제일 앞자리에서 그들의 뒷모습을 봐야했던 나는 그래도 뭔가를 걸쳤기에 다행이지 안 그랬으면 큰일 났을 뻔 했다는 생각이 들었다. 물길이 점점 좁아지고 얕아지자 네 명의 사공은 밧줄을 몸에 걸치고 강기슭으로 올랐다. 그리고 거기에서부턴 수레를 끌듯 바깥에서 배를 끌었다. 거센 물살에 구령을 붙이며, 용 힘을 쓰며… 투자족의 노래가 흐르고, 수 십 척의 배와 그 배들을 끄느라 용처럼 늘어선 수 십 사공들의 모습은 한 마디로 장관이었다. 하늘은 푸르고 물에는 하얀 거품이 일고, 그 물과 더불어 살아가는 사람들의 땀과 생활이 어우러진 역동적인 풍경이었다.

선입견을 바꿔야 했다. 그건 내가 그때까지 알고 있던 정적인 나라 중국과는 거리가 먼 것이었다. 고대 산수화로는 표현할 수 없는 이런 활동력, '움직이고 있는' 광경, '살아 있는' 광경, 뭔가 '일어나고 있는' 광경… 현재형의 그림… 그것을 어디에서 봤을까. 분명 그런 그림을 본 적이 있는데… 그러다가 나는 기억해 냈

진산 농민화촌 스튜디오 안

진산 농민화촌 평면도

진산 농민화촌 입구

다. 푸투오샨(普陀山) 여행을 갔을 때 보았던 '죠우샨 어민화'가 바로 그랬다는 걸.

황해의 틈바구니에 특이하게 푸른 바다가 있으면서 불교 신자들의 순례지인 푸투오샨이 있는 곳엔 중심섬인 죠우샨(周山)을 비롯해서 리조트 섬으로 개발되고 있는 타오화다오(桃花岛) 등 여러 개의 섬이 밀집해 있다. 배를 타고 도착한 곳이 죠우샨이었는데, 거기에서 '죠우샨 어민화 전시'가 열리고 있었다.

무작정 차를 멈추고 들어갔다. 커다란 전시장을 가득 메운 그림들… 죠우샨의 어민들이 그린 그림이라는 것 아닌가. 형형색색의 몸뚱이를 한 물고기들이 화면 안에서 펄떡이고 있었다. 기다란 다리를 쭈욱 벌리고 있는 문어와 오징어, 하늘까지 뻗어오를 듯 힘차게 뻗은 거대한 미역, 눈이 불룩 튀어나온 물고기와 장난치 듯 그물을 건드리며 놀고 있는 물고기들. 그 그물의 한 끝을 쥐고 있는 어부들과, 흥에 겨워 노래를 하는 사람들, 태양빛을 받으며 뛰어 노는 어린이들과 만두를 빚고 있는 여인네들. 수십 척의 배를 타고 노는 마을 사람들의 모습도 거기에 있었다. 투자족의 모습에서 볼 수 있는 그 생동감!

어려운 듯 복잡한 듯, 그러나 단순하면서도 평면적인 모습으로 어민화 속의 존재들은 화폭에서 살아나고 있었다. 그들의 지난날이 어떠했든, 슬픈 일과 절망이 있었든, 풍랑으로 몇 주 째 떠나보낸 식구를 맞이하지 못하고 있든, 어민화의 화면에 있는 사람들은 모두 현재형으로 행복한 중이었다. 아름다웠다. 원근감도 없이 색깔과 형태만 존재하는 그림. 그렇게 단순한 방법으로 절절한 어촌의 생활을 녹여내고 있다니.

죠우샨 어민화는 죠우샨 지역에 사는 사람들이 바다와 관련한 문화적, 지리적 현상들로부터 영감을 받아 그림을 그리면서 시작되었다고 한다. 1980년대에 선보이기 시작한 어민화는, 상징적인 선들을 사용하고, 과감한 과장과 모양 변화를 이용하며, 강한 색감의 대비를 이용해 그들의 바다로부터의 수확을 드러낸다. 무엇보다도 그들의 그림엔, 바다를 향한 애정이 담겨 있다.

사실 이러한 그림에 죠우샨 어민화만 있는 건 아니다. 중국에는 농민화, 어민화가 발달되어 있다. 상하이에서 가장 가까우면서 잘 알려진 것은 아무래도 진산(金山) 농민화이다. 죠우샨 어민화와는 달리 농민화에서는, 말 그대로 농사와 관련한 동물, 풍습 등이 등장한다.

진산 농민화는 1970년대 상하이 근처 진산 지역에 사는 농부들에 의해 시작되었다. 화가 우통쟝이 진산의 농부들에게 그림을 가르쳤는데, 당시 그 '예술가들'은 여러 대에 걸쳐 계승되어온 각종 민속예술 기예를 배운 여인들이었다. 이 분야는 수예, 종이 자르기, 종이 접기, 베 짜기 등인데, 그들의 이러한 배경은 농민화에 큰 영향을 끼쳤다. 문화대혁명 시절에 그들은 중국정부와 공산당을 찬양하고 미화하는 그림을 그렸다. 문화대혁명의 밝은 면을 강조하던 이곳은 정부의 지원과 격려를 통해 점차 발전하고 중국 농민화의 중요 근거지가 되었다. 90년대에 들어서는 다양한 예술가들이 농민화를 그리게 되었으며, 이제 진산 농민화는 더 개성적이고 창의적으로 바뀌었다.

작업은 대부분 몇 명의 제자들이 하나의 그림을 분담해서 그리는 형식, 또는 똑같은 그림을 몇 개씩 찍어내듯 그리는 것이라 예술품이라기보다는 공예품에 가깝다고 할 수 있다. 화가가 먼저 디자인을 하고, 디자인이 완성되면 그것을 여러 번 반복해서 그린다는 것이다. 그러나 반복되지만 원래 디자인을 한 한 화가에 의해 그려진 것이므로 오리지널로 인정받는다. 게다가 각각의 작품은 복사된 것과 조금씩 다른 부분이 있으니 역시 단 한 장의 창작품이라는 것. 그림과 판화의 중간쯤이라고 해야 할까?

그러나 이 분야의 작품들도 이제는 독특한 예술품으로서 인정받고 있다. 그래서 유명 작가들의 그림은 비싼 가격에 판매된다. 진산 농민화는 진산 농민화촌에서 구입할 수 있는데, 진산 농민화촌을 방문하면 화가들의 작업실도 방문할 수 있고, 직접 그림을 배울 수도 있어 기억에 남는 여행이 될 것이다. 거기까지 갈 여유가 안 된다면 유유엔(豫园)에 가자. 현재형의 진산 농민화를 마음껏 관람할 수 있다. 다만, 관광지에서는 모조품이 많으므로 그림 뒤에 있는 진산 농민화 도장을 확인하고 구입해야 할 것이다.

선입견을 뒤엎는 일은 언제나 즐거운 일이다. 창장싼샤에서 접한 현재형의 활력처럼, 중국의 자연도 마냥 정적인 것만은 아니라는 걸 죠우샨 어민화와 진산 농민화에서 발견한 것은 신선한 충격이었다. 진산농민화촌(金山农民画村), 上海枫泾北4公里朱枫公路中洪支路 / 전화 021- 5735-5555 / 웹사이트 www.shfj.cn

유리 박물관 나들이

1천 5백도의 열기를 품은 주황색 덩어리가 파이프 끝에 묻어나오면, 장인은 다른 쪽 파이프 끝에 입을 대고 입김을 불어 넣는다. 그 주황색 덩어리가 열두 시간 달구어진 유리란다. 장인의 입김으로 거짓말처럼 마술처럼 둥그렇게 부풀어 오르는 유리… 여러 단계의 작업을 거쳐 모양이 완성되면 다시 5백도 온도의 냉각기에서 약 두 시간에 걸쳐 서서히 식혀진다. 그리고 나서야 철저한 검사과정을 거쳐 유리제품이 탄생하는 것이다.

장인의 입김에 부풀어진 유리 풍선은 어린 시절의 설탕 사탕을 생각나게 한다. 온전히 설탕과 물로만 만들어낸 노란색의 설탕 사탕. 그 설탕 사탕은 새 모양이기도 했고, 별 모양이기도 했고, 토끼 모양이거나 그냥 밋밋한 동그란 모양이기도 했다. 은근한 호박색이 우아했던, 어린 소녀에게는 손에 넣기 힘든 보석처럼 보이던 설탕 사탕. 생각해 보면 특별한 맛은 없었던 것 같은데도 왜 그렇게 그 설탕 사탕은 내 마음을 설레게 했던지.

딸아이를 안고 유리공예 퍼포먼스를 보며 나는 어린 시절을 생각하고 있다. 짧은 치마를 팔랑이며 뛰어다니던 어린 시절의 중곡동 언덕길. 설탕 사탕을 실은 자전거가 지나가면 그 중 제일 큰 걸 내 걸로 만들고 싶어 했다. 주머니에 있는 동전으로 획득할 수 있었던 건 겨우 손바닥 크기도 되지 않던 작은 설탕 사탕이였지만. 그때의 기억들이 아직도 이렇게 생생한데 나의 딸이 이제 곧 그 나이를 거칠 거라 생각하니 꿈만 같다. 세월이 빠른 건가, 아니면 이 나이가 되도록 옛일을 잊지 못하는 내가 고무줄인 건가. '내가 어렸을 때는', '내가 학생이었을 때는' 하던, 옛날 옛적 거짓말 같은 어른들의 이야기가 이제 같은 감성으로 떠오른다. 그래도 설탕 사탕을 볼 일이 없을 내 딸아이에겐 유리공예와 설탕 사탕이 하나의 추억으로 엉켜 떠오르는 일은 생기지 않을 것이다.

엄마의 무릎 위에 앉아, 아이는 열심히 장인의 손놀림을 보고 있다. 주황색의 엿 같은 액체 덩어리가 풍선처럼 부풀어 오르다가 틀 안에서 유리병으로 변신하는 게 신기한 모양이다. 움직이지도 않고 유심히 쳐다본다. 장인의 손을 거친 유리 덩어리 하나는 물병이 되었고, 또 다른 덩어리는 꽃병이 되었다.

지난 5월에 막 문을 연 상하이 유리박물관에 다녀왔다. 혼자 가려던 마음을 바꿔 딸아이 둘을 데리고 갔는데, 함께 간 보람이 있게도 아이들은 유리의 세상에서 흥이 나 뛰어다녔다. 유리의 역사와, 유리의 제조방법, 유리의 종류들을 보여주는 전시와, 온갖 역사유물과 현대 유리작품까지 총괄하여 전시된 유리박물관은 상하이 생활의 문화수준을 한층 업그레이드 시켜 주는 좋은 곳이었다.

원래 유리공장이었던 이곳은, 독일 건축가 Tilman Thuermer에 의해 디자인되어 다시 태어났다. 몇 개의 구역으로 나뉘어 유리에 대한 모든 것을 소개하고 있는 유리박물관에서 과거와 현재는 동등하게 취급된다. 건물의 본래 구조와 특성 있는 모습을 유지하면서 현대적인 기능성과 심벌리즘이 첨가되었다. 형형색색의 유리공예 작품이 있는 공간은 방문객들에게 새로운 경험을 하게 해준다. 아트와 기술의 만남이라고나 할까, 혹은 역사와 첨단 디자인의 조화라고나 할까. 다양한 색상의 유리와 조명, 유리 특유의 투명성이 만드는 공간 구성은 아름다움을 넘어 경이롭기까지 하다.

실생활에 쓰이는 다양한 유리 종류를 소개하는 공간에서는 대범해져야 한다. 유리조각들을 붙여 만든 둥그런 조명이 붙은 '댄스홀'에서는 신나게 춤도 추어주어야 하고, 벽에 박혀 있는 손잡이들은 과감하게 열어보아야 한다. 처음엔 직원들이 드나드는 문인가 싶어 건드리지 않았는데 알고 보니 그 안에 우주가 들어 있었다. 하나씩 열어서 유리의 세계를 엿보는 것이다. 그 안에서 카멜레온처럼 투명도가 변하는 유리가 딸려 나오는가 하면, 불이 들어오는 전구도 있고, 벌레들을 진동하게 만드는 유리판도 있다. 실생활에 응용되는 온갖 유리들이 보물처럼 숨어 있었다.

2층에는 근사한 갤러리가 있어, 중국 유리공예운동의 주요 인물인 좡샤오웨이와 왕친, 루오샤오슈, 칭린 등의 작품과 Stanislav Libensky, Jaroslava Brychtova 등 외국 작가들의 작품들을 전시하고 있다. 유리의 투명성을 통해 표현되는 예술적 완성도에 숨이 멈추어지고, 전혀 어울리지 않는 모형을 유리라는 소재로 과감하게 만들어낸 작품이 사물을 향한 상식을 다시 한 번 생각해 보는 시간도 갖게 해 주었다.

유리의 무한한 가능성을 나누는 게 컨셉인 유리박물관. 이 유리박물관은 장기간 계획을 세우고 바오산취에서 진행 중인 G+ 유리 테마 파크의 첫 번째 프로젝트이다. 앞으로 유리, 아트, 연구와 기술의 파크로 거듭날 G+ 유리 테마 파크는 30동의 건물 2만 9천 제곱미터의 규모가 될 것이며, G+ 조각공원, G+ 스튜디오, G+ 과학공원, G+ 산업공원 등이 2018년까지 들어설 예정이다. 그리고 여기에서 유리를 통해 동양과 서양이 만나고, 기술과 아트가 함께 어우러지게 될 것이다. 중국적 규모가 실감나는 프로젝트이다.

박물관을 나서기 전, 딸아이를 데리고 화장실에 간다. 어둑어둑한 것이, 무슨 비밀의 방에 들어가는 것 같다. 조명과 유리의 조화가 화장실에서도 빛나고 있었다. 손을 씻고 밖으로 나서려는데 화장실 문에 볼록 거울이 붙어 있다. 우리를 뚱뚱하고 짜리몽땅하게 보이게 하는 거울이. 아이가 엄마 손을 잡고 신나게 웃는다. 그리고 실제의 모습을 관찰한다. 뚱뚱하지 않은데… 그리고 다시 거울을 보고 웃는다. 역시 뚱뚱한 엄마와 나. 세상도 그러한 것이다. 어떤 마음의 거울로 비추어 보느냐에 따라 다르게 보이는.

세상을 다시 보는 법을 배운다. 생소한 바람의 세상을 보고, 그 안에 있는 생소한 나를 보고, 할 수 있는 것과 할 수 없는 것들을 한 덩어리로 뭉쳐 모두 나의 것으로 만들려 했던 날들. 세상을 다시 사는 법을 배운다. 느리게 사는 법, 공존하는 법, 우리의 것을 다음 세대에게 물려주는 법을, 인내하는 법과 상대를 배려하는 법과, 하루하루를 작은 사랑으로 채우는 법을, 그리고 생명과 건강의 소중함을.

예술과 산업 사이, 유리의 무한한 실용성과 작품을 통한 아름다움을 동시에 보여주는 상하이유리박물관(上海玻璃博物馆, Shanghai Museum of Glass)은 시내에서 조금 떨어진 바오산취에 있다.

주소 : 上海 宝山区 长江西路 685号

전화 : 021-6618-1970

웹사이트 : www.shmog.org

개관시간 : 일~금요일 오전 9시 30분에서 오후 5시까지